天下文化
BELIEVE IN READING

財經企管 541A

一切都是誘因的問題！

找對人、用對方法、做對事的關鍵思考

葛尼奇（Uri GNEEZY）、李斯特（John A. LIST）_ 合著

齊若蘭 _ 譯

The
WHY
AXIS

Hidden Motives and the Undiscovered Economics
of Everyday Life

| 目錄 |

人生無處不相關，隨機實驗定因果

「我用本書將經濟學從學者的象牙塔帶進你家客廳。」
—— 李斯特（本書作者）

林明仁

世界紛擾，面對海量資訊的轟炸，諸多專家學者的意見，想要獨立思考，做出正確選擇，其實並不容易。一個理想的決策過程似乎應該像這樣：如果做某件事（A）會導致好的結果（B），我們就說 A 和 B 有因果關係；接著，我們評估實行 A 的成本與 B 帶來的好處，如果利大於弊，就可以放手去做。這個程序再理性客觀、簡單明瞭不過。

然而，大部分人的做法卻是，先看 A 和 B 是否相關，再揣想其中是否可能有故事，如果有，就如法炮製。舉幾個例子：隔壁那個聰明伶俐的小孩，媽媽懷孕時每天都聽莫札特：嗯，想必是莫札特的音樂，對小孩的神經元連結產生正面影響，因此花幾萬塊買莫札特全集跟高級音響絕對值得！「天龍國」的「天龍國中」升學率破表，是因為學區好、同學優，因此花五百萬買學區小套房肯定是好投資！大學畢業生的平均薪資高於

高中生，是因為大學教育提升了學生的人力資本，因此政府應該花納稅人的錢，廣設大學！村莊來了很多自稱是醫生的人，同時伊波拉病毒在村內肆虐，一定是這些人帶來霉運，因此一定要把穿白袍的人都殺了！總統輔選愈多次，得票率愈低，候選人即使隨便編個理由，也絕對不可以跟「You-Know-Who」同台！

切記！相關不等於因果

只是，事情從來不像表面上看起來這麼簡單。「相關」（correlation，A的變動與B的變動同時出現）與「因果」（A導致B）的距離，經常比「全世界最遙遠的距離」還遙遠。

基本上，有兩個理由會讓相關與因果指向完全不同的方向。第一個是遺漏變數（omitted variable），亦即其實是有個C同時造成了A與B，但因為我們沒有觀察到C，因此就把A的發生算到B頭上。在前述的例子裡，有可能是孩子的父母由於社經背景所致，而愛聽古典樂、積極讓小孩擠進好學區，同時注重孩子的能力培育；大學畢業生薪資高，有可能只是因為能考進大學的人，天生的智力與非認知能力（如工作態度）較佳。也就是說，我們因為遺漏了C，而高估B對A的影響（如果有的話）。第二個理由是反向因果關係（reversed causality）：其實是病毒肆虐，WHO的醫生才會出現；就是因為選情艱困，所以黨主席才會常來！

遺漏變數與反向因果關係造成我們誤解世界的運作方式，如果誤解與公共政策有關，犯錯成本肯定會更高。這也就是為什麼《蘋果橘子經濟學》的作者李維特在「如何做實證研究」這門課的最後一堂，總會以一句話做結尾：如果你們只能從這門課記得一句話，那我希望是「相關不等於因果」。

經濟學實驗的發展歷程

過去幾十年來，經濟學家發展出了許多有創意但複雜的方法，如工具變數（instrumental variable）、雙重差異（difference-in-difference）、回歸不連續（regression discontinuity），以及自然實驗（如美國越戰時期，被徵召與否是依你的出生日期隨機決定）等方法，希望可以更細緻地分析人們「做完選擇」後的資料（observed data），找出變數間因果關係的強度。不過這其實非常困難，要找到隨機的自然實驗，機率比天上掉下禮物還低！

這時，有些經濟學家就想：為什麼不仿效科學家，以類似實驗室控制的方式解決這個問題？畢竟早在1882年，巴斯德（Louis Pasteur）就曾以五十隻羊進行炭疽病疫苗的隨機對照實驗。但是，儘管「看來不難」，實驗方法在社會現場的運用，直至1990年代還是無法普及，原因就如同薩繆爾森（Paul Samuelson）在他暢銷四十年的經濟學教科書中所說：「生物科學家的實驗是經濟學家的奢侈品，因為在現實世界中，我們就

是無法控制所有的變因，達到『其他條件不變』（other things being equal）的境界。」另外，實驗方法所需要的資金、協調，還有對突發狀況的反應，以及是否符合研究倫理（不能傷害到受試者是首要原則）等，也都大幅增加現場實驗（field experiment）的困難度[*]。

　　一個重要而有趣的例外發生在1974到1982年。當時，美國蘭德智庫想要了解全民健保在財務上的可行性以及道德風險（moral hazard）問題，因而實施了知名的RAND實驗。該計畫將人們隨機分派到14個不同自付額的保險計畫，既然是隨機分派，代表大家的健康狀況、所得以及生活習慣等都是一樣的，也就是符合「其他條件不變」。實驗結果發現，幸運抽中完全免費的群組，相較於負擔比例為95%的群組，看病次數多了50%！這項實驗的結果讓美國政府基本上放棄了全民健保計畫，堪稱是科學方法評估公共政策的經典之作。

　　雖然現場實驗看來難度頗高，但是實驗室實驗（lab experiment）倒是早在1970年代就開始蓬勃發展。基本上，這支學派的做法是召募受試者到大學的實驗室中，經由事先精心安排且隨機指派的問卷與測試，檢驗各種經濟學理論的有效性。2002年的諾貝爾獎得主臥龍・史密斯（Vernon Smith）與丹尼爾・康納曼（Daniel Kahneman）就是這種做法的代表性人物。

現場實驗見人性真章

本書的作者之一李斯特的經濟學家之路，說來頗為傳奇。他在懷俄明大學取得博士學位後，投了一百多封履歷，最後只拿到中佛羅里達大學的聘書。除了負擔沉重的授課，還要指導該校滑水隊，薪水也相當微薄。但是在2005年，也就是從名不見經傳的懷俄明大學畢業九年後，他進入了所有經濟學家夢寐以求的聖殿──芝加哥大學經濟學系，並在2012年擔任系主任。

當時，李斯特得到貝克與李維特的挖角，原因並不是他在實驗室經濟學的研究成果，而是他從大學時期就開始從事的副業──買賣球員卡，以及參加球員卡展覽會時，私底下進行的一些古怪實驗。以下就是其中一個。

首先，李斯特在會場隨機召募顧客和商販，請他們到一個房間裡玩經濟遊戲，規則如下：顧客在4到50美元中挑選一個價格（如20美元），然後與這位顧客配對的商販要給顧客一張價格相當的棒球卡。在這個遊戲中，由於是顧客先出價，而且商販比較了解市場價格（資訊不對稱），因此商販較有交易優勢。不過，實驗結果發現，顧客並不會傾向出低價，而商販也會都誠實地給出價值相當的棒球卡。

實驗至此，一般人可能就做出以下結論：棒球卡是一個誠實交易、相互信任的市場。但是，李斯特知道這不代表什麼，

因為這是有第三人（也就是實驗主持人）在場的結果。於是，他簡單更動了實驗：也是隨機召募顧客，但這次讓顧客直接到展覽場裡向對實驗不知情的商販說道：「我有20元（或65元），請你給我一張最好的Frank Tomas卡。」在這個比較像現實世界的情況下，商販的表現如何呢？結果，顧客一再受騙，而且外地來的商販比本地商販更常欺騙顧客！

誰說人是善良的？

自利心（self-interest）是經濟學另一個相當重要、但也最有爭議的假設，許多實驗經濟學家都利用最後通牒賽局驗證。此一賽局的基本架構如下：實驗者會給A受試者100美元，A可以決定自己留下多少，剩下的給匿名受試者B。如果B接受，就依照A的提議分錢；若B不同意，兩人都拿不到一毛錢。依照倒推法的邏輯，A應該自己留下99元，只剩1元給B，因為對B來說，拿到1元總比什麼都沒有好！但是在現實世界中，大部分人都會選擇給對方30%到40%的錢！但是，難道這就是利他嗎？不一定，因為避免被拒絕也可能是願意慷慨的原因。

於是，此時有人將最後通牒賽局稍做修改，稱為獨裁者賽局，也就是完全按照A的決定分錢，B完全沒有置喙餘地。在不可能遭受報復的情況下，A的決定如何？結果，不論是來自大城市或世界最偏遠地區十五個原始部落的獨裁者，都會提供

20%的錢給其他人！

這些實驗結果似乎證實人類確實有利他的天性，也讓其他研究社會現象的學者軍心大振，因為這不啻是對傳統經濟學的當頭棒喝！不過，李斯特卻另有想法：「如果人類天生利他，有100元就會分給別人20元，那為何我家門口不會出現裝著鈔票的信封？」其實，實驗裡的受試者常會展現「受試者期望效應」（subject expectancy effect），也就是按照實驗者希望的結果做選擇，而分錢行為可能不過是這種效應的展現。

於是，按照這個邏輯，李斯特又設計了幾種實驗。在一種實驗中，獨裁者有另一個選擇，就是可以拿走接受者手中一小部分的錢；結果願意分錢給接受者的獨裁者居然少了一半！在另一種實驗裡，雙方都拿到同樣的錢，而獨裁者可以選擇把自己的錢分一些給對方，但也可以拿走對方所有的錢。結果呢？只剩一成的獨裁者願意分錢，甚至有四成的獨裁者不但一毛不給，還拿走了接收者所有的錢！

到了這一步，李斯特似乎已經證明，人類的利他心是很脆弱的。但故事還沒完，因為這些實驗還不能解答「為什麼沒人放錢在我家門口」這個疑問，因為在這些實驗中，100美元都是天上掉下來的禮物，在現實世界幾乎不可能發生。因此，李斯特進一步設計了另一項更接近現實世界的實驗：獨裁者與接收者各自擁有的錢，都是在實驗室工作賺來的。結果呢？有三分之二的獨裁者不分給接收者任何錢，但也不從對方身上拿

錢：既然大家賺的都是辛苦錢，那就井水不犯河水囉！

我想，這些實驗的重點並非要證明人類天性到底是利己還是利他，而在探究利他行為到底受到什麼誘因結構的影響。許多人（即便是社會科學家）因為希望看到利他的美好社會，因此在看到自己滿意的結果就止步，這對科學的進步是最大的阻礙。

什麼？慈悲心也不單純？

循著利他行為與誘因結構的互動，慈善捐款是另一個現場實驗成果豐碩的研究領域。所有的捐款都來自利他動機嗎？如果慈善捐款純粹出於樂善好施的利他心理，對社會福利就能有所增進：捐款者因捐款感到滿足，受贈者也得到實質的好處。但若慈善行為是出自其他誘因（如壓力），情況就完全不同。

李斯特和其他兩位研究者設計了一個聰明的實驗，驗證捐款到底是因為「樂善好施」，還是出於「社會壓力」。實驗有三個組別，第一個是一般的隨機登門拜訪（按門鈴），募款者上門詢問捐款意願。第二組跟第一組類似，但是在拜訪前一天，募款者會先在受訪者門前留下傳單，告知募款目的以及隔天登門拜訪（按門鈴）的時間。第三組也在拜訪前一天發給傳單，但是傳單上能讓受訪者勾選「拒絕受訪」，募款者看到門口有勾選「拒絕受訪」的傳單，就會直接離開（不按門鈴）。實驗結果顯示，留傳單的組別，應門人數少於對照組。大約有

一半的受訪者不願意與募款者直接接觸，這可能是因為他們不願意捐款，或是捐款少（捐款太少時，與募款者接觸可能會有社會壓力）。他們估計，登門拜訪募款的社會壓力所造成的成本大約是1到4美元，而大約有75%的捐款都可以用社會壓力解釋。

其實讀通經濟學的人應該馬上就會發現：善心捐款其實也是一種消費財：你付錢消費的是對自我的良好感覺。由此可推，做慈善的「價格」上升時，需求量應該跟著下降。經濟學家克勞費特（Charles T. Clotfelter）就發現，在最高所得稅率調降之後，最高稅率級距的有錢人，捐款金額就大幅減少了！另外，派美女募款平均能提高50%的募款金額（而且對中年大叔特別有效，不過這事我早就知道了）；在捐款信上承諾僅此一次、下次不會再來，不但能提高回覆率，而且這些人還是會繼續捐款。這些研究發現，都有助於慈善事業提升效能、永續經營。

教育從小（實驗）開始

本書對李斯特自2006年起做的教育研究實驗也多所著墨。美國的教育不平等程度在全球名列前茅，但是許多因應政策都訴諸「看起來感動，那就一定有效」，停留在道德熱血的層次。如果不能正確估計教育生產函數，也就是衡量老師、器材、教學方法、獎懲制度等各種學習輔助資源與學習效果之間

的關係，有限的教育資源就不能做到最好的配置。這個想法得到芝加哥市教育當局與世界最大避險基金Citadel創辦人葛理芬的襄助。於是，李斯特在芝城南邊的Chicago Heights學區，執行一項可能是全世界最大的高中學習成就實驗計畫，目的在於找出哪些方法可以提高學生的成績。

這項計畫以經濟學的誘因結構理論為藍本，針對老師與學生設計了許多金錢（如成績進步就有獎賞等）與非金錢（公開鼓勵等）的誘因。其中有許多大概都能夠讓成績進步50％到100％！有興趣的讀者可以仔細研讀書中第四、五兩章或是附注所列的論文。

得到如此驚人的成就，但李斯特和同事並不滿足，因為他們看到一個更大的問題：他們所面對的是一群幾乎被社會放棄的青少年，他們早期的學習經驗幾乎已經決定了他們的未來，現在這些誘因或許能夠改變部分行為，但是和在現代社會生存所需的學習，顯然還是天差地遠。一個數學程度只有小三的16歲學生，即使給他一百萬美元的獎勵，也幾乎不可能學會解微分方程式！

於是，他們再次接洽葛理芬，說服基金會再次慷慨解囊，捐款一千萬美元成立Chicago Heights Early Childhood Center，針對學前跟小學教育的孩子，評估各種學習方法的效果。這個計畫才剛開始不久，但已有一些初步成效：十個月內，這些來自芝加哥最貧窮地區的小孩，認知與非認知能力都突飛猛進。

人生無處不（實驗）經濟

本書探討了慈善、教育、歧視和性別差異是先天決定或後天形塑等問題，議題非常多元，但背後的邏輯都是相通的：只要能恰當定義市場，掌握價格與數量的衡量方法，搞懂市場運作的邏輯以及人做決策時所面臨的誘因結構，就可以設計出好的實驗，確定兩個變數間的因果關係。這本書就是兩位作者過去研究的經濟普及版。現場實驗近年的研究成果，不僅常在媒體曝光，也對實際的政策制定產生一定的影響力。身為李斯特的好朋友，我想，現場實驗對社會改革的助力，以及改變孩子生命的真實果效，這些所帶給他的感動，一定遠勝在JPE** 發表十篇論文吧？

（本文作者為美國芝加哥大學經濟學博士、

台灣大學經濟學系教授）

---

* 李斯特曾提出對現場實驗的14點建議，有興趣的讀者可找來閱讀：List, John A., 2011, "Why Economists Should Conduct Field Experiments and 14 Tips for Pulling One Off." Journal of Economic Perspectives, 25（3）：3-16.

** 《政治經濟期刊》（*Journal of Political Economy*），芝加哥大學出版的頂尖經濟研究期刊。

整個世界都是經濟學家的實驗室

王道一

從十九世紀以來，實驗方法在心理學就有長足的進展，以致心理學很早就有實驗心理學這個次領域，協助心理學能脫離哲學的層次，而進到科學的境界。然而，心理學理論百家爭鳴，迄今並沒有一個大家公認、放諸四海皆準的理論能夠解釋所有的心理學現象。因此，心理學實驗結果如何應用於解釋實驗室外的人類行為〔也就是該實驗的「外部效度」（external validity）〕，取決於實驗背後的心理學理論，適用範圍究竟有多大。而對於不同派別理論的適用範圍，不同學者通常有不同的看法，眾人莫衷一是。

走進世界體驗經濟理論的普遍真實

相反地，經濟學自從十九世紀馬歇爾等人的邊際革命（marginal revolution）以降，經濟學家大都同意，有一個大一統的經濟理論可以用來解釋人們大部分的經濟行為。這個理論通常可以被簡化成為一句話，「人對誘因有反應」（People respond to incentives），也就是一般人所講的「上有政策，下有對策」。舉例來說，某個商品的價格上升時，人們對該商品的需求數量就會下降。政府祭出補貼，讓公共腳踏車前三十分鐘免費時，大部分人自然會拚命利用公共腳踏車——但總是不超過三十分鐘。

因此，當經濟學引入實驗方法，面對「實驗結果能否推廣」這個問題時，實驗經濟學家的做法是，根據所有經濟學家都認可的經濟理論來設計經濟學實驗，使得人們對實驗室裡、研究者所賦與的誘因（induced value）有反應。這種做法上承實驗經濟學的鼻祖、2002 年諾貝爾經濟學獎得主臥龍·史密斯（Vernon Smith），要求所有的經濟學實驗都必須有「真實的後果」、提供真實的誘因（比如說發真錢），讓人們對這些誘因有所反應。也因此自八十年代以降，經濟學實驗嚴格要求所有研究者都不能欺騙來參與實驗的受試者，必須「徙木立信」，藉以確保受試者相信誘因的真實性。這也讓經濟學實驗與「允許欺騙（隱瞞性研究）、只要事後告知」的心理學實驗分道揚鑣，因為「事前欺騙、事後告知」無法保證受試者相信誘因的真實性，畢竟，如果研究者在某些方面可能欺騙受試者，難保人們會懷疑研究者其他方面的誠信。

然而，正如物理學家不滿足於觀察實驗室真空中的物理現象，轉而透過觀測天體運行，驗證物理學定律的普遍性，實驗經濟學家也不滿足於只在抽象的經濟學實驗中檢驗經濟理

論。因為如果經濟理論確實放諸四海皆準，應該就會出現在經濟社會的各個層面。因此，實驗經濟學家也仿效經濟學其他的實證研究，從不同經濟問題發生的「現場」蒐集資料、分析結果，只是所蒐集的資料有研究者主動進行的隨機分組，據以得到「隨機試驗」的結果，這就是本書主要所要介紹的經濟學「現場」實驗。

現場千變萬化，主題百花齊放

其實，社會科學早在六十年代就有類似的社會實驗。在經濟學領域，健康經濟學家約瑟·紐豪斯（Joseph Newhouse）所帶領的團隊，則在七十年代初期就展開著名的藍德智庫隨機健保實驗（RAND Health Insurance Experiment）。而早在1977年，加州理工學院的查理·布拉特（Charles Plott）也根據政治經濟學的投票理論，操弄投票程序，進行投票現場實驗，並與以學生為研究群體的其他經濟學實驗結果對照。但是，早期的政策實驗受限於經費，只能零星嘗試，無法持續大規模進行。而且當時經濟學實驗的方法論仍在發展中，還沒有累積足夠的實驗結果可以有系統地與經濟理論對話。

因此，遲至九十年代末期，經濟學現場實驗才在多位先驅的努力下逐漸開花結果。先有柯林·凱莫爾（Colin Camerer）嘗試操弄加州賽馬賭盤，以驗證資產定價是否容易偏離基本面、產生泡沫；後有大衛·樂金—萊利（David Lucking-

Reiley）以一連串的網拍實驗，驗證拍賣理論在網拍現場如何
應用；後來，多位精研拍賣理論的理論經濟學家，也開始跟專
門研究拍賣實驗的實驗經濟學家合作，共同設計美國聯邦通
訊委員會的手機執照拍賣；終於，由李斯特所進行一系列在
商展販賣球員卡的現場實驗，以及發展經濟學家以斯帖‧達
芙珞（Esther Dufflo）和麥可‧克萊馬（Michael Kremer）等
人到非洲、印度等地所進行的政策現場實驗而集大成。現在
甚至有管理顧問公司，例如：美商亞博德（Applied Predictive
Technologies, APT），專門教育企業如何自己進行（銷售通路
的）現場實驗，除了協助企業處理巨量資料，更教他們如何利
用現場實驗，釐清營收獲利背後的因果關係。

　　想要見識現場實驗的威力嗎？就來看看李斯特和葛尼奇如
何解開經濟誘因的秘密吧！

（本文作者為台灣大學經濟學系教授）

現場實驗：經濟學的開拓與創新

史帝文・李維特（Steven Levitt）

有時候，再明顯不過的事情，我們反而常常視而不見。1990 年代末，我還是個年輕經濟學者時，就有過這樣的經驗。對經濟學界而言，那是令人振奮的年代，我有幸在哈佛大學和麻省理工學院度過這段時間，這兩所聲譽崇隆的學府正好是經濟學新浪潮的發展中心。

綜觀歷史，經濟學一直由理論所主導，往往因為某些聰明絕頂的人寫下複雜的數學模型，勾勒出世界運作的抽象定理，而促使經濟學出現大躍進。隨著電腦運算威力和大數據的大爆發，經濟學專業在 1980 年代和 1990 年代開始轉變。許多經濟學家的研究重心愈來愈偏向實證研究，努力分析現實世界的各種數據。像我這樣的年輕經濟學者，在認清自己的聰明才智還不足以發展出新奇的理論見解後，我開始覺得，辛苦鑽研數據並從中找出一些趣的事實，也是可敬的研究方式。

當時（現在也一樣）我們面對的重要挑戰是，如何釐清兩

個變數之間的關係是否真的是因果關係，或只不過相互關聯罷了。這件事為何如此重要？因為因果關係對公共政策的寓意重大。如果能找到因果關係，我們對於世界究竟如何運作，也會多一分重要的理解。

隨機實驗大不易

不過，要證明因果關係非常不容易，最好的方式是透過隨機實驗來證明。這是為什麼美國食品藥物管理局要求新藥在核准通過之前，必須先進行隨機實驗。問題是，像我這樣的經濟學者探討的問題，不見得適合採取實驗室測試新藥的方式來做實驗。結果，我們耗費不少心力尋找所謂「意外實驗」——在依稀模擬隨機實驗的現實世界中碰巧發生的怪異事件。比方說，颶風橫掃某個城市，另外一個城市卻毫髮無傷，你或許以為哪個城市會遭受風災或多或少是隨機決定的。

或以美國最高法院在1973年「羅伊對維德案」（Roe v. Wade）中裁定墮胎合法為例，在某些州，墮胎發生的機率從此大幅改變，但在其他州則未必如此。如果我們比較那段時間在不同州出生的嬰兒後來的人生發展，或許會對政策的衝擊多幾分理解，甚至有助於探討更深層的問題：例如，一個不受歡迎卻來到人世的嬰孩，往後的人生會因此受到什麼樣的影響。

於是，我和其他許多經濟學家開始花時間尋找所謂的「意外實驗」。

　　有一天，我碰到一個小我幾歲的經濟學家，從此一切都改變了。他的出身背景和我截然不同。他從來不曾進過哈佛大學或麻省理工學院，他大學念的是威斯康辛大學史蒂芬角分校，後來又拿到懷俄明大學的博士學位。他的第一份教職是在中佛羅里達大學教書 —— 也不是什麼名校。

現場實驗帶來新契機

　　他的名字是約翰・李斯特（John List）。李斯特和我及其他著名經濟學家很不一樣，事後看來，他開創的研究方式顯然十分合情合理：在現實世界中操作隨機的經濟學實驗。但不知怎麼的，當時幾乎沒有人和他採取同樣的做法。受經濟學界的傳統及前輩經濟學家樹立的榜樣所影響，我們從來不曾想過可以在實際的經濟環境中，以真人為隨機實驗的對象，而且這些人完全不曉得自己是實驗的一部分。而這位卡車司機的兒子告訴我們該怎麼做。

　　不妨以偏見為例。如果一個人對待別人的方式十分偏頗，大家會假定他是種族主義者、性別歧視者、同性戀等等，但是從來沒有人像李斯特和尤瑞・葛尼奇（Uri Gneezy）這樣，剖析表面上似乎基於不喜歡、討厭或純粹出於憎恨而展現出來的行為，並找出行為背後的潛在動機。他們的實驗（將在本書的第六章與第七章中討論）顯示，其實歧視背後隱藏的動機不見得是憎恨，有時候只不過是為了多賺點錢罷了。

　　在我看來，真正的天才總是獨具慧眼，能看出明明顯而易見、但大家都視而不見的事實。按照這個標準來看，李斯特和葛尼奇是真正的天才，也是真正的開拓者，他們的貢獻可說是過去五十年來最偉大的經濟學創新成就之一。本書是他們的故事，讓我們看到深思熟慮又富於創意的學者如何透過上述實驗方法，解析日光之下的任何問題。

　　實地進行的隨機現場實驗是非常有力的工具，而且各位很快會發現，這種實驗方式非常有趣。希望各位像我一樣，從閱讀本書中得到莫大的樂趣。

（本文作者為芝加哥大學經濟學教授、

《蘋果橘子經濟學》作者）

放下預設的鏡片看世界

探究行為的表相與真相

駛往印度東北部卡西山西隆城（Shillong）途中，我們看到路標上出現令人費解的訊息：「公平分配自己取得的財產權」。我們問司機米諾特，這句話是什麼意思。

我們大老遠從美國飛抵印度時，米諾特已經在古瓦哈提機場等著我們了。在這趟不可思議的旅程中，我們的車子一路穿過飄著薑香的綠色山脈、青青稻田和鳳梨田環繞的美麗靜謐村落，米諾特在途中一直是個見多識廣、討人喜歡的嚮導。28歲的他身材瘦小、笑口常開，拚命想討大家歡心。他通曉七種方言，也能說一口不錯的英文，立刻就收服了大家的心。

「部落裡大多數男人都在田裡工作。」他驕傲的告訴我們。「但我不一樣。我當翻譯，也是司機。我用姊姊的房子開加油站，還在市場上賣東西。你看！我非常努力工作！」

我們點頭同意。他看起來就像個天生的創業家。米諾特如果生在美國，無疑會經營一家成功的連鎖商店，如果有幸受過良好教育的話，甚至可能創辦一家矽谷風格的軟體公司。

不過，米諾特的人生卻處處受限。「我沒辦法結婚。」他嘆了一口氣。我們問他為什麼，他解釋，身為卡西族（Khasi）的一員，他必須和姊妹或太太的家人同住，但他不想。他想要擁有自己的房子，但是在卡西族的社會，這是不可能的事。他無法擁有自己的財產。很多他想做的事情，都必須先獲得姊妹的允許才能做，因為卡西族是母系社會，經濟大權操在婦女手中。即使像米諾特這種創業性格強烈的能幹男子，在卡西族社

會都只是二等公民。米諾特解釋，我們看到的路標是新興男性運動的一部分，卡西族男人開始表達不滿，不願再被當成「種牛和保母」。[1]

這是個平行宇宙。「為什麼女性的經濟成就總是不如男性？」這個最困擾西方社會的經濟問題，或許即將迎刃而解。

對於為何會出現兩性不平等以及其他問題，例如窮學生和富家子弟之間的教育落差和歧視、貧窮等，你或許和大多數人一樣，有自己的看法。但你怎麼知道問題背後的真正原因為何？根據街談巷議，憑直覺判斷，還是透過自我省思呢？

各位隨後將看到，本書希望超越奇聞軼事和街談巷議，剖析背後原因。閱讀本書時，各位將和我們一起探索凡夫俗子的日常行為和動機。為了了解人類的潛在動機，我們進行現場實驗，在人們渾然不知遭到觀察的情況下，在自然環境中觀察人們的行為。我們解析觀察結果後得到的結論，將改變你對人類和對自己的看法。透過這種獨特的研究方法，我們透過觀察日常生活，汲取新的教訓，並了解哪些誘因能真正達到激勵的功效 —— 無論是金錢、社會肯定或其他誘因。

挖掘人類行為的潛在動機

那麼，我們究竟應該透過什麼方法，來了解潛在動機和正確誘因？在探討人類動機時，怎麼樣才能切中要害？過去二十年來，我們走出辦公室，試圖在自然環境中釐清人們為什麼會

表現出種種行為。原因很簡單：如果你把抱持偏見的歧視者放在實驗室的環境中觀察，他知道有人在觀察時，自然不會表現出偏頗行為，而會說些他認為科學家想聽的話，或表現出他認為社會期待的行為。因為他有表現符合科學家期望的動機。但如果你實地觀察他在自家附近酒吧中的言行，當「不一樣」的人走進酒吧（或和他攀談的人一副鄉巴佬的樣子時），就會看到他自然流露的歧視。

於是，我們因為這項研究而踏上一段奇妙旅程，從非洲吉力馬札羅山到加州酒鄉，從悶熱的北印度到冷颼颼的芝加哥大街，從以色列的學校操場到全球頂尖大企業的董事會。踏入真實世界探險後，我們對於人們生活中實際發生的許多事情，都有了獨到的領悟和理解。

觀察人們在日常生活中的行為後，我們更了解他們的動機。其中一個重要發現是：利己是人類動機的根源 —— 不一定是自私，而是追求自我利益。聽起來似乎沒什麼分別，事實上卻截然不同。這是非常關鍵的洞見，因為一旦我們知道人們真正重視的價值，不管是金錢，或利他、關係、讚美都好，我們就可以更準確找出適當的誘因，以誘導他們在學校拿到更好的成績，不要惹事生非、觸犯法律，在工作上表現更傑出，捐更多錢做善事，不要歧視別人等。

這套方法是怎麼發展出來的呢？1980年代，李斯特經常買賣運動卡，實驗不同的討價還價技巧和訂價策略，看看哪種方

法最有效。後來，他進入威斯康辛大學史蒂芬角分校攻讀經濟學，常常思考能不能透過現場實驗，學到一些重要的經濟學知識，能不能在真實世界中檢驗經濟學的定律？千里之外的葛尼奇也在思考，如何有效激勵慈善活動的募款人員。他在過程中發現，激勵志工時，與其採取論績效計酬的傳統方式，還不如完全不付報酬。

　　過去，經濟學家一直對於進行對照式的現場實驗抱著懷疑的態度。因為如果要讓實驗具備一定的效度，除了調查項目外，其他所有變數都必須保持固定不變，研究人員往往用這種方式來檢驗理論：如果想知道健怡可樂會不會導致老鼠罹癌，那麼他們會設法讓其他條件固定不變（例如相同的空氣、相同的燈光、相同的老鼠種類），只改變健怡可樂的消耗量。多年來，經濟學家都認為，不可能在「真實世界」進行這類實驗，因為沒辦法控制其他重要變數。

找到真實世界中的真實答案

　　但事實上，經濟學的世界不是化學試管 —— 世界上有數十億人和數以千計的公司。我們會打破大家普遍接受的經濟學見解，向大家證明，如果你探索的是不受控制、光怪陸離的真實世界，那麼隨機的現場實驗能提供真實的答案。

　　事實上，過去幾十年來，在實證研究的領域，現場實驗已經成為最重要的創新。透過這樣的研究方法，我們不但能衡量

正在發生的現象，而且能探知發生的原因。我們將提供實際案例，說明我們的研究方法如何解決當今世上許多最令人困擾的經濟問題，包括：

- 為什麼在大多數的現代經濟體中，男女總是同工不同酬，女性不但薪水比男性低，也比較不容易躋身高層？
- 為什麼有些人得付較多錢，購買相同的商品和服務？
- 為什麼人們會互相歧視，怎麼樣才能停止歧視？我們自己又如何避免這樣的行為？
- 雖然美國投入公共教育的經費遠高於大多數已開發國家，在有些地方，中學生輟學率仍高達50%。花大錢、趕時髦的教育計畫真的有用嗎？如何以符合成本效益的方式，消弭清寒學子與富家子弟之間的差距？
- 在競爭日益激烈的全球化世界裡，企業如何才能激發更多創意和創新，提升生產力，創造更多的價值、機會與工作？
- 非營利組織如何鼓勵更多人回饋社會，怎麼樣才能讓你最喜歡的慈善機構發揮更高的效能？

你或許認為這些問題沒什麼共通之處，但在我們看來，上述所有問題，都可以從經濟學的角度來思考，都有個簡單的經濟解答，而現場實驗可以幫助我們找出答案。關鍵在於，必須

了解什麼是正確的誘因，並找出行為背後的真正動機為何。

關聯性 vs. 因果律

大家總喜歡說：「因為這樣，所以那樣。」而不管是否真的如此。如果沒有在現實世界中蒐集實驗數據，當我們用這種方式談論因果關係時，其實都在胡說八道。

不久前，我們和芝加哥大學經濟學家李維特及查德‧賽佛森（Chad Syverson）一起，和一家知名大型零售公司的高階主管聊到他們如何刺激銷售業績。一位高階行銷主管拿下方這

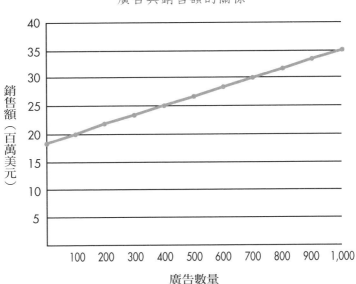

廣告與銷售額的關係

張圖表給我們看，說明他們的廣告能有效提升銷售業績（我們為了保密，更改了圖表上的數據，但數據之間的關聯性仍然十分類似）。

他得意地說：「證據確鑿。這張圖顯示了廣告和銷售之間明顯的正向關係。當我們刊登一千則廣告時，銷售額大約是三千五百萬美元。但是當我們只刊登一百則廣告時，你看看，銷售額只有二千萬美元！」

為了說明廣告刊登和銷售額之間的關係不見得像他們以為的那麼清楚，不妨看看下頁圖表中的類似數字。

第二張圖顯現出兩個截然不同的現象：從1999年到2005年，發生溺水事件的數目，以及美國數一數二的冰淇淋公司在同一段時期的冰淇淋甜筒零售金額（以百萬美元計）。

當然，看到這兩個變數之間出現這樣的關係，非常令人震驚。許多父母可能被這張圖說服，認為兩者之間確有因果關係，因此絕不讓孩子在開放的水域附近吃冰淇淋。不過，背後其實還有第三個隱藏的變數。

在炎炎夏日，人們常吃冰淇淋甜筒，也常去游泳，游泳次數一旦變多，溺水的可能性自然也就提高了。即使大家在夏天的確吃更多冰淇淋甜筒，但吃冰淇淋甜筒並不會導致溺水，游泳才會引起溺水。

那麼零售業行銷主管給我們看的那張圖，背後隱藏的變數又是什麼呢？我們後來得知，這家零售公司每年都會在11月

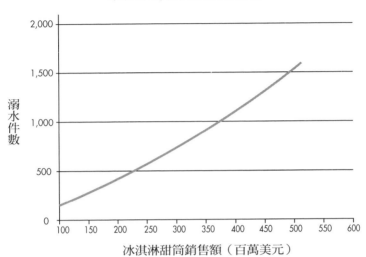

冰淇淋銷售與溺水的關係

到 12 月的節慶購物季,刊登大量廣告,產品銷售量也特別龐大,因此造成一種錯覺,以為廣告和銷售額之間有因果關係。但是當我們進一步分析資料,把刊登廣告的時間也納入考量時,我們發現兩筆數據之間並無因果關係,只有關聯性。消費者買得多,是因為適逢節日,而不一定是因為看到廣告。

大數據無法回答的問題

我們的世界充斥著這類誤解。有時候,由於我們認定因果關係確實可能存在,很容易把單純的相互關聯性誤認為因果關係。如此一來,往往浪費了大量的金錢和心力,卻徒勞無功。

問題是，世界上充滿各種錯綜複雜的關係，很難找到真正的因果關係。

目前分析大數據的趨勢方興未艾。在蒐集到一堆堆龐大資料，並觀察其型態後，人們可以從中得到有趣的推論。大數據十分有趣，但也碰到大問題。大數據資料分析的基本方式非常仰賴關聯性，而非因果關係。大衛・布魯克斯（David Brooks）曾指出：「無數事情都可能彼此相關，端視你如何組織資料，以及拿來和什麼比較而定。要辨別哪些是有意義的關聯，哪些沒有意義，往往需要先對因果關係有所假設，假定是哪個引起哪個，到頭來又回到推論的領域。」[2]

另外一個問題是，當資料過於龐大時，簡直不知從何著手。企業往往擁有太多資料，以至於根本不知道該分析什麼。他們蒐集了所有資料之後，感到不堪負荷，因為感興趣的變數有這麼多可能的排列組合，不知該從何開始。由於我們的研究聚焦於利用現場實驗來推斷因果關係，也因為我們在蒐集資料前，會先努力思索我們感興趣的因果關係為何，因此我們的研究可以超出一般「大數據分析」的成果。

幸運的是，現場實驗能提供一般民眾、教育工作者、慈善家、決策者和企業執行長需要的「硬資料」，不但可避免犯下重大錯誤，也幫助他們更深入了解應該服務的對象：哪些誘因真的能發揮激勵的功效，原因何在？

究竟哪些誘因會促使人們做「對」事情？在哪些情況下，

懲罰和制裁才能有效引導人們不去做不該做的事？還有，在哪些時候，誘因就是無效？

身為經濟學者，我們認為，真正的動機絕對比表面上看到的更複雜，當我們真的找到變數之間的因果關係時，其中可能隱含深奧的意涵。事實上，誘因並非單純的工具，隱藏的動機其實非常複雜，不見得總是依循我們設想的方式運作。在我們充分了解哪些誘因最有效之前，根本不可能預測新的政策或改革措施會產生什麼實效。

本書將說明誘因如何透過各種不同的方法改變我們，並且讓我們的企業、學校和世界都變得更美好。但是在應用這些方法之前，需要先了解誘因如何改變行為的潛在動機。

歧視背後的經濟誘因

我們[3]往往受到個人的興趣和志向所驅策。就以我們為何對「人們為什麼會互相歧視？」這個問題感興趣來說，我們感興趣的原因，不只是因為歧視的行為會傷害整個社會，或這是困擾學者多年的問題；我們刻意選擇這個題目來研究，是因為我們和我們深愛的人都曾經備受歧視。

葛尼奇的父親賈可布來自布達佩斯，是猶太大屠殺的倖存者，他曾經告訴葛尼奇街坊鄰居的遭遇，葛尼奇永遠忘不了父親講的那些噩夢般的故事。納粹占領匈牙利，並於1944年開始在布達佩斯展開大屠殺後，葛尼奇的父親就無法繼續工作。

當時瑞典外交官羅爾‧華倫伯格（Raoul Wallenberg）在猶太區外面有三棟安全的住處，葛尼奇的母親瑪葛達設法讓家人搬到其中一棟房子，但那裡後來也不是真的那麼安全。

一天晚上，親納粹的箭十字黨（Arrowcross party）黨員把猶太鄰居趕出家門，押著鄰居步行至多瑙河後，射殺了所有的男人、女人和小孩。第二天晚上，第二棟房子也發生了同樣的事情。葛尼奇的父親原本預期自己一家人接下來也會走上相同的命運，結果沒有。納粹同路人逼迫他們回到猶太區。瑪葛達辛苦找到不符猶太教規的死馬肉，全家人才沒有餓死。他們能死裡逃生，完全憑運氣。多年後，葛尼奇在離搜捕現場不遠的布達佩斯大學講課 —— 那裡也是他的祖父曾因宗教信仰而遭驅逐的地方。葛尼奇站在講台上，忍不住渾身顫抖。

談到歧視時，我們想到的不外乎各種醜陋、惡意的偏見。但李斯特在1995年剛拿到博士學位，進入職場時，面對的歧視卻大不相同。雖然他總共申請了超過150個學術界工作，也完成好幾個現場實驗，得到的面試機會卻寥寥無幾。李斯特和其他應徵者最大的差別是，他在懷俄明大學拿到博士學位，其他人都是哈佛或普林斯頓等名校的博士，而雇主通常就用這麼一點點資訊來篩選應徵者，正好為「殷實者」和「匱乏者」劃清界線。

你可能也經歷過類似的歧視，甚至碰到了還渾然不知。而且你可能和大多數人一樣，以為人類之所以不能公平對待彼

此，是因為天性如此。因此也就不難理解，為何大多數人看待
別人時，總是先往壞處想。我們周遭每天種族歧視的指控滿天
飛。歐巴馬總統的支持者指控惡意批評他的人種族歧視，反之
亦然。部落客、新聞媒體、政治人物和其他政府官員經常在真
相尚未釐清之前，就對別人的動機妄下論斷。

那麼，這一切和經濟學到底有什麼關係呢？

答案是：我們不願相信人們天生就有種族偏見，而企圖進
一步了解歧視背後的潛在動機。顯然歧視會對人們的生活帶來
長遠的影響，我們希望了解：歧視如何在人們日常生活的真實
市場上發揮影響力？歧視的起因為何？歧視是否單純受到根深
柢固的偏見所影響，還是有其他原因？

透過在真實市場上進行的現場實驗，我們學到的是，今
天，李斯特面對的歧視遠比葛尼奇家人面對的歧視更常見。但
純粹的憎恨和惡意，其實不像大多數人想像中那麼普遍。所
以，假如你真心想要終結歧視，千萬不要單單把矛頭對準醜陋
的種族主義份子，他們不是真正的罪魁禍首。反而不妨思考一
下歧視背後的經濟誘因，透過顯微鏡放大檢視後，你會發現，
今天大部分的歧視之所以發生，都是因為某些企業或個人想要
提高獲利。

但這並不意味著社會上不再有純粹的憎恨。人們一旦察
覺別人在這個問題上有所選擇，往往會導致強烈的歧視。就
像美國古早電視劇「全家福」（All in the Family）一段著名劇

情中，小山姆戴維斯（Sammy Davis, Jr.）問道：「你是有色人種，我知道就這件事而言，你毫無選擇的餘地，但你是怎麼變成猶太人的！」[4]

這類洞見不但對整個社會很重要，對你而言也很重要。制定政策者不能為自己不了解的事情奮鬥。假如你是參與立法的人，就更需要了解怎麼樣才不會受到歧視。

女性是天生不好勝嗎？

另外一個十分困擾我們的問題是就業市場上的性別歧視。即使和男性擁有相同的技能，女性的收入仍然不如男性，而且能躋身公司董事會和管理高層的女性也少得可憐。

我們兩人加起來有四個聰明伶俐的女兒（和四個漂亮的兒子）。和各位一樣，我們也希望每個孩子在長大過程中，都能受到公平對待，順利讀完大學，在職場上競爭。然而從孩子小時候，我們就注意到女兒不見得總是能獲得公平的機會。即使女兒明明嶄露出色的數學天分，為什麼有一次老師卻說，她的數學能力不如男孩子？為什麼學校的體育老師會斥責班上的男生：「好好踢球，別踢得像女生那樣！」為什麼葛尼奇的兩個女兒會有這麼大的差異：其中一個有強烈的競爭心，另外一個則不然。

我們兩人都很想知道，我們的女兒有沒有辦法和別人一起競爭，進入好學校，找到好工作，還是會一路備受打擊和排

擠。觀察她們的學校生活，再加上看到兩性在獲得高薪、升遷
機會及躋身高階職位的能力上，所展現的明顯差異，我們不禁
好奇，能否從兩性好勝心的差異，來解釋性別差異。所以我們
提出一個簡單的問題：從競爭心態來看，女性與男性有什麼不
同嗎？找到重要差異後，我們又提出一個老問題：這種競爭心
態的差異乃是來自於先天因素，還是後天造成的？

　　為了找到答案，我們搭乘飛機、直升機、火車和汽車，
到地球上各個偏遠角落中父權意識最強和最弱的社會中，研究
兩性的競爭心態（我們也因此碰到米諾特）。研究結果強烈偏
向後天因素。在適當的環境下（亦即女性能參與激烈的競爭，
社會也能接受她們，視她們為有能力的個人），女性長大成人
後，將和男性一樣好勝，有時候甚至比男性還要好勝。這對我
們的小孩及想要降低職場性別差異的決策者都有重要的意義。
如果你設計了正確的誘因，就能大幅降低性別差異。

人們為何捐錢做善事？

　　我們探討的另外一個問題是：怎麼樣才能促使人們捐更多
錢做善事？除了都想當好公民之外，我們兩人的好奇心各有自
私的理由。

　　李斯特還是中佛羅里達大學青澀的年輕教授時，就開始
對慈善事業的經濟學深感興趣，他發現，慈善部門這個經濟體
系的重要部分，驅動力竟是過時的經驗法則和奇聞軼事，缺乏

科學驗證。他後來認識「微笑列車」（Smile Train）和「神奇工程」（WonderWork.org）的創辦人兼執行長布萊恩・穆蘭尼（Brian Mullaney），穆蘭尼廣登雜誌廣告，也透過直接郵件，呼籲大家捐款贊助治療唇顎裂（和其他疾病）的簡單手術。

我們進行大規模的現場實驗，接觸了大約80萬名收到DM的人，結果關於捐款，這項實驗透露了一些我們絕對猜想不到的事情：容許收信人勾選「永遠不要再和我聯絡」，會帶來更多捐款，而非更少捐款。許多募款專家認為這個點子實在太瘋狂了；慈善機構怎麼會邀請人們停止捐獻呢？但結果大家很喜歡這個做法。當我們提供退出捐款名單的選項時，募到的捐款遠多於採用標準做法的數目，而且收到DM的人只有39%真的選擇退出。微笑列車和神奇工程因此省下大筆郵資，因為他們未來只需寄信給有興趣繼續捐款的人就好了。這是雙贏。

葛尼奇則是在不同的公司中試驗新的訂價機制（「想付多少，就付多少」）時，開始對這個問題產生興趣，他很好奇，在什麼情況下，人們才願意捐更多錢給慈善機構。在「想付多少，就付多少」的訂價機制下，公司會告訴顧客，他們可以依照自訂的價格（包括0元在內）購買需要的產品或服務。我們說服迪士尼在一個大型主題樂園中測試這種特殊的訂價機制。我們發現，當慈善捐款與「想付多少，就付多少」的訂價機制結合時，人們會掏出很多錢來，事實上，比依照傳統訂價模式捐的錢更多。

我們發現，人們之所以慷慨捐獻，背後的原因比利他主義複雜多了。我們檢視各式各樣的募款方式，如挨家挨戶宣傳、DM募款、對等捐款等等，找出能設計出有效誘因，說服人們打開心房、掏出荷包。各位將會看到，貫穿本書的主題是：一旦我們發現人們重視什麼，我們就可以設計有效的策略，影響人們的行為，並促成改變。

金錢是有效誘因嗎？

下面是另一個我們很感興趣的兩難困境：採用什麼誘因才能把孩子留在學校裡，同時有效防止青少年的持槍暴力行為？

這個問題很明確。芝加哥某些地區的公立學校的學生流失率高得可怕，有時候甚至高達50%；美國公立學校學生遭到槍殺的機率是千分之一。當芝加哥高地鎮的地方首長請李斯特幫忙時，李斯特善盡公民職責，帶著全套經濟學者的工具箱走馬上任。我們在本書中描述的（開風氣之先的）大規模實驗顯示，如果以正確方式提供某些誘因，將可大幅改善學生的表現，甚至可以拯救性命。

我們在調查學生的成績時，必須深入挖掘動機。當你把金錢當誘因時，會出現什麼情況？誘因什麼時候有效，什麼時候無效？

幾年前，當我們把孩子送去幼兒園時，這些問題開始困擾我們。由於許多父母常常無法在指定時間，準時來接小孩，沮

喪的幼兒園園長決定讓太晚來接小孩的父母付一小筆罰款。這筆罰款事實上會造成反效果，因為它把家長遲到帶給教職員的不便明確訂出價格，雖然價格頗低。家長過去或許曾因姍姍來遲而深感愧疚，不過一旦實行罰款制度，他們立刻覺得準時現身簡直無聊透頂，何必像瘋子般在車陣中拚命衝刺，只為了節省區區幾塊錢呢？深入研究後，我們的結論是，如果你想讓某人做某件事，最好小心處理細節：想清楚你激勵的對象是誰，應該什麼時候、在哪裡、採取什麼方式激勵，以及激勵到什麼程度最妥當。金錢很管用，但只有用對時才管用。

街頭巷口的經濟學家

　　你可能已經猜到，我們和其他經濟學家很不一樣。雖然我們也會運用經濟理論的重要洞見，但我們的想法並非在知識的溫室中醞釀出來的。

　　比方說，李斯特還是個求知若渴的大學生時，由於學著買賣和交易體育紀念品，而一腳踏進商業世界。當他用收藏許久的寶貴運動卡換到一套毫無價值的仿冒品時，他學到難忘的一課，更了解割喉式競爭和資本主義的面貌。但是透過這個過程，他也學會如何更有效地討價還價，甚至如何正確訂價。令他訝異的是，他後來觀察到，大多數的公司，甚至國際公司，對於如何為產品和服務訂價，都毫無概念。

　　葛尼奇熱愛加州美酒。造訪酒莊時，他總是很好奇酒莊主

人如何為美酒訂價 —— 由於很難客觀評斷酒的品質，這項工作特別困難。當有位酒商請他幫忙訂價時，葛尼奇告訴他，他完全不知道這些酒應該訂價多少，但他確實有個工具可以簡單而實惠地完成任務。我們在酒莊進行了一個小小的現場實驗，幾個星期後，我們就找到最適定價 —— 而且大幅提高了酒莊的利潤。我們在企業做的現場實驗說明如何在提高生產力和利潤的同時，又能擴大每個人分到的餅。

商界人士往往認為，實驗很花錢，但我們相信，不實驗的話，成本更加昂貴。如果缺乏充分的調查和測試，會出現多少失敗的產品和錯誤的價格？只要問一問 Netflix 員工就知道，Netflix 在 2011 年推出的新價格如何重創品牌和股價。

每一次交易都是進一步了解顧客的機會。學會如何進行現場實驗的企業將是市場贏家。過去，有才幹的經理人可以仰賴直覺和前人智慧，但是未來的成功經理人將透過現場實驗，蒐集自己的數據，並運用這些洞見來改善公司盈虧數字。

熱情的科學，有趣的探險

希望各位讀完本書時，能更了解哪些方法有效，哪些無效。我們也希望各位把經濟學看成一門熱情的科學，而不是維多利亞時代歷史學家湯馬斯・卡萊爾（Thomas Carlyle）所說的「死亡的科學」。[5]

對我們而言，經濟學與人類各種錯綜複雜的情緒都相關，

而整個世界就是經濟學的龐大實驗室，產生的成果能促使社會朝向更美好的方向邁進。我們相信，各位將發現我們所做的現場實驗不但令人大開眼界，也十分有趣，充滿驚奇。希望各位會體認到，經濟學既不無聊，也不沉悶，你們將對於人類行為背後潛藏的動機，以及每個人如何為自己，也為公司、顧客和整個社會獲致更好的成果，有全新的理解。

最後，我們希望各位對於如何用誘因來架構問題和蒐集有趣且有用的洞見，也有全新的理解。

希望這趟探險旅程令你樂在其中。

第 1 章

什麼能使鬼推磨？

誘因為何有效或失靈？[1]

如果你希望別人做你想要他們做的事情，誘因非常有用。小時候，假如媽媽答應你，只要把房間打掃乾淨，就能得到玩具，那麼你可能會乖乖打掃房間。萬一你下個禮拜沒有打掃房間，媽媽會把玩具拿走，直到你打掃完畢，才把玩具還你。從牙牙學語的時候一直到現在，我們學到的一切，大半都仰賴這種獎懲並用的方式。我們用處罰或罰款等負面誘因，遏止別人去做我們不樂見的事。正面誘因（通常是金錢）則可能促使人們克服萬難，改過自新，做「對」的事。

但誘因其實不像表面上看起來那麼簡單。誘因是複雜的工具，不見得總是能如你想像發揮效用。在採取任何誘因之前，應該先了解誘因如何發揮效用，然後利用誘因來了解人們為何會出現這樣的行為。一旦我們了解人們重視什麼，以及為何如此，就可以開發出有效的誘因，並運用誘因，來改變孩子的行為，激勵員工，吸引顧客，甚至說服自己做某些事情。現場實驗是非常有效的工具，能幫助我們了解如何使用誘因，以及誘因為何有效。

在某些情況下，誘因可能適得其反，促使人們展現你不樂見的行為。

罰款真的有用嗎？

幾年前，葛尼奇和太太阿雅蕾特太晚去幼兒園接小孩，結果得到慘痛的教訓。阿雅蕾特和葛尼奇那天在特拉維夫的海

灘度過美好的一天，享受了美味的午餐，聊得很開心，以至於忘了時間。等到他們倏然想起，已經快四點鐘了，距離接女兒的時間只剩下十五分鐘，但是從海灘到幼兒園，還有半小時的車程。當他們終於抵達幼兒園時，女兒興高采烈地跟他們打招呼，這時候，他們看到蕾貝卡的表情。

蕾貝卡是個慈愛溫暖的女人，身兼幼兒園的老闆、園長和大家長。她一直辛勤工作，努力存錢，多年後，終於存夠了錢，在距離特拉維夫二十分鐘車程一棟美麗的郊區老房子裡，創辦了自己的幼兒園。幼兒園的每個房間都色彩繽紛，燈光明亮，孩子們快樂地在院子裡玩耍尖叫。蕾貝卡聘請的幼教老師組成一支夢幻團隊，幼兒園很快就遠近馳名，被譽為當地最好的幼兒園之一。蕾貝卡很以自己的幼兒園為榮，而且她的確應該感到自豪。

但是當她看到葛尼奇和阿雅蕾特時，卻嘟著嘴。

「真抱歉，我們來晚了。」葛尼奇鼓起勇氣解釋：「交通狀況……」

蕾貝卡點點頭，注視著葛尼奇夫婦抱起孩子，什麼也沒說。她當時腦子裡究竟在想什麼？葛尼奇夫婦知道，蕾貝卡一定很不高興，但是到底有多不高興呢？實在很難判斷，因為蕾貝卡一向待人和善。葛尼奇和阿雅蕾特因為遲到而覺得很難過，不知道蕾貝卡會不會因為他們晚到，從此對他們的孩子沒那麼好。

幾個星期以後，葛尼奇夫婦終於大致曉得蕾貝卡究竟有多不開心了，因為蕾貝卡宣布，從今以後，家長來接小孩時，只要遲到十分鐘以上，幼兒園就要加收三美元的罰款。她宣布這項新規定時，明白訂出遲到要付出的代價：三美元。

那麼，蕾貝卡提出的誘因，成效如何呢？

效果不太好。既然晚接小孩的代價只有三美元，葛尼奇和阿雅蕾特覺得多花一點點錢，就能獲得額外的托兒照顧，還滿划算的。所以下一次，當他們工作忙不過來，或在海灘享受難得的假期，知道一定會遲到時，他們不再像從前那樣拚命趕路，恨不得盡快抵達幼兒園。畢竟如今他們不必再看蕾貝卡的臉色。既然她已經訂出三美元的遲到費，他們很樂於繼續把手頭的事情做完，而不必再忐忑不安或充滿愧疚，因為到時候只要乖乖繳清罰款就好了。

從蕾貝卡的遲到費得到靈感，我們決定和阿爾多・魯斯提契尼（Aldo Rustichini）合作，針對以色列十個幼兒園進行二十週的研究，衡量幼兒園要晚接小孩的父母付一小筆罰款，究竟能達到什麼效果。我們首先評估完全沒有罰款的情況，然後，在其中六個幼兒園，實施新規定：家長遲到十分鐘以上，就罰款三美元。各位或許已經猜到了，結果晚接小孩的家長數目急遽升高。即使幼兒園後來取消罰款制度，但曾經實施這項制度的幼兒園，仍然有較多家長晚接小孩。[2]

遲到的「價格」，取代了遲到的「罪惡感」

這究竟是怎麼回事？其實，一旦蕾貝卡實施罰款制度，等於改變了晚接小孩的意義。從前沒有罰款的時候，家長和幼兒園之間有一種簡單的默契，準時接小孩是「對的事情」，不但對孩子好，對蕾貝卡及其他老師也好。

但家長與蕾貝卡之間的契約並不完整，只提到家長應該在下午四點鐘之前把孩子接走，卻沒有說明家長遲到時該怎麼辦。蕾貝卡和老師們願意一直陪著孩子，直到所有家長都把孩子接走嗎？還是蕾貝卡和其他老師會因此覺得很不開心，結果把怒氣發洩在孩子身上？我們不曉得。

不過，蕾貝卡一旦採行罰款制度，家長和老師之間的協議就有了不同的意義。家長明白，他們不需要再為準時接小孩，而不顧一切地在車陣中衝刺。而且蕾貝卡還為遲到罰款訂出明確價碼 —— 雖然數目很小，家長仍然要付出代價。因此，遲到不再關乎違反彼此的默契。幼兒園老師加班的時間，變成一項可以花錢購買的商品，和停車位或巧克力棒沒有兩樣。加上市場誘因後，原本的合約變得更完整了：現在每個人都很清楚遲到要付出的代價。如果你是蕾貝卡的話，你很快就會發現，實施罰款制度比單純的罪惡感效果更差。

以這樣的方式改變意義，影響重大。假設你的孩子正值青春期。你和孩子討論嗑藥的問題，希望說服她嗑藥是很要不得

的行為。幸運的話，孩子會乖乖聽你話。但如果你還有疑慮，可能會要求她去做藥檢。像這樣的要求會如何改變你和青春期子女的關係呢？如此一來，你不再是純粹的父親或母親，轉而扮演警察的角色。你們家的青少年現在可能把注意力轉移到如何在藥檢中作弊，而不是質疑一般的嗑藥問題。

像幼兒園罰款或藥檢這類負面誘因會改變意義，但是當然，獎勵也會改變意義。我們都假定，提供金錢獎勵能驅使別人做我們希望他們做的事情。但假設你下班後走進酒吧，碰到一個迷人女孩，你覺得她對你也有好感。你們一起喝酒聊天，談得很愉快。不久之後，你說：「嘿，我真的很喜歡你！要不要到我家坐坐？」誰曉得呢？也許你運氣不錯！但如果你又加一句：「我甚至願意付你一百美元！」這時，會出現什麼情況呢？你完全改變了雙方互動的意義，而且狠狠羞辱了對方，因為你把她變成一名妓女。由於你在雙方互動中加入金錢價值，基本上就摧毀了一段可能的好姻緣。

誘因設計是藏在細節裡的魔鬼

蕾貝卡的故事難處在於，要使用誘因，就必須確定誘因確實有效。事實上，如果你採取的誘因牽涉到金錢，你最好特別關注細節，因為誘因往往會改變我們對關係的觀感。

不妨思考下面兩種情境，兩者都和鼓勵人們回收汽水罐的政策有關。

情境1：假設在你居住的地方，回收汽水罐無錢可領。你在某個寒冷的早晨，看到鄰居拖著一大袋空罐子，往資源回收中心走去。

情境2：你住的小鎮改變政策。現在每回收一個空汽水罐，就可以得到五分錢的獎賞。你看到鄰居拖著一大袋空罐子，往資源回收中心走去。

你會怎麼看情境1的鄰居？以及情境2的鄰居？

在第一個情境，你或許認為鄰居是環保份子，是品德高尚的公民，純粹想為環保盡一分心力。

不過，實施每罐五分錢的小小獎勵後，你可能認為這個鄰居不是貪小便宜，就是時運不濟。你可能自問：「她何必為了這一點點錢，花這麼大的力氣呢？難道她是守財奴嗎？」

事實上，五分錢的誘因可能改變你的鄰居對這件事的定義。在政策改變前，她純粹為了保護環境而回收汽水罐。但是等到獎勵措施實施後，她可能意識到別人會以為她貪小便宜或生活潦倒，「接下來呢，」她心想：「我在別人眼中成了撿破爛過日子的人？算了，不值得為了回收汽水罐，遭別人另眼相看。」改變自我認知後，她可能停止做資源回收。

以色列大肆宣揚的慈善捐款日是另外一個例子，顯示金錢誘因可能招致反效果。[3]以色列中學生每年都會挨家挨戶為

慈善機構募款，用來支持癌症研究，或援助身心障礙的兒童等等。一般而言，學生拜訪的戶數愈多，就能募到愈多捐款。

我們的實驗目的是檢驗有了金錢誘因之後，募款金額會不會增加，如果會的話，要提供多大的金錢誘因，才能激勵學生達到最高的募款績效。我們把一百八十個學生分成三組（學生都不知道自己正在參加實驗）。主持人向第一組學生說明這批捐款對慈善團體的重要性，還提到慈善團體希望鼓勵他們募到愈多捐款愈好。輪到第二組時，主持人增加了一項說明：每個學生都可以得到一筆象徵性的獎金，金額是他們募到捐款數目的1%（但我們特別聲明，獎金並非從捐款中提撥）。因此，原本的善行現在添增了1%的額外金錢誘因。第三組學生則被告知，他們獲得的獎金將是每人募到金額的10%。

結果，募到最多捐款的是完全得不到任何獎金的第一組。基本上，這組學生純粹抱著做善事的心態。顯然一旦推出獎金制度，其他兩組學生就不再認為自己在做善事，而把心思放在評估成本效益上，計算怎麼樣才能獲得最多獎金。募款成績居次的是獎金達募款金額10%的第三組學生。獎金只有1%的學生募到的捐款最少。為什麼呢？因為就這個例子而言，獎金的數目不足以成為行善的內在誘因，反而如蕾貝卡的幼兒園罰款一樣，排擠掉更高層次的動機。換句話說，金錢變得比行善的願望更重要。

在決定要不要採取獎勵時，首先應該考量的是，採取的

誘因會不會反而排擠掉對方的自發意願 —— 即使沒有任何誘
因，也願意盡力做到最好（例如為了環保而回收汽水罐，為
了幫助慈善團體而募款）。之所以會發生這樣的排擠效應，是
因為對於所做的事情，有了不同的認知；或即使你原本的用意
是要鼓勵或勸阻對方，結果卻侮辱了對方。決定採取誘因時，
你必須確定誘因的力量強到足以達到成果。不妨把誘因想成價
格。如果你收費高昂（例如，假設蕾貝卡規定，晚接小孩的家
長每遲到一分鐘，就付五美元的罰款，美國有些幼兒園真的這
樣規定），人們的表現比較有可能符合你的期望。所以，這個
故事給我們的教訓是，你要不就完全不給獎金，要不就乾脆付
出高額獎金。

到頭來，錢不見得萬能；有些東西是花錢也買不到的。
拿別人重視的東西（他們的時間、好公民的自我形象、甚至糖
果）作為獎賞，往往比區區幾張鈔票更能激勵人心。簡言之，
並非所有的誘因都能發揮同等的效果。[4]

親兄弟，明算帳？

誘因還會以其他奇奇怪怪的方式影響人們的行為。比方
說，美國電視影集「六人行」（Friends）某集劇情是他們一起
到一家很好的餐館聚餐。薪資優渥的莫妮卡、羅斯和錢德勒
點了包含全部配菜附餐的全餐，收入沒那麼高的瑞秋點的是沙
拉，同樣阮囊羞澀的菲比只點了一杯湯，不是富二代的喬伊則

選擇迷你披薩。吃完晚飯，羅斯宣布今晚餐費由大家平均分攤，每人付 $33.50。現場氣氛立刻凍結。「別開玩笑了！」菲比憤然反對。和朋友共度美好夜晚的代價未免太昂貴了。

乍看之下，分攤餐費是很合理的做法：畢竟在共度美好夜晚後，道別前大家還得坐下來算帳，釐清誰吃了什麼，每人應各自負擔多少營業稅，實在不怎麼愉快。的確，某些文化會認為這樣做很不得體。德國人用餐後會算清楚每人應付的餐費，而且分毫不差，沒有人會覺得有什麼不對。但是在以色列和美國的許多地方，大家會認為這樣做很失禮。一群人在餐廳聚餐時，大家的默契通常是最後平均分攤餐費。所以，分攤餐費究竟會對我們的用餐行為產生什麼影響呢？

我們做了一項研究，想了解不同組的用餐者（互不相識的學生）面對不同的付帳方式時，會有什麼反應。[5]我們把參與實驗的學生分成三組，每組採用不同的餐費付帳方式。第一組的六名用餐者（三男三女）採取各付各的方式；第二組的學生平均分攤餐費；第三組則由我們負擔所有的餐費。那麼，不同的付帳方式如何影響每個學生選擇的餐點呢？

假設你是參與午餐實驗的六名學生之一，你被告知最後將和其他五個人分攤餐費。你覺得很餓，所以點了龍蝦堡（$20）、薯條（$3.50）和啤酒（$5）。坐在你旁邊的女生沒那麼餓，所以她只點了沙拉（$8）和冰茶（$2.50）。吃完午餐後，你和其他幾個人決定每人加一份甜點（$4）和一杯卡布奇

諾（\$5.50），其他人則放棄甜點不吃。

侍應生拿帳單過來結帳：餐費加上稅及小費，總計150美元，也就是說，每人需分攤25美元。對你來說，分攤餐費完全不成問題，因為假如各付各的，你得負擔將近40美元的餐費。但是對於只點了價值\$10.50餐點的女生而言，分攤餐費就極不划算。

結果，分攤餐費的方式的確會影響到你點的餐點。我們發現，當我們負擔全部餐費時，學生點的餐點最多，這倒不足為奇。但是，當大家平均分攤餐費時，人們也傾向選擇較昂貴的餐點；採取各付各的方式時，大家的餐點最便宜。你不禁好奇，這些選擇昂貴餐點的人究竟是抱著什麼樣的心態。他們都不是愛占別人便宜的壞人，這只不過是面對誘因時的自然反應罷了。畢竟，點餐時額外增加的每一元餐費，他們都只需負擔其中六分之一的成本。假如你只需付出不到4美元的額外成本，就能享受到價值20美元的龍蝦堡，那麼何樂而不為呢？當然，天下沒有白吃的午餐（除了參與我們實驗的某些學生之外），總得有人負擔龍蝦堡其餘的16美元。

這是「負面外部效應」的例子，也就是說，其他人的行為會影響你的福祉。假定你不抽菸，而坐在你附近的老菸槍決定點根菸來抽。他固然享受到抽菸的樂趣，你卻吸進二手菸。抽菸的傢伙施加了負面的外部效應在你身上。簡單來說，得到好處的人沒有完全付出他應付的代價。在分攤餐費的情形中，當

別人都吃得比較少時，享受大餐的人也在做同樣的事。他們乃是根據當時面對的誘因而做反應。

有效瘦身，付費方式學問大

我們在本書中探討歧視、性別差異與教育落差、慈善募款和企業獲利率等重要問題。而我們一再得到的教訓是：誘因會影響結果。因此很重要的是必須設計適當的誘因，並且隨時調整，以符合最初希望激勵人們的動機。

比方說，如何讓人們成功減重。過去十年來，美國肥胖人口遽增，肥胖是心臟病、糖尿病和其他健康問題的主要危險因子。究竟應該採取什麼樣的誘因，才能幫助人們控制體重呢？

過節大吃大喝之後，你注視鏡中的自己，站在磅秤上，看著節節上升、達到「臨界點」的體重，以及不得不鬆開的腰帶。你充滿罪惡感，發誓一定要開始瘦身。

由於附近的健身房最近年費正在打折，於是你放棄每次付費10美元的方案，決定簽下一年合約。如果你和其他人沒有兩樣，那麼你可能一月的時候，很勤快地到健身房運動幾次；到了二月，去的次數已經沒有那麼頻繁；等到三月之後，就更少在健身房出現了。[6]不去健身房的理由（或藉口？）很多：忙得抽不出時間；你覺得穿著彈性緊身衣，露出大肚腩，非常尷尬；由於身材走樣，你沒辦法激烈運動；也許你就是不喜歡流汗。由於你根本沒去過健身房幾次，因此繳年費就比論次計

費更不划算。

　　繳了年費之後，卻沒辦法規律運動，原因可能是你本來就太過樂觀了，以為自己真的會比過去更勤快做運動。另外一個比較複雜的解釋是，你在「和未來的自己進行賽局互動」。也就是說，你憑直覺曉得自己可能不那麼愛運動，也知道採取計次付費的方案，可以擁有較多選擇。你可能設想，同樣花十美元，如果可以選擇去健身房運動一次或看一場電影，你應該會選擇看電影。所以你付年費的目的是降低未來認知的成本。你認為，假如你現在就付費，那麼未來當你想偷懶時，就不能拿省錢（省10美元）當藉口，而不去運動。

化員工的健康為企業的獲利？

　　其他人和其他組織可能也很關心你的健康，而且通常是因為你的健康能替他們省錢。有些企業和保險公司甚至設計各種誘因，鼓勵員工運動。你可能被叫去量體重，做各種檢查，還問你有沒有吸菸的習慣。如果他們評估你體重適中，不抽菸，膽固醇和血壓都很正常，那麼公司就會降低你醫療保單中的部分負擔和自付金額，每年為你省下750美元保費。還不錯，是不是？

　　這也是為何美國喜互惠超市（Safeway）要大張旗鼓為非工會員工（大多數為坐辦公室的白領階級）推出健康評估計畫。「根據我們的計算，假如美國在2005年採用我們的辦法，

那麼全國的直接醫療保健花費將比今天少五千五百億美元。」喜互惠執行長史蒂文‧博德（Steven Burd）在《華爾街日報》為文誇耀。[7]博德聲稱喜互惠的醫療健保成本一直保持穩定。

博德發表這篇文章後聲名大噪，美國許多企業和保險公司都開始研究類似計畫。在華府，喜互惠成為健保改革的典範，歐巴馬總統在談話中援引喜互惠降低13%的醫療保健支出為例，美國參議院也提出所謂的「喜互惠修正案」，美國許多家庭可能平均可省下數千美元的醫療保健給付。

雖然喜互惠聲稱美國可以省下大筆開銷，但是我們必須謹慎評估他們的說法。首先，博德先生提出的統計數字很有問題。[8]當提供數據者自身的利益也牽涉其中時，究竟什麼方法有效或無效，其實很難下定論。此外，喜互惠的策略並非對照實驗。比方說，我們不知道哪個部分的改變是因為喜互惠的政策所致，健康的員工因而決定繼續為喜互惠效力，或許多健康的人願意到喜互惠上班，或也有可能純粹是因為較不健康的人選擇到其他公司上班。無論如何，喜互惠都省了不少錢，這是很棒的事情，但從全球觀點來看，他們只不過是把問題轉移給其他公司罷了。

倒不是說喜互惠的誘因不好，而是務實一點來看，要設計出能真正改變行為的誘因並不容易。近年來，我們參與了一項大型保險公司的專案，希望利用有效的誘因來幫助會員。這是雙贏的局面：會員變得更健康，公司也省下不少錢。問題是，

這些誘因乃是額外附加在原本已有的強烈動機。想想看，一般人花費多少金錢和心力控制飲食，希望減掉一些體重，卻往往徒勞無功。他們原本已有充分的動機，很想多甩掉幾磅體重。難道付他們一點點獎金，就能激勵他們改變運動習慣嗎？

當然，採用金錢誘因的目的不外乎吸引人們改變習慣。以下的例子說明我們設計和測試過的誘因實驗。[9]我們希望採用的誘因愈簡單愈好，所以我們邀請學生到實驗室，然後將他們隨機分成兩個小組。第一組純粹是對照組；但我們會「賄賂」第二組，只要學生當月去健身房運動八次，就能領到一百美元。根據「付的錢必須夠多」的原則，只要付出適當金額，你幾乎能要學生做任何事。所以，參與實驗的學生果然依照我們的要求，經常到健身房報到。

跨越障礙，養成習慣

但是，我們不只希望看到暫時的遵從，真正的重點在於，誘因是否有助於形成長遠的習慣：等到一個月的期限到了，我們不再付出賄款，會發生什麼事呢？我們採取的誘因會不會像幼兒園的實驗那樣，引起反作用？這樣的誘因真能造成什麼實質影響嗎？學生能否養成健身的習慣，即使我們不再付錢，仍會繼續上健身房？

實驗結果十分令人振奮。我們發現，原本為了錢而一個月去健身房八次的學生，在我們停止付款之後，上健身房的次

數反而倍增。我們採取的誘因似乎幫助他們「跨越障礙」，開始規律運動。有些人原本說，他們之所以不運動，是因為太忙了，抽不出空。結果在我們運用誘因，「強迫」他們找時間運動之後，他們果真「找到」時間，而且之後也持續抽空運動。其他人或許注意到，運動之後感覺很好。有些人則可能期待認識新朋友。無論基於什麼原因，重要的是，他們都設法改變習慣，而得到的報酬是身體都變得更健康了。

我們可以從這項實驗得到什麼教訓呢？許多人都希望多多運動。這項實驗告訴我們，最困難的部分不在於流一身汗，氣喘吁吁，以及換運動服；而在於調整生活作息。的確，一切都在於你的適應和調整。想想看，你可能每天都遵循固定的生活作息，例如早上喝一杯咖啡，睡前刷牙等。所以，如果你給自己一點時間克服困難，適應規律運動的新作息，就會養成運動的習慣。

一開始，先承諾每個星期一定去幾次健身房，而且持續一個月。即使你起初覺得運動耗費的成本勝過帶來的效益，但規律運動四個星期後，你會逐漸習慣運動帶來的好處。你注意到心臟跳動得更有力了，心情也變得更好，還有運動會帶來成就感。持續運動一個月後，你發現，你不再像頭一、兩個星期那樣，需要費力逼自己去健身房。事實上，你愈來愈習慣運動後的感覺，偶爾一次沒去，就覺得若有所失，懷念運動後的感覺。這時候在你心目中，去健身房的成本降低，效益卻提高

了，因此運動成為有益的習慣。

不過，如果你因此認為只要付錢，或採取其他正面誘因，就能促使別人做我們希望他們做的事情，可能又把事情想得太過簡單了。對大多數人而言，改變根深柢固的習慣都非常困難。有的人即使面對死神的威脅，仍然繼續抽菸或吃不健康的食物。

———————

所以，任意假設人們面對誘因時會有什麼反應，是很冒險的事。我們以為人們面對金錢之類的誘因時，很容易預測他們會有什麼下意識的反應，但其實不然。有時候，誘因雖然短期見效，但長期而言，仍然破功。有時候，採取誘因會適得其反，提高誘因也不見得能帶來更好的效果。

真相是：如果你想要別人做某件事，你需要了解如何激勵他們才有效。關鍵在於：一旦你知道他們重視什麼，就能運用誘因來產生預期效益，促使人們（包括你自己）表現出你所期望的行為。

身為經濟學家，深入挖掘事情背後的涵義，是我們的職責。我們必須了解在不同的情境下可能發生的情況，也必須盡量探究哪些誘因有效，哪些無效，以及背後的原因，以協助個人、企業和政府達成目標。我們將會在下面兩章探討根深柢固的文化傳統與世界觀如何影響男女薪資差異這個老問題。

第 2 章

男女為什麼同工不能同酬？

分類廣告、迷宮和投球遊戲透露的事

2005年1月，時任哈佛大學校長的勞倫斯・桑默斯（Larry Summers）在科學與工程人力多樣化研討會的午餐會中，對與會者發表演講。他首先聲明，下面的談話意在「刺激思考」，然後就重重拋出一顆手榴彈，挑起兩性之間的古老戰爭。他公開提出，我們之所以觀察到兩性在基礎科學家的數目上出現極大差距，是否因為男女在能力傾向上有先天差異。

桑默斯引用數據指出，美國的科學與工程教授中，只有20%是女性，他質疑：「就科學與工程領域的特殊情況而言，天賦是重要條件，尤其天賦具有變異性，而這些條件又受到事實上較不重要的因素所強化，包括社會化和持續的歧視。」換句話說，他懷疑，女性如果想在科學界攀上巔峰，是否在先天才智上會比較吃虧。[1]

桑默斯的論點立刻招來嚴厲而巨大的批評聲浪。MIT頂尖生物學家南西・霍普金斯（Nancy Hopkins）更拂袖而去，引發全場騷動。「他所領導的學術機構，女性占了半數，因此當他表示，在能力傾向上的先天差異是女性無法攀上巔峰的第二個主因時，我深感不平，」霍普金斯告訴記者：「假如女生進入哈佛就讀後，他會說，嘿，我們不認為你有辦法出類拔萃，那麼，哈佛大學打從一開始就不該招收女生。」[2]桑默斯的談話引發全國媒體熱議，很快有人發起運動，逼退桑默斯。桑默斯在次年辭掉哈佛大學校長的職位，部分原因正是他在研討會失言引發的風波。

　　桑默斯的評論（在最糟的情況下，會被視為性別歧視，在最好的情況下，仍會被批評為搞不清狀況，但絕對是政治不正確的言論）至少符合自古以來的傳統。數千年來，關於為何女性不像男性那麼野心勃勃、喜歡競爭，曾有許多文化和科學上的解釋。在聖經《創世紀》中，亞當的角色是夏娃的主人。在古羅馬時代，女性雖然是公民，卻沒有投票權，也不能擔任公職。世界上許多宗教、法律和文化都持續壓抑女性，禁止她們在「男人的世界」中與男性一較高下。

　　桑默斯的評論也帶著達爾文的印記，達爾文在一百五十年前就提出：成功雄性的演化目的是為了贏得求偶競爭。

　　從此以後，大家常引用達爾文的天擇理論，來說明為何男性基本上比女性更具侵略性，也更有暴力傾向。畢竟男性出外獵取動物時，必須和其他部落的男性競爭，而女性只需在家撫養小孩。主要的觀念是，女性為了生育和撫養後代而付出的代價（例如懷孕、生產和照顧小孩）高於男性，因此男性應該相互競爭，盡可能留下最多後代，女性則必須精挑細選，設法找到最適當的伴侶。

　　如果真如達爾文所說，演化論可以解釋女性為何欠缺競爭心（當然，達爾文的演化論並非只適用於人類），那麼幾百年的文化變遷就不會帶來任何改變，而且演化論也有助於說明為何今天位居高位的女性仍然寥寥無幾，與男性比起來大為遜色，或為何美國女性的平均收入只達男性的八成。

　　桑默斯在引用研究的發現並提出他的「先天差異」假設後，明白告訴聽眾：「我希望有人證明我說錯了。」

　　我們在本章和下一章，將迎接這個挑戰。我們會特別視勞動市場上哪個部分的性別差異是因文化而起。我們不能在缺乏數據的情況下，理所當然地假設女性的好勝心天生不如男性。我們決定觀察在一般環境下生活的尋常男女，他們做著一般人每天都會做的事，例如，上健身課，或回覆 Craiglist 上刊登的求才廣告；我們則運用手邊各種實驗工具，來回答下列問題：男女之間的差異（例如在侵略性、競爭動機和賺錢能力上的差異）究竟有多少是真正的先天差異？有多少是後天從文化環境中學習而來？我們最後歸納出獨特的結論，來說明我們觀察到的兩性差異，尤其在競爭心態上的差異。

　　但我們首先要進一步探討雖然女性的處境已大幅躍進，為何似乎仍面對重重阻礙？

男女天生大不同？

　　我們兩個都是從孩子誕生後，開始對性別角色和競爭心態產生興趣。孩子出生後，我們開始注意到女生之間的差異，以及女生和她們的兄弟之間的差異。雖然葛尼奇有個女兒的好勝心比姊姊強，不過我們的女兒都喜歡玩洋娃娃，不愛玩哥哥和弟弟的卡車和棒球。我們的心裡開始浮現大多數生女兒的父母都會問的問題：在男人的世界裡，她們擁有哪些機會呢？儘管

女性已經跨出一大步，但是在機會不均等的文化中，她們有辦
法出人頭地嗎？[3]

　　可悲的是，儘管在某些領域（例如高等教育），女性表現
得比男性傑出，卻仍然無法推翻數千年來由男性主導的秩序。
無論在美國或其他國家，男性仍然位居要津，在社會上享有
最高地位。女性占市場勞動力的比例已經從1970年的48%攀
升到2011年的64%，[4]但每五個高階主管中，只有一位是女性
主管，而美國《財星》五百大企業的執行長中，不到4%為女
性。有些人認為這些數據彰顯了女性的成就，因為在美國，女
性主管的比例已達史上最高。然而，男女依然同工不同酬，與
男性職位相當的女性領到的薪酬仍然低於男性。即使在政府部
門，女性都沒辦法與男性平起平坐。舉例來說，美國國會中，
女性擁有的席次不到17%。

　　過去數十年來，許多學者都曾提出各種理論，說明女性為
何無法以更快的速度，打破玻璃天花板。我們認為主要得歸結
到以下原因：男性和女性有不同的競爭心態，對誘因的反應也
不同。我們的研究顯示，許多女性會設法避免競爭激烈的環境
和根據相對績效來決定薪資的工作。

　　下面是我們在Craiglist上進行的大規模現場實驗。[5]我們
希望透過這個實驗，找出驅使人們應徵初階工作的因素。兩性
在面對不同的薪酬情境時，會有什麼不同的反應？假如雇主提
供較高的薪資，女性是否願意應徵競爭較激烈、必須冒點風險

的職位？

我們在十六個城市的求才網站上刊登了兩則行政助理的徵才廣告，行政助理是美國最常見的職缺。以下是我們在西雅圖刊登的徵才廣告範例：

類別：行政／內勤
職銜：體育新聞助理
貝克中心誠徵一名西雅圖地區的行政助理，協助蒐集西雅圖地區的體育新聞相關資訊。位於芝加哥的貝克中心在西雅圖有個衛星計畫。
助理將協助我們蒐集與籃球、足球、賽車、棒球、高爾夫球、網球、曲棍球和其他運動相關的本地新聞及評論。助理的職責包括閱讀本地體育相關的新聞報導（包括職業、半職業運動及大學運動），並準備簡短的報導內容。應徵者必須習慣處理典型的行政事務，如聯繫、校對、歸檔、撰寫電子郵件及電話溝通等。
敘薪方式：時薪

我們刊登的第二則徵人廣告幾乎和這則一模一樣，除了第二則廣告隻字不提體育活動，而是在描述工作內容時指出：「助理將提供我們有關社區活動、藝術、文化、商業、娛樂、政策問題、犯罪和其他報導的最新訊息。助理的職責包括搜尋、閱讀和整理本地新聞報導，並準備簡短的報導內容。」

我們在不同城市刊登徵人廣告，四個月內，我們收到七千封應徵信函。[6]收到應徵信函後，我們告訴其中一些應徵者，

這份工作乃是按時計酬，但其他應徵者得到的訊息是，薪資高低將根據他們與其他同事的相對績效來評定。

競爭情境影響求職意願

我們的用意是檢視加入競爭情境後，會不會影響不同性別對這份工作的態度。[7]那麼，你們認為我們在 Craiglist 上刊登了幾個月廣告後，有什麼發現呢？當我們告知應徵者薪資結構後，哪個性別仍持續對這份工作表現出濃厚興趣呢？

不出所料，男性對於體育相關的職缺比較感興趣，至於與體育無關的工作，則應徵者多為女性：體育相關職位的應徵者有 53.8% 為女性，另外一份工作的應徵者則有 80.5% 為女性。

但是，在我們描述敘薪制度後，真正的差異才表露無遺。在其中一種敘薪制度中，我們付給助理每小時 15 美元的薪水，這樣的時薪對於坐辦公室的初階行政工作而言，不算太差。另一方面，強調競爭的敘薪制度則根據新進助理與同事的相對績效來決定薪酬。我們告訴應徵者，他們每小時會領到 12 美元的基本薪資，但我們會把他們的績效拿來和另一位助理相比較，兩人之中表現較好的那個人除了 12 美元的基本時薪外，每小時還可額外獲得 6 美元獎金。如此一來，兩種薪酬制度平均都付給助理 15 美元的時薪，但是一種制度提供了強烈誘因，另外一種制度則毫無誘因。

當你看到每種工作應徵者的實際性別差異時，可能大感訝

異（並覺得可悲）。一般而言，女性不喜歡競爭性較強的工作選項；事實上，女性應徵這類工作的機率比男性低70%。而且放棄這類高誘因工作機會的女性，資歷都比選擇應徵這類工作的男性更加亮眼。這些發現凸顯了一個事實：談到競爭時，男性可不像女性那麼畏縮。[8]

成功的企業執行長必須高度參與競爭、積極因應競爭。難怪爬到金字塔頂端的女性寥寥無幾。在Google搜尋一下「Every man has his price」（每個男人都有他的價碼）這個英文句子，網頁上會出現一堆關於人人都可被收買來做任何事情的有趣引文。然而如果你搜尋的是「Every woman has her price」（每個女人都有她的價碼），結果可就大不同了。

數理資優女生也不愛競爭嗎？

桑默斯談的不是初階工作，他指的是科學圈的情形。那麼，聰明的女性數學家和科學家面對男性的競爭時，會發生什麼事呢？

為了解答這個問題，我們付錢請大學生組成多支包含三男三女的團隊，來解答一系列電腦迷宮遊戲。[9]我們乃是在素有「以色列MIT」稱號的以色列理工學院，進行這項實驗。以色列理工學院是非常難進的名校，全校有六成是男學生。在這裡就讀的女生必須從一開始就證明，她們在數學和科學科目的表現，和男生比起來毫不遜色，隱含的假設是，女生必須比男生

更用功，才能證明她們也可能成為愛因斯坦。

其中一位參與實驗的女生叫艾拉（這個名字在以色列的俄羅斯裔移民中十分常見）。艾拉很聰明，從小就愛玩電腦遊戲，她熱愛科技，喜歡鑽研複雜的技術概念。艾拉出生於莫斯科，十歲時和父母及哥哥一起移民到以色列。她從小就熱愛數學，所以後來決定申請以色列理工學院，也就不足為奇了。但是，在以色列理工學院就讀，可不是件容易的事。艾拉在高中數學課堂上是耀眼的明星，但是在以色列理工學院，每個人都很聰明，班上競爭激烈，她必須格外用功，才能過關。許多不夠努力的學生慘遭淘汰，轉到競爭沒那麼激烈的領域。但艾拉表現出色。她十分勤奮，每天晚上只睡四個小時，還放棄了芭蕾舞課。她知道自己經得起考驗。

艾拉和其他女同學不同的是，她毫不氣餒，打算未來在科學與技術界闖出一片天。[10]儘管如此，我們仍然希望了解，身為女性，艾拉在參加我們的實驗時，她的性別認同會不會改變她為金錢而競爭的欲望？假如提供足夠的誘因，她會不會在競爭遊戲中全力一拚？

做實驗的時候，我們要求參與者在十五分鐘內破解愈多迷宮愈好，每破解一個迷宮，就會得到一美元的獎勵。結果，在評估每一組的表現時，我們發現，女生的表現和男生一樣好。但我們提供另外幾組的誘因又不同了：這一回，破解最多迷宮的人可以按比例得到最多獎金。關鍵在於，在面臨白熱化的競

爭時，艾拉會不會因此更加努力？

結果，在競爭性誘因的激勵下，參與實驗的男生在十五分鐘內破解的迷宮數目大幅增加，但艾拉和其他女生的表現就沒有那麼好了。在競爭性的環境下，女生平均破解的迷宮數目和在非競爭性環境中差不多。所以，即使實驗對象是艾拉和以色列理工學院的優秀女生，女生不如男生好勝的假設似乎仍然得到證實。

後來，我們又模仿大家孩提時期可能都有過的經驗，做另外一個實驗。[11] 想像一下你獨自一人快跑，或有其他人和你一起跑的情景。如果你很好勝的話，只要旁邊有其他人一起跑，可能會刺激你快馬加鞭，愈跑愈快，希望贏得這場「想像中」的競賽。你會把原本單純的情況變成一場比賽。假如你沒那麼好勝的話，或許你根本不在乎旁邊是不是有別的跑者，你只會自顧自向前奔跑。

你或許已經猜到了，我們正是希望檢視男生和女生是否有不同的競爭心態。實驗對象是以色列的四年級學童。我們利用體育課的時間，請他們跑四十米，一次只有一個人跑。老師記錄了每個學童的跑步成績之後，再讓跑步速度差不多的學生一起跑。我們沒有提供任何誘因，甚至沒有告訴學童這是一場比賽。只是讓他們並肩跑步。

結果和以色列理工學院的迷宮實驗一樣，男生對於競爭環境的反應比較強烈，和別人一起跑步時，速度會比獨自一人

跑步時快得多。不過，即使提高競爭的強度，女生仍然無動於衷，跑步速度和她們獨自一人跑步時差不多，即使只和女生一起跑步也一樣。似乎在競爭的環境下，女生的表現不像男生那麼出色。

最後，我們因為研究的需要，造訪了全世界最父權至上的父系社會和母權至上的母系社會，希望進一步了解文化如何影響競爭偏好。

到地球另一端尋找答案

幾年前一個寒冷的夜晚，我們在馬里蘭州的大學園市，和幾個男性友人玩撲克牌。抽了幾根雪茄，幾杯黃湯下肚後，我們自問，為什麼大多數女人似乎都沒辦法像我們一樣，充分享受這類活動的樂趣。更重要的是，在以色列理工學院和小學實驗的結果令我們感到非常納悶。女性天生就不喜歡競爭嗎，還是她們的品味和偏好其實深受周遭社會影響？缺乏好勝心是女性天生的特質嗎，抑或後天學習的行為？假如是後天學到的，那麼究竟哪些後天的因素會影響她們的學習？假如兩性差異是社會化的結果，那麼我們的女兒在競爭激烈的社會裡，能得到公平的成功機會嗎？

要找到答案，只有一個辦法，我們必須設法脫離西方社會。於是，在美國國家科學基金會的支持下，我們出發前往地球上文化差異最大的兩個地方，檢驗我們對於先天好勝心的假

設。我們打算在兩個截然不同的社會，進行我們的實驗，在其中一個社會中，女性毫無地位；在另一個社會中，女性當家作主。為了探討佛洛伊德、達爾文和不計其數的心理學家、社會學家和人類學家曾經推論過、但難以檢驗的問題，我們真的飛到地球的盡頭。

透過過程中發展出來的科學實驗，我們得以對於女性在不同社會中的行為（她們在這兩種極端的社會中扮演截然不同的角色），有獨特的觀察。在探索她們行為背後的涵義時，我們也對下列問題有了獨特的洞見：各行各業的女性是否都不像男性那麼好勝？

在人類學家朋友的協助下，我們列出兩個極端相反的部落 —— 極端父權至上的坦尚尼亞馬賽部落（Masai）和印度東北部的母系社會卡西部落（我們在下一章會有更多討論）。假如在相同的實驗條件下，比較這兩個部落中男女兩性的行為，會有什麼發現呢？[12]

坦尚尼亞之旅

馬賽族聚居於非洲最高峰吉力馬札羅山下的平原，他們身穿色彩鮮艷的長袍，手持長矛，世世代代以養牛為生。擁有最多牛群的馬賽男人，也就擁有最龐大的財富。對馬賽族男性而言，牛群比老婆還重要。如果擁有的牛隻夠多，他們甚至可以娶十個老婆。

　　馬賽族的文化對女性非常不友善。男人通常到三十歲左右才結婚，但往往娶十多歲的少女為妻。如果你問馬賽男人：「你有幾個小孩？」他告訴你的數字只把兒子計算在內。馬賽女子自幼就學會卑躬屈膝。妻子只能待在家中和在村子裡工作。丈夫不在家的時候，女人必須得到年長男性的允許，才能外出、看病，和做任何重要的決定。

　　我們在亮麗的星期日早晨，來到馬賽族聚居的村落，協調做實驗的事情。一路上，我們碰到許多家庭正往十哩外的市場走去。我們碰到的每一群人，一定都是男人走在最前面，手裡只拿著自己的拐杖，妻子跟在後面，大約離丈夫十呎遠，頭上頂著巨大沉重的籃子，背上通常揹著小嬰兒，還要騰出兩隻手來牽較大的孩子。而前面的男人甚至頭也不回，根本不理會太太、小孩的情況。

　　基本上，馬賽女子就好像奴隸一樣。「男人把我們當驢子，」一位馬賽女子告訴研究人員。[13]

　　我們開車抵達馬賽村時，馬賽女子吟唱著應答式的美妙歌謠表示歡迎（馬賽人似乎經常以這種方式吟唱）。酋長科內・桑卡爾（Koinet Sankale）走出來迎接我們，有人告訴我們，酋長的名字意思是「高個子」。桑卡爾相貌堂堂，眉毛很粗，是備受尊崇的戰士。他在年少時，就以長矛刺死一頭獅子，證明自己的膽識。獅子在他的臉上、前胸和手臂，都留下明顯的咬痕。他邁開大步走過來，和我們握手。然後轉過身，介紹我們

認識他的三十位族人，他們以懷疑的眼光，斜眼看著我們。肩上都披著色彩鮮豔的寬大斗篷，有的是格子狀的花紋，有的是單色，還戴著閃閃發亮的珠飾製成的耳環和項鍊，臉和手臂都塗著紅赭色斜紋。大多數人都缺了幾顆牙。

大家互相認識後，我們在牛群的哞哞叫聲中，一起享受了烤羊盛宴，馬賽人似乎和牛群維持一種共生關係。

我們在差強人意的當地旅館睡了一覺後，第二天醒來，就聽到一個壞消息。我們大老遠跑來坦尚尼亞，是為了進行當初測試艾拉的迷宮實驗，只是這回我們不用電腦，我們打算讓馬賽人拿筆在紙上作答。但是馬賽婦女看到紙筆這些最簡單的工具時，卻猛搔頭。她們從來不曾用筆寫字，現在也不願意拿起筆來解迷宮。

我們顯然碰到麻煩了。有人建議我們用木材搭建迷宮，讓村民拿一小塊木片在迷宮中移動。和我們合作進行這項實驗的肯恩·里奧納（Ken Leonard）是馬賽專家，他有個熟人，在城裡開汽車維修廠。於是第二天，在當地汽車修理工和木匠協助下，我們在非洲的艷陽高照下，汗流浹背地花了十二個小時，用木材搭造迷宮。村民站在一旁，笑看幾個滑稽的白人努力工作，試圖打造孩子的玩具。努力了一整天之後，我們終於造好一座迷宮。不幸的是，這座迷宮充分顯示出我們毫無當木匠的才華，這是一座無法破解的迷宮。所以，我們的麻煩更大了。我們怎麼可能第二天在村莊現身，面對著大批村民，卻沒

有事情可以派給他們做呢？

這時候，靈光閃現的時刻來臨，葛尼奇在回旅館的路上，看到一家賣網球和桶子的商店。我們決定採用簡單的方式（從那次開始，我們在其他許多實驗，都採用這種做法）：要參與實驗的村民把網球拋進桶子裡。

村民過去從來不曾投籃，所以沒有誰技巧比較熟練，也沒有性別差異。除此之外，我們認為這個方法可以讓我們很快看出每個人的競爭傾向。要把球拋進桶裡，只需要懂得瞄準目標就夠了。

第二天早上，我們帶著幾罐網球、幾個小小的玩具桶，還有很多現金，回到村子裡。我們發現，村民早已在那兒等候了。我們把他們分成兩組，然後每組每次都派出一人，到另外一個場地，研究人員會在那裡等著他們，請他們從離桶子三公尺遠的地方，把球拋進桶子裡。每個人可以拋十球。

接著，我們讓村民選擇領取獎金的方式：第一種是，他們每丟進一球，就可以得到相當於1.5美元的獎金（差不多是他們一天的工資）。第二個選項是，如果他們的成績勝過競爭對手，那麼每丟進一球，就可以領取相當於4.5美元的獎金；但如果對手表現比較好，那麼他們就會白白參與實驗，領不到任何獎金；而如果兩組的村民成功把球丟進桶子裡的次數相同，那麼兩人同樣都可以領取每球1.5美元的獎金。換句話說，我們要求所有參與實驗的人二選一：第一個選擇是他們能得到多

少報酬，完全取決於自己的表現有多好；另外一個選擇是，他們必須和別人競爭。

年輕人（尤其是年輕男性）聽到競爭的選項，似乎都非常興奮。此外，不分男女，年紀較長的村民都會顯得有些狐疑。（想想看，假如有人跑到你們綠意盎然的市郊社區，願意提供你和鄰居相當於一星期工資的獎金，要你們玩一個看來十分愚蠢的遊戲，你可能也會感到懷疑。）

第一個走上前來的村民是名叫穆倫賈的大塊頭，看起來將近六十歲。穆倫賈是部落的族長，他娶了六個妻子，有三十個子女和不計其數的孫子。他選擇競爭。他把手臂往後拉，然後對準桶子，把球拋出去。他拋得太用力了一點，第一球沒投中，他大叫一聲，十分失望。第二次嘗試，球從桶口彈出。第三球終於投進桶子裡，他咧著嘴，開心地笑了。於是，他繼續把剩下的七球丟完。成功投進幾球之後，他得知自己比競爭對手多丟進幾球，領了錢，走出去，樣子十分愉快。

沒多久，村民們口耳相傳，大家都知道有幾個奇怪的美國人正在發很多錢。最後，我們篩選了155個村民來玩遊戲。等到實驗結束時，村民不想放我們走。我們只好帶著剩下的現金，跳進車子裡，設法逃跑（我們還需要這筆錢，才能在其他村子進行類似的實驗）。當我們疾駛而去時，還有許多村民在後面緊追不捨。

幾星期後，等到我們在不同的村子都做過實驗，我們開始

男性和女性選擇競爭的比例

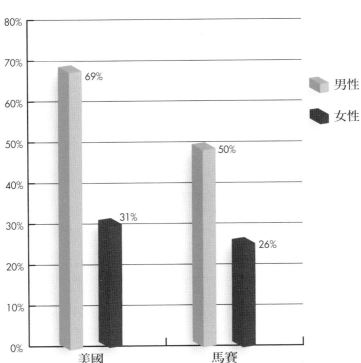

本圖比較美國及馬賽部落的男性和女性在同樣的競爭遊戲中的表現

匯整數據。這些重男輕女的男人會比美國人、以色列人或其他
已開發國家的國民更好勝嗎？女性是否較不想和別人競爭？

　　上圖提供了說明。簡單來說，我們發現，坦尚尼亞的男性
和女性其實很像我們在已開發國家研究的男性和女性。有50%
的馬賽男子選擇競爭，但只有26%的馬賽女子做相同的選擇。

看起來似乎大多數的女人就是不愛競爭，但或許令人訝異的是，馬賽女子的好勝心並不會輸給西方女子太多。

你錄取的是「對」的人選嗎？

在此同時，莉茲正在美國找工作。

莉茲是個42歲的女子，應徵了紐約一家直效行銷公司創意總監的工作。莉茲經驗豐富，曾經擔任創意部門主管，資歷和能力都非常適合這個職位。但聘雇流程很長，競爭十分激烈，應徵者高達數百人。

為了去蕪存菁，部門經理和人資請進入決選的幾名應徵者參加好幾次面試。等到競爭愈來愈激烈時，他們要求應徵者在一小時內設計出直效行銷套件的信封。要把這件事做對，實際上需要花的時間可能不只一小時，而且這件事和管理二十個設計師的實務，其實沒什麼關聯。這個測驗比較能測出在競爭激烈的環境下快速完成工作的能力（比較像是交易員應該具備的能力），而不見得和能否吸引人們打開信封的設計實力那麼密切相關。

最後，雀屏中選的是在激烈的競爭過程中表現較佳的應徵者。由於公司對於應徵者該具備什麼能力才足以勝任，沒有什麼特殊想法，因此直接篩選出表現較佳的人選。對莉茲而言，這表示她「輸」給條件不如她的人。對公司而言，他們等於選擇了比較懂得競爭的應徵者，而錯失了更有才華的人。

　　結果，許多經理人在用人時，都依直覺和經驗來做決定（尤其是看上司過去都怎麼做，他們就依樣畫葫蘆）。在許多情況下，過去的聘雇流程所依循的觀念可能是錯的，或已經過時了 —— 而且通常都偏好雇用男性。許多研究都顯示，如果董事會成員清一色是男性，那麼當他們需要挑選新的董事或執行長時，他們會挑選比較像自己的人。[14]美國戴頓大學（University of Dayton）法學院在2012年發表的論文指出：雖然事實顯示，當董事會中有一定比例的女性董事時，公司股票價值上升，[15]但「幾乎近來所有的報告和研究都以『停滯』或其他類似的形容詞，來說明女性試圖在企業董事會獲得更高代表性的進展情況。」[16]

　　但是，在市場上，頂尖人才不會被壓抑太久，女性很快將獲得她們應有的地位，躍升組織領導人，而愈快採取行動的企業，愈能從中得利。

　　下一章，我們將追根究柢，探究這一切的根源。

第 3 章

誰說女性天生不愛競爭？

母系社會的啟示

各位在前一章看到，從我們在Craiglist網站做的線上實驗，到以色列理工學院的實驗，從小學生跑步，到我們造訪馬賽族的經驗，我們所有的實驗都證明，女性確實不像男性那麼好勝，面對競爭時，女性的反應也有別於男性。這個事實本身為兩性差異提供了有趣的解釋。

但我們仍然希望了解為何如此。兩性之間是否有什麼重要的先天差異，以至於無論成長背景為何，都會出現相同的行為。還是社會的影響其實是塑造競爭心態的關鍵力量。

造訪卡西族的母系社會將有助於回答這些基本問題。且讓我們一探卡西族的奇異生活。請繫好安全帶，因為接下來各位將經歷一場不可思議的旅程。米諾特（就是我們飛抵印度後，在機場接我們的那位司機，各位在前言中已見到他出場）是引領我們認識卡西族母系社會的嚮導。我們和他一起，踏進反向性別歧視的詭異世界。當然，從我們的標準來看，米諾特即使買得起房子，仍然沒辦法擁有自己的房子，是很不公平的事情，個人的發展機會備受阻撓。同時，我們有極佳的視角，得以一窺當女性掌管經濟大權時，會出現什麼情況。

米諾特開車載著我們從古瓦哈提機場駛進西隆城時，路上擠滿人潮，穿著鮮豔紗麗的婦女、穿棉衫的黑髮男子、半裸的乞丐、孩童，在酷熱的天氣中相互推擠著。第二天，葛尼奇到本地銀行兌換進行實驗時需要的現金，他身後的人群彷彿趕著要擠上火車似的擠來擠去，挨挨蹭蹭（他是空降到異國文化中

的富有外國人）。當他要求將價值六萬美元的旅行支票兌換現金時，銀行出納跑去請示經理，然後等他們商議幾小時後，葛尼奇終於拿到滿滿一大袋盧比，並且在眾目睽睽下清點鈔票。

葛尼奇深怕在他後面擠來擠去的民眾會搶走他手中的袋子，於是轉過身，奮力從人群中脫身，然後就飛奔而去。我們現在終於充分體會到，著名的雌雄大盜邦妮和克萊，每次做完一票後的興奮之情了。

兩性角色倒錯的世界

米諾特開車載著我們突破重重險阻，終於抵達一個座落在綠色山丘和肥沃農田之間的寧靜村莊。雖然這個村莊有豐富的自然景觀，經濟上卻十分貧窮。我們把所有的行李，包括裝滿現金的袋子，全丟在我們租來的、沒有上鎖的房子裡，然後就去和村民們見面。這一回，我們見到的不是身穿紅袍、滿臉狐疑的馬賽戰士，而是臉上帶著微笑，流露著溫暖與善意的卡西村民。

我們發現，比起馬賽婦女，卡西婦女的生活實在好太多了。卡西村是全世界碩果僅存的少數母系社會；家族遺產乃是由母親傳給年紀最小的女兒。女人結婚後，不需要搬到夫家居住；相反的，她的丈夫必須離開自己母親的住所，搬進太太娘家。因此，母親的房子是全家的中心，外婆則扮演一家之主的角色。卡西婦女不太參與農務，但由於經濟大權掌握在婦女手

中，因此女人比男人強勢。

接下來幾個星期，和在坦尚尼亞時一樣，我們進行了相同的拋球實驗。

卡西男子乖乖在學校建築物的一邊排隊，研究人員也像在坦尚尼亞時一樣，記錄他們的資料。其中有個叫凱漢的年輕人，穿著簡單白上衣和牛仔褲，他選擇不要競爭。他拿到第一個網球時，臉上露出溫和的笑容。他起先似乎有些遲疑，拋出的第一球未投中桶子，差了幾呎遠。他更使勁些，拋出第二球，球落在桶子另一邊。他咬了咬嘴唇，顯然覺得很失望。第三度嘗試時，他終於把球準準拋進桶子裡。

在另一邊，一名女子走進隊伍中，她展現的自信吸引我們的目光。夏紅果斷地選擇了競爭性的項目。她挽起袖子，握住網球，瞇起眼睛對準前面十呎遠的塑膠玩具桶，準備應戰。她充滿自信地伸出掛著手環的手臂，把球拋向桶子。沒投中，但她絲毫不氣餒。第二球總算落進桶子裡，她高興地大叫。事實上，她總共投中五次，所以，幾分鐘的拋球比賽，讓她贏了很多錢。她能幹、自信，能掌控大局。競爭對手該讓位了。

我們來到兩性角色全然倒錯的世界。下頁圖表整理的實驗結果顯示：高達54%的卡西婦女選擇競爭，但只有39%的卡西男子做相同的選擇。連超級重男輕女的馬賽男人都沒有卡西婦女那麼樂於競爭。大體而言，卡西婦女的行為表現比較接近馬賽男子或美國男性的表現。

男性和女性選擇競爭的比例

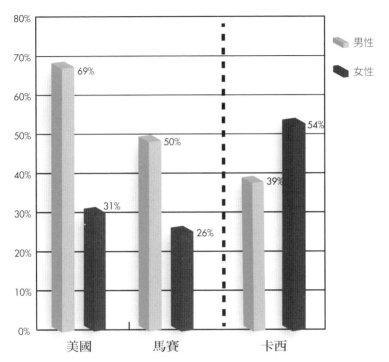

每個社會中男女性選擇競爭的比例反映不同的文化。在競爭意味較濃厚的遊戲中，
選擇競爭的卡西婦女比例不但高於美國婦女和馬賽婦女，甚至還高於馬賽戰士。

　　透過在卡西的實驗，我們對於長期以來有關性別差異的
爭辯有了新的理解。當然，我們觀察的是卡西族女性的行為，
而卡西社會和世界上大多數的社會都不一樣。但這正是重點所
在：我們盡可能抽離傳統父權社會文化的影響。就卡西的例子
而言，卡西女子普遍比男性更喜歡競爭。或簡單來說，天性不

是唯一重要的因素，對卡西人而言，後天的影響才是王道。

我們的研究指出，只要有適當的文化，女性的競爭心將和男性一樣強烈，甚至在許多情況下，比男性還要好勝。所以，一個人的競爭心態並不是單靠演化的力量來決定，男性也並非天生就比女性好勝。假如有適當的文化誘因，女性也可能比男性更喜歡競爭。

女性是談判高手嗎？

那麼，對競爭的興趣會不會影響女性的市場行為呢？（在市場上，強烈的經濟誘因主宰一切。）為了探討這個問題，我們造訪西隆的露天市場，卡西族和非卡西族都經常在此出入。

西隆的露天市場是個生氣勃勃的地方，也是全世界最大的露天市場之一。走在人潮中，空氣中參雜著腐肉和鮮血的腥味，新鮮番茄、洋蔥和胡椒的氣味，還有鮮花、草帽、棉衫的芳香。賣廉價電子產品和鞋子的攤位比比皆是。

為了研究文化如何影響談判風格，我們分別給卡西族和非卡西族的男女一些錢，要他們去市場採購兩公斤番茄。一般而言，每公斤番茄的價格從20盧比到40盧比不等，完全要看他們討價還價的功力多強而定。假如參與實驗的人有辦法以較低的價格成交，自己就可以多賺一些。每一樁購買番茄的交易，我們都會把最初的價格、他們花了多少時間討價還價，以及最後的購買價格記錄下來。

我們發現兩件重要的事情。第一，打從出娘胎起，就被訓練得充滿自信的卡西女子，也是比較成功的談判高手。我們的拋球實驗是預測現實生活買賣行為的好指標。第二個發現也很有趣。訂價機制是否由母系部落中的女性設定，會影響市場運作的方式。

如果卡西女子走進市場的某個區域，而那裡的商品價格不是由卡西族訂定，可以看到市場上男男女女並肩叫賣，討價還價，這時候，卡西女子的本事展露無遺。夏紅就是個殺價高手，無論買番茄或替孩子挑選棉衫，她都能拿到絕佳的價碼。有趣的是，走到市場另一邊，那裡的價格變成是由卡西人決定，同時只有婦女在那裡買賣商品，我們注意到，沒有太多人在討價還價。那裡的交易情形比較類似西方社會，大家多半依照預先訂定的價格來買賣商品，而不是靠討價還價。環境和社會化的過程顯然都會影響人們的行為。

這兩個觀察其實彼此相關。經由後天的學習，女性對誘因的反應也許與男性類似，而且談判協商的能力也絲毫不輸男性，但如果在自己可以主導的市場上設定價格，卡西婦女制定的誘因會不同於男性。她們會藉由設定標準價格來降低環境中的競爭氣氛，同時也依據自己設定的社會誘因反應。

女性比較不自私？

我們從卡西族學到的另外一個教訓是：女人掌權時，似乎

所有人都能獲益。

　　生態學家蓋瑞特・哈定（Garrett Hardin）在1968年發表的論文〈公有地的悲劇〉（The Tradegy of the Commons）中，說明當太多人使用公共資源，導致公共資源開始耗損、枯竭時，會出現什麼狀況。[1]他在論文中，描述在中世紀歐洲，有一塊公共牧地對所有牧人開放，任何人都可以到那裡放牛吃草。只要牧人不要同時讓太多頭牛在那裡放牧，就沒什麼問題。但如果有個貪心的牧人多帶幾頭牛去那裡吃草，牧草地就會加速耗損，最後耗損太過嚴重，以至於所有牛隻都無草可吃，再也無法放牧。（還記得前面討論過分攤帳單時的負面外部效應嗎？）

　　比方說，大家不妨試想一下沿海漁權的問題。在許多地區，由於過度捕撈，導致魚群枯竭，許多魚種都飽受威脅。由於漁獲的需求量極高，每個漁民都希望自己捕到的魚數量愈多愈好；但如果每個漁民都這麼做的話，我們的子孫將面臨無魚可捕的窘境。等到某個時候，魚群數量銳減的情形太過嚴重，將難以恢復昔日榮景。

　　有個關於女性的傳統假設是：女性通常比男性更關心魚群或牧草地之類的公共財。於是，我們分別在卡西村和鄰近的阿薩米斯村（Assamese，為父系社會），利用經濟學的「公共財賽局」，來檢驗這個假設。〔這個賽局之所以稱為「公共財賽局」，是因為它模擬我們捐錢為大眾提供公共財時（例如維護國家公園和空氣品質），會出現什麼情況。〕

我們給每個小組相同的指示：「玩遊戲時，你可以選擇要投資於社區，還是投資在自己身上。」但有些參與者還會聽到其他指示：「你每投資一塊錢在自己身上，就會得到一塊錢的報酬。但是如果你投資於小組，那麼你投資的每一塊錢，都可以讓小組每個成員得到五毛錢，而不是只有投資人自己得到報酬。」[2]

根據你對他們社會的了解，你也許會猜測，卡西人會比較傾向於投資於整個小組。你猜對了。卡西的男性和女性都比阿薩米斯人投資更多錢於團體。基本上，我們發現卡西村不分男女，都比較不自私。這些結果引發的問題是：如果社會由女人「統治」，我們生活的社會是否會和現在截然不同？

我們還能做什麼？

引領風潮的美國影集「廣告狂人」（Mad Men）讓我們看到，從 1960 年代以來，美國社會的兩性關係進步了多少，想當年，輿論還普遍認為女人的外貌舉止應該有如瑪麗蓮夢露，而男人則應該像「鼠黨」（Rat Pack）般霸道。這個影集讓我們看到女權運動、黑人力量或同志解放運動興起之前，兩性行為在社會主宰下的重要面貌。

快轉到 21 世紀。如今我們知道男性和女性面對競爭誘因時，會有不同的反應，而這樣的差異受文化強烈影響。這些社會因素加總起來，有助於說明兩性在工作位階和薪酬上的差

異。我們從卡西村學到的是，一旦女人掌控經濟大權，能自由表露個人真正的偏好，而不必擔心大眾毀譽時，她們就能學習如何利用競爭誘因，獲得大量經濟效益，並且在社會上扮演真正的領導人。

我們的兩項重要發現 ——（1）女性也可能和男性同樣熱愛競爭，甚至比男性更好勝；（2）當女性擁有更大的的經濟影響力時，社會往往變得更尊重共識和熱心公益 —— 有深遠的涵義。觀察婦女為番茄討價還價時，我們想到那些不願意應徵競爭性工作或不要求加薪的美國女性；也思考西方社會有哪些結構性問題，使得女性無法充分發揮潛能。當我們觀察女性經營的市場如何減少摩擦時，也不禁想到經常鬥嘴爭吵、譁眾取寵的美國國會。

那麼，如果我們想鼓勵女性提高好勝心，加強她們的賺錢能力，應該促使她們有什麼樣的改變呢？這一切對於你我的女兒，有什麼意義呢？

舉例來說，葛尼奇十九歲的女兒深信自己未來事業會很成功。她的父母一直鼓勵她不要自我設限，讓她相信自己可以心想事成，達到任何目標。但同時，她又覺得，至少就今天聖地牙哥地區的文化而言，她很難像男性一樣大膽走出去，自由自在地與別人競爭。那麼，如果不能表現得和男性一樣，她要如何攀上巔峰呢？

同時，李斯特生長於芝加哥南區的女兒同樣注意到，上

體育課時，男生假如表現不好，就會受教練責罵，叫他們「打起球來不要像個娘兒們」。她問：「我們打球的時候應該像男生，還是像女生？」「我們應該對人好一點，還是抓緊機會，不要吃虧？」

薪資談判時的男女差異

我們在本章開頭曾經提過，女性比較會避免薪資談判。比方說，研究顯示，在應徵虛構的職缺時，男性要求更高薪的比例是女性的九倍。但是，在現實世界裡，兩性是否仍會展露同樣的傾向？果真如此的話，原因為何？[3]

為了找到答案，我們進行了一次現場實驗，方式和我們在第二章描述的Craiglist實驗十分類似。我們在2011年11月到2012年2月之間，在網路上刊登了十八則「事求人」廣告，在美國九個大都市徵求行政助理。工作內容不是與募款相關的中性行政助理職位，就是體育界的行政助理職（可能會激勵更多男性來應徵）。其中一則廣告表明這份工作將付$17.60的時薪，但是薪資還有協商空間。另一則廣告則聲明，時薪為$17.60整。[4]

我們接到2,422封應徵信函。結果如何呢？

首先，我們發現，當廣告沒有明確表明薪資還有協商空間時，男性比女性更可能要求更高的薪水。不過，當我們明確表示薪資還有協商空間時，就不再出現性別差異，甚至出現相反

的情況 —— 在這種情形下，要求提高薪水的女性略多於男性。

換句話說，當雇主表示薪水還有商量餘地時，女性會嘗試談判薪資。但是如果雇主沒有明白表示，而決定薪資多寡的規定並不明確，男性比較可能和雇主談判提高薪資。

來應徵工作都是誰呢？我們發現，只不過加上薪資「可商議」這樣的字眼，應徵者的性別差異就會縮減將近45%。即使對於所謂陽剛性的工作（體育界行政助理的廣告，可預期應徵者應該男多於女），情形仍然一樣。

這些結果顯示，如果徵才廣告沒有明確說明遊戲規則，女性通常會避免應徵這類工作，男性卻會欣然接受。顯然，如果雇主希望應徵者的男女比例均衡，就必須明確描述工作內容和薪資福利的相關細節。

雇主如何設計用人升遷制度

雖然我們的「薪資可商議」實驗關係到應徵者對職位說明的反應，卻不涉及應徵者與雇主面談的情況。儘管如此，女性仍須了解，即使職位說明沒有明確指出薪資是否可商議時，女性仍然應該「全力爭取」，不要遲疑。

女性不應該一有工作機會，就欣然接受；應該設法討價還價，勇敢表示：「我希望拿到更高的薪水。」而毋須說明理由。畢竟，男人都是這麼做的。[5]

徵才的主管也應該明白，女性習慣規避風險，因此在公司

裡比較難往上爬。而且女性往往不敢要求加薪或承擔新工作，不是因為她們缺乏才幹，而是因為她們自幼的文化世界觀告訴她們，太過自信比較「不像淑女」。企業必須設法鼓勵女性員工爭取金字塔頂端的高階職位。顧問公司德勤（Deloitte）就是值得學習的榜樣，德勤在考慮高層職務人選時，必定將女性員工納入考量，而且高階主管中有23%為女性。[6]像德勤這樣的公司很快就發現，這樣的做法為公司帶來很多好處，因為如此一來，公司能發掘出組織中真正優秀的頂尖人才，對公司的財務績效絕對會產生正面效益。

除此之外，企業招聘人員需要好好掌握情況。招聘人員在選才時往往仰賴直覺，而沒有真正了解應徵者的長處和弱點。有時候，企業雇用某些人，只不過因為他們覺得應徵者「符合」某個職位的需求，而沒有意識到他們可能偏好雇用男性。

警覺到這類偏見的公司可以設計一些流程，來預防這類用人傾向。舉例來說，在康寶濃湯公司〔Campbell Soup Company，執行長丹尼絲・莫里斯（Denise Morrison）是女性〕，由於購買康寶濃湯產品的顧客大多數是女性，所以性別角色多元化一直是公司重要的賣點。因此康寶濃湯公司也刻意讓公司領導階層的組成能反映出顧客的特質。

如果企業了解女性為何對競爭誘因較不感興趣，就可充分利用這個資訊，並從中得利。比方說，不流行討價還價的卡西市場會讓我們聯想到美國的汽車經銷業。許多女性在買車時，

都很痛恨業務員需要來回多次、不斷「向經理請示」。為了解
決這個問題，像本田汽車之類的公司決定遵循通用汽車鈕星事
業部率先提出的概念，在推銷汽車時，強調「不二價」。雖然
鈕星事業部如今已不存在，但當年鈕星汽車深受女性喜愛，非
常暢銷，鈕星車主高達63%為女性。

決策者、教育者和家長的角色

　　決策者也能採取行動，消弭兩性落差。假如你是制定政
策的人，那麼，當我們需要的是早期矯正手術，千萬別只在舊
傷口貼上新繃帶。舉例來說，我們並不確定為了運動場上的兩
性平等而推動的美國教育法第九修正案，是不是矯正兩性失衡
的好方法，不妨自問：「如果我們要建立更平等的社會，應該
從何著手？」由於兩性競爭心態的差異有一部分來自於文化差
異，因此在追求兩性平權時，或許應該把心力投注於兒童教育
和社會化的過程，而不是設法讓女子籃球隊拿到和男子籃球隊
一樣多的經費補助。

　　如果各位已經為人父母，那麼我們的研究可能會影響你
教養孩子的方式。我們相信，用心培養女兒的自信心，就好像
為退休投資一樣。在孩子長大的過程中，及早讓我們的女兒接
觸到競爭更激烈的環境，是非常重要的事。對青春期的孩子而
言，這樣的接觸尤其重要。

　　在孩子的求學階段，即使最用心的父母都可能展現性別

偏見。我們的研究顯示，性別偏見通常在年幼時就萌芽，而且非常根深柢固。[7]教育人員和父母與幼兒相處時，對於性別類型化的情形，應該格外提高警覺，而且設法對抗這種現象。不要怯於鼓勵孩子勇於面對競爭，尤其應該特別鼓勵女孩子。父母、老師和從事幼兒相關工作的人都應該了解，社會化的過程也會影響競爭的結果，而不是單單取決於生物學。是否擅長數學、喜歡玩粉紅娃娃或黑色卡車、比較擅於在課堂上或運動場上競爭等，都不是天生注定的。改變孩子在社會化過程中對誘因的反應，也會改變他們的未來。

究竟要如何徹底改變男生和女生社會化的過程，有人獻策，不妨恢復只收單一性別學生的男校或女校。聽起來好像滿奇怪的，為了鼓勵女性勇於競爭，居然不惜恢復過去清教徒的傳統，但根據直覺，這個提議不無道理。畢竟已有研究顯示，一般而言，男生仍然比女生受老師注意。

———————

最後，很重要的是，雖然有效競爭的能力很重要，卻不見得能帶來快樂。我們不會從擁有的財富和頭銜中找到內心的安寧，當我們在生活中扮演公民、父母和鄰居的角色時，才能獲得真正的平靜。我們私心盼望，我們的女兒（和每個人）都能學到這個課題。

接下來兩章，我們將從教育的層面，擴大討論不平等的議

題，並且發現當我們正確應用誘因時，誘因將有助於縮小富家子弟與清寒學生之間的差距。

第 4 章

落寞的第二名與歡欣的第三名

用得失框架激勵學習，消弭成就落差

到目前為止，我們學到，了解行為背後的動機非常重要，誘因必須運用得法，如果不了解人們的動機，可能適得其反。我們也明白，除非女性受到周遭環境壓抑，否則她們對競爭性誘因的反應其實和男性不相上下。

接下來，我們將在本章和下一章，說明現場實驗如何促進我們理解社會上最棘手的問題：教育。美國每年投入六千億美元在公立中小學教育上。美國總共有五千四百七十萬名中小學生，因此每個學生每年耗費了 11,467 美元的教育經費，卻沒有產生耀眼的成果。

我們希望把學校變成創新實驗室，藉此扭轉數十年來美國教育體系益衰敗的趨勢。為此，我們可以和孩子們一起學習：我們會了解哪些教育方法能夠奏效，以及為何有效；學生則學會掌握日後成功必需的工具。我們透過現場實驗，讓大家看到如何推動有效的學校教育，同時也讓學校成為關心教育的成人絕佳的學習場所。

教育的貧富差距問題

某個秋日午後，我們的研究助理喬伊·賽德爾（Joe Seidel）造訪芝加哥南區的溫渥斯小學，和學校行政主管討論我們正在進行的研究計畫。喬伊走下樓梯時，聽到砰的一聲，他以為有人把一疊書掉到地上了，但是隨後他又一再聽到同樣的聲響。他停下腳步，注視著樓梯間一名教師臉上的表情。她

睜大眼睛，面色發白。喬伊這輩子從來不曾聽過槍聲，但這位教師顯然聽過。

過了一會兒，擴音器傳出聲音，宣布學校將會封鎖。接下來一個小時，警察聚集在學校外面，訊問目擊者，而在學校裡，教師仍然照常上課。無論有沒有發生槍擊，他們照樣講解美國南北戰爭前的歷史、英文段落結構，以及代數先修課程。但在這樣的情況下，學生有辦法專心上課嗎？

對美國低收入地區的許多學生而言，要接受像樣的公立學校教育，愈來愈需要碰運氣。這種情況不但可悲，而且十分諷刺，因為講到底，美國還是全世界最富裕繁榮的國家之一。儘管2008年金融危機和隨之而來的經濟衰退帶來巨大衝擊，但美國在一般經濟指標上，如預期壽命、平均收入、醫療品質，以及能讓日常工作變得更容易、更有趣的各種新技術，依然表現出色，在世界各國名列前矛。

歷史上的繁榮總是和前所未見的教育成就攜手並進。美國總統傑佛遜（Thomas Jefferson）打從建國之初，就大力提倡公共教育制度，目標是讓所有美國人都能接受高品質的中學教育。等到19世紀下半葉，美國公立學校體系逐漸成形時，政府決策者已經成功提升美國教育水準。數十年來，美國的小學教育和大學教育一樣備受矚目。事實上，美國的大學教育迄今仍然令其他國家艷羨不已，每年都有成千上萬的外國人踏進美國大學校園，希望在美國拿到學士、碩士或博士學位。

　　然而過去數十年來，美國發展出兩套不同的中小學教育體系：「殷實者」讀的學校和「匱乏者」讀的學校。家境富裕的孩子被送到享有巨額捐款的中學，接受全方位的教育（殷實者）；沒那麼幸運的孩子就讀的學校則槍聲頻傳，學校裡半數學生都畢不了業（匱乏者）。低收入美國人的輟學率是富家子弟的四、五倍。舉例來說，2008年，出身高收入家庭的學生有2%輟學，相較之下，出身低收入家庭的學生有9%輟學。在窮人聚居的內城區，許多學校的學生輟學率甚至高達50%。

　　美國納稅人不斷投入大量資源於公共教育系統。美國花在每一名學生身上的教育經費高居全世界第五名。雖然投入這麼多經費，許多學童接受的基礎教育卻品質不佳。芝加哥或紐約公立學校九年級學生的平均閱讀程度，只相當於捐款充裕的好學校三、四年級學生的程度。美國學生的閱讀、數學和科學成績在世界各國中已落在十名之外。事實上，如果論及基本文法和中學數學的教學水準，美國的水準頂多算普通。美國教育體系每況愈下，中學生畢業率甚至滑落到接近墨西哥和土耳其的水準，而這些國家花在教育年輕人的經費遠低於美國。

　　美國都會區的教育顯然有嚴重問題。許多人都曾嘗試透過教育政策來矯正問題，從1954年布朗控告教育局案（Brown vs. Board of Education）美國最高法院的判決，到2001年的「一個孩子都不放棄」（No Child Left Behind）法案，卻只有些微療效。還有哪些政策值得嘗試？能否把教育經費導向重新設

計誘因，以達到更好的成效？

尋找有效的藥方

應邀與朗恩・胡伯曼（Ron Huberman）共進午餐時，我們開始思考這些問題，當時胡伯曼剛擔任芝加哥公立學校體系的執行長沒幾年（各位在第八章會讀到更多關於他的事情）。談到抑制都市年輕人暴力事件和減少青少年懷孕時，他告訴我們，聯邦政府考慮撥幾百萬美元的經費給他，改善芝加哥的學校教育。然後，他問了一個簡單的問題：「如果我拿到這筆錢，我應該怎麼運用這筆經費？」

我們沒有答案。當然，身為公立學校學童的家長，我們大可建議把這筆錢拿來培訓師資和提高教師薪水，也可以把部分經費用在各種課後活動上，或許還能多請幾位助教和輔導老師。其中有些方案過去已嘗試過，而且證據顯示，有些方案的確能改善學生的表現。

但胡伯曼思考的是更深層的整體解決方案，而且必須有扎實的數據為基礎，能切中芝加哥公立學校所面臨的艱巨挑戰。如果從聯邦政府拿到這筆經費，他希望能明智地運用這筆錢，不要辜負他對芝加哥許下的承諾。他希望他所推動的政策能看到明確而重要的實效。

他的話在我們的耳中有如樂音。我們提醒胡伯曼當年路易・巴斯德（Louis Pasteur）的實驗如何證明了疫苗接種的價

值。1882年，巴斯德把五十頭羊分為兩半，一半的羊群是對照組，他們先為另外一半的羊群注射疫苗，然後再為所有的羊注射致命劑量的炭疽病菌。接種疫苗兩天後，對照組的二十五隻羊全部病死，而接種疫苗的羊都活得好好的，證明巴斯德的理論是正確的。雖然胡伯曼的想法沒那麼戲劇化，但他很快就體認到，他的職責是找到有效的疫苗，幫助內城的孩子免於受暴力、無知和貧窮之害。

經濟學家在研究教育問題時，往往思考如何結合不同的「投入」或影響因素，以創造某些「產出」或「成果」〔套用專業術語，就是所謂「教育生產函數」（education production function）〕。比方說，要達到我們希望的產出（好成績），哪些是必要的投入呢？我們可以先思考其中牽涉到的種種角色。學生本身的努力（投入）顯然是教育過程中的關鍵要素，但老師、學校行政主管和家長（其他投入）也很重要。我們也很喜歡用問題的方式，來探索教育問題：如何結合學生、教師和家長的努力，以改善學生的成績？如何結合各種不同的投入，達到更好的成效？不但提高考試分數、畢業率，還能幫助學生日後找到更好的工作？在哪個階段加強學生、教師和家長的努力，能達到最好的效果？上小學以前、小學時期，還是中學時代？

你或許認為，教育學者早已找到這些問題的答案了。畢竟人類從亞里士多德的時代，就開始辯論教育問題，而美國公立

學校系統也已經運作了一百多年。然而實情是，我們不曾有系統地利用（教育）現場實驗的方式，來探討怎麼做最有效，以及為什麼有效。簡言之，我們沒能將遍布美國的數千個學區當做實驗室，以科學為依據來制定教育政策，而不是單靠臆測和傳聞來制定政策。

美國教育現況的縮影

美國有許多小鎮過去一度是繁華的製造業重鎮，如今卻成為產業外移的受害者，失業率高漲，居民陷入絕望。開車經過這類城鎮時，往往會看到鏽跡斑斑的水塔和早已關閉的工廠，路旁的小房子窗戶破損，花園裡雜草叢生。在鐵軌的另一邊，處處可見釘上木條的商店和遭查封的住宅，上面滿是塗鴉。你駛離主要道路，看到兩個中年人坐在牛奶箱上面，手裡的棕色袋子裡不知藏著什麼，但他們就靠它度過一天。你不禁想像，景氣比較好的時候，他們可能有一份好工作，日子過得頗愜意，或許回家時還會買束玫瑰花送老婆。

三萬多人口的芝加哥高地鎮（Chicago Heights）就是像這樣的市鎮，具體而微地呈現出美國最嚴峻的教育問題。芝加哥高地鎮在芝加哥的南方，離芝加哥三十哩，居民平均所得在貧窮線以下。如果你在這樣的社區長大，很可能經常都餓著肚子上床睡覺，付不出帳單的壓力是你和父母（或養父母）揮之不去的心頭重擔，伴隨而來的是憤怒的情緒。

　　芝加哥高地鎮170學區教育局長湯姆‧雅馬迪歐（Tom Amadio）指出，在他管理的學區中，50％的學生是西班牙裔，40％是非裔美國人。此外，九成以上的學生來自仰賴食物券的貧窮家庭；許多學生還住在寄養家庭中；大多數學生在學校都吃免費午餐，或可以減免午餐費。而且和其他都會區的學校一樣，將近半數學生沒能讀完中學，順利畢業，許多學生都在九年級和十年級間輟學。

　　雅馬迪歐待人熱情，說話直率，有很好的商業本能。他或許是美國唯一曾領高薪、擔任股票交易員的教育局長。不過，雅馬迪歐和典型華爾街交易員不一樣的是，他深切關心弱勢者的處境，最氣不過有些人總認為，窮人家孩子注定出不了頭。「他們就是大家認為不可能成功、也不會成功的孩子。」他說：「你知道我想對這些食古不化的人說什麼嗎？『去你的！』讓我和有錢學區拿到相同的資源！讓我的孩子有機會公平競爭！」

　　他在2006年上任後，堅定告訴學校董事會，必須在學區內進行激烈變革，縮小內城貧民區和富裕學區的成績差距。「我告訴他們：『聽好！我們需要在成績上加把勁！』」他說：「我們需要來點激烈的行動。這裡可是美國。我們的孩子不需要中輟學業，長大後靠挖水溝維生。我們有我們的困難，但我們不能接受現狀。」

　　雅馬迪歐的懇求被聽進去了。聖詹姆斯醫院的骨科醫生

威廉·潘恩（William Payne）受到激勵，決定伸出援手。潘恩醫生有強烈的社區意識，「我在辦公室見過不少中學生，我會問他們有什麼夢想和抱負。」他說：「有個學生的爸爸為了養家，兼做三份工作，拚命存錢讓孩子上大學。他兒子成績很好，但爸爸不懂得送他去好學校，結果這孩子只能將就著讀一所強調補救教學的專科學校。他的聰明才智絕非僅止於此，但是他爸爸不知道該怎麼申請學費補助，也不懂得瀏覽各校資訊。然後，我讀到有關鎮上中學生輟學率的報導，開始思考可以怎麼樣改變現狀。」

潘恩醫生在2007年秋天和我們聯絡，請我們幫忙芝加哥高地的孩子；他特別希望聽聽我們對如何留住學生的看法。他介紹我們認識當地幾位重要的決策者，並且開始和學校當局建立夥伴關係。我們起初只有一個單純的目標：提高芝加哥高地鎮中學生的畢業率。

不要放棄中獎的彩券

當地的高輟學率之所以令人困惑，其中一個原因是，輟學就好像把中獎的樂透彩券丟掉。因為數據明白顯示，學生每少讀一年書，日後的賺錢能力就會降低12%。的確，2009年，美國沒讀完高中的中輟生平均年收入為 $19,540，相較之下，高中畢業生的平均年收入為 $27,380。[1] 把兩者的差距再乘上二十年，兩個群體的收入相差 $156,800。這是不折不扣的樂透彩，

在美國許多地方，這筆錢足夠買下一棟房子。

當然，他們面對的選擇並非像輟學和賺錢買房子那麼簡單，部分原因是，教育創造的財務報酬往往要等到多年後才能實現。一切的努力都要拖很久才能獲得滿足。而大多數人都比較喜歡立即的獎賞，不喜歡延宕滿足。這是為什麼我們往往能拖就拖，一直存不夠退休金。我們總是吃太多而動太少，也是相同的道理。

小孩子當然也有同樣的傾向。還記得小時候生病時，爸媽會拚命懇求你乖乖吞下滿滿一湯匙難吃的藥嗎？你不太明白把這東西吞進肚裡，會得到什麼好處，但卻很清楚藥一入口，味道是如何地苦不堪言。這也是為什麼製藥公司努力製造出可口的兒童藥物〔例如泡泡糖口味的退燒藥泰諾（Tylenol）〕。

孩子進入青春期以後，更加無法思考未來的報酬帶來的效益。可能因為腦部連結尚未成熟，青少年這方面的傾向更嚴重。[2]換句話說，青少年可能會沉迷於能立即獲得的滿足，完全不懂得投資未來的重要性。因此在他們看來，輟學有時候似乎是不錯的選擇。

讓問題變得更複雜的是，許多父母也不懂得教導孩子非認知能力的重要，讓孩子了解投資未來、有耐性和值得信賴，以及懂得與人合作，都很重要。等到他們長大成人，這些都是非常寶貴的能力，但是大多父母都低估了這些事情的重要性。

所以，假設你是個窮人家出身、滿臉痘痘、被荷爾蒙沖

昏頭的青少年，腦部還沒有發育成熟。你住在像芝加哥高地這樣的貧民區，一味追求感官刺激，腦子裡想到的都是立即的滿足：高中畢業後的遠大前程對你而言，可能就好像生活在火星一樣不真實。你只希望目前的衝動能得到滿足。我們能不能設法讓你目前的心態和未來可能得到的報酬產生連結呢？

賄賂有效嗎？

優瑞爾‧金恩（Urail King）是十四歲的黑人青少年，在芝加哥高地就讀布魯崔高中九年級。優瑞爾的媽媽泰瑞莎高中沒念完就輟學。優瑞爾是個精力充沛的孩子，外向而聰明，但不愛上學，成績總是在B和C之間徘徊。他不會公然舞弊，卻很懂得抄捷徑，例如，他不會老老實實地把小說《梅崗城故事》（*To Kill a Mockingbird*）從頭到尾讀完，而會用快速瀏覽的方式，找到小考的答案。優瑞爾正好站在人生的分界點上：他可以選擇努力用功，在學校表現傑出；他也可能走上負面發展的歧途。

另外一個九年級生凱文‧孟西（Kevin Muncy）是個白種男孩，留著黑色短髮，耳朵鑲了亮鑽。他熱愛滑板運動和電玩，也喜歡發明東西，是個聰明、有創意的孩子：他曾經用自創的刺青打動很多女孩，而這刺青乃是他利用電動牙刷和吉他絃完成的傑作。凱文的媽媽在雜貨店糕餅部工作。凱文寧可和朋友鬼混，也不想花心思在課業上。他上課的時候，總是偷偷

把玩著藏在桌子底下的小電玩裝置，想辦法找同學幫忙作弊。凱文想要念完高中，但由於成績太爛，他可能熬不到高中畢業。萬一畢不了業，他大概會去當兵，而且趁入伍期間，設法通過高中同等學力測驗。

應該採取什麼樣的誘因，才能激勵這兩個天資聰穎但低成就的學生發憤圖強呢？應該用金錢報酬來刺激優瑞爾和凱文（或他們的父母）進步嗎？先別急著駁斥這個想法，想想看，我們通常都用什麼法子來激勵別人做我們希望他們做的事。我們如果希望人們多做資源回收或購買比較環保的汽車，我們會用財務誘因來獎勵他們。那麼，付錢給學生，鼓勵他們成績進步，是否也會奏效呢？

當我們對芝加哥高地學區的校董提議付錢激勵學生時，他們幾乎都嗤之以鼻。畢竟大多數成年人都認為，學生應該為了學習而學習。但殘酷的事實是：數以百萬計的公立學校學生卻不見得這麼想。我們對學校董事會指出，學生應該自己打掃教室，但他們不會這樣做；學生應該天天刷牙，聽父母的話，但他們不會這樣做；學生應該多吃水果，而不是吃一堆零食，但他們往往不會這樣做；學生也應該很喜歡學習，但他們偏偏就是不愛學習。

一位校董引用一項研究指出，金錢之類的外在誘因會排擠

掉樂在學習和在學校表現優異等內在誘因（聽起來很耳熟？基本上，他引用的正是我們在第一章討論過的同類心理學和經濟學研究，其中也包括我們的研究），這時候，我們的現實主義就正好打到痛處了。我們同意內在誘因很重要，也支持這些研究的基本精神，但我們很快回答，當沒有任何內在誘因可被排擠時，有錢就能使鬼推磨。說完後，在座可以聽到董事們的嘆息聲，畢竟他們都很清楚這個學區已陷入嚴重困境。於是，他們心不甘情不願地表示，只要有一點點成功的機會，他們願意嘗試任何方法。

由於把金錢誘因用在教育上，實在太具爭議性了，所以我們並不是很清楚該怎麼做最好。[3]最先想到的是，應該把誘因轉變為短期誘因：不要到學期末或學年結束時，才頒發獎金來獎勵學生的好表現。頒發獎金的時間應該更接近他們有好表現的時刻，學生的欲望才能立即獲得滿足。（正如前面所說，行為經濟學家早已證明，許多人對較早獲得的獎勵往往反應更強烈，更甚於延遲獲得的獎勵。）

我們根據行為經濟學產生的第二個想法是：用樂透彩來獎勵學生。樂透彩券是絕佳的行為測試工具，因為人類往往會高估了發生機率很低的事件。比方說，玩威力球樂透的中獎機率通常低於百萬分之一，但大家還是樂於嘗試，因為他們總是高估了中獎機會（其實在美國大多數的州，你被閃電打中的機率可能還高於中威力球樂透的機率）。我們認為，如果可以藉

由樂透彩來提供報酬，由於樂透彩有高額獎金，中獎機率卻很低，也許能發揮更好的獎勵效果，學生或許會因為高估了中獎機率而更加努力。

最後，當我們設法釐清教育的「生產函數」中包含的要素時，我們開始打破思考框架，得到一個明顯的方案：設法用誘因來吸引家長參與，然後看看他們的參與對孩子的表現有何影響。我們猜想，付錢給父母不但能奏效，而且也能從中了解什麼是促使孩子進步最有效的方法。父母投入更多心力協助孩子讀書，其他手足也會獲益。因為你一旦開始輔導一個孩子，也應該同等對待其他孩子才公平。

只有一個問題，而且是大問題。採用現場實驗的方式來檢驗這些想法，不是件容易的事，也所費不貲，而我們根本沒有這筆錢。

葛里芬夫婦慷慨解囊

就在這個時候，也就是2008年春天，我們碰巧接到慈善家葛里芬夫婦打來的電話。肯尼斯・葛里芬（Kenneth Griffin）是全世界最大的避險基金Citadel的創辦人，對我們的研究非常感興趣。他們正打算成立慈善基金會，因此希望和我們見面，討論我們的研究。我們渾然不知這通電話會改變我們的人生。

我們開車到芝加哥市中心的Citadel大廈，那是一棟以玻璃帷幕和鋼筋為主的巨塔型建築，辦公室面積有140萬平方呎，

矗立在芝加哥的經濟心臟地帶。抵達大廈後，我們先穿過大理石壁圍繞的大廳，走進電梯，按下37樓的按鈕。我們感覺耳朵脹氣，內心忐忑不安。不久，電梯門默默打開，親切的接待人員領著我們走進一間裝潢高雅的會議室，並端上咖啡，我們在那兒靜候。

葛里芬夫婦走進會議室時，給我們的第一個印象是，他們看起來就好像《紐約時報》週日風格版的婚禮照片上優雅漂亮的老夫婦。相貌堂堂、言詞犀利的肯尼斯完全展現傑出創業家應有的丰采。他出身公立學校，在大學宿舍裡學到了關於交易的所有知識。他的妻子安是通曉五種語言的法國人，她和丈夫一樣，從小讀公立學校，母親是一名教師。

我們完全不知道是怎麼回事。我們認識的大多數有錢而善心的捐款人都會寫一張面額很大的支票資助我們的研究，然後在簽名時說些：「下次舉行晚宴時，再請你們來談談研究成果。」但葛里芬夫婦和他們很不一樣。

我們先談一談行為經濟學的理論，扼要說明了我們的研究，然後解釋我們認為哪些誘因可能會對芝加哥高地的學生奏效。我們談話的時候，他們的眼睛亮了起來。

對葛里芬夫婦而言，幾小時的時間可能價值數萬美元，但他們花了很長的時間認真討論我們的實驗構想，他們的豐富知識和洞察力令我們訝異不已。「你們為什麼認為人們會高估這小小的機率？」他們問：「為什麼你們覺得很多年輕人不認

為念完高中很重要？」在他們嚴格盤問下，我們的想法也清晰許多。和我們一樣，他們也希望設計出來的誘因具備充分的彈性，理論基礎扎實，而且符合成本效益。

葛里芬夫婦很快成為我們的研究夥伴。他們大力支持改善美國公共教育系統的計畫，深知唯有如此，才能改善人民的生活，並促進經濟發展。他們希望盡全力投入教育改革，設法幫助都市孩子克服教育落差，提升美國整體教育水準。

等到我們離開時，我們相信：假如他們當年踏上學術這條路，成就一定和我們不相上下，甚至超越我們。我們離開的時候，已經有扎扎實實的實驗設計，而葛里芬夫婦在二十四小時內，捐出四十萬美元，做為實驗所需的第一筆經費。

我們踏進會議室之前，葛里芬夫婦已經很清楚他們想要以什麼方式改變世界；我們很幸運能在對的時間，出現在對的地方。突然之間，我們明白當年依莉莎白女王給予哥倫布所需資源，讓他放膽去發現新世界時，哥倫布有什麼感覺了。我們不但找到贊助者，而且也結交了兩個新朋友；的確，我們的新同事將協助我們克服今天美國最重要的問題。

成績進步抽大獎

有一天，和藹可親的學校輔導老師把凱文叫進辦公室。這位滿頭紅髮、體型纖細的輔導老師名叫莎莉・薩多夫（Sally Sadoff），是協助我們進行實驗的研究生之一。[4]凱文進來後，

莎莉露出燦爛的笑容：「最近上新學校，狀況如何啊？」

「我很喜歡，真的很輕鬆。」

「上課很輕鬆？我們來看看你的成績單怎麼說。」莎莉瞄一下凱文爛透了的分數。「凱文，」她和氣地問：「你需要什麼樣的協助，成績才會進步呢？」

「什麼都需要。」

「那你想不想知道，假如你達到新的每月進步目標 —— 不能無緣無故缺課，不能再受到停學處分，還必須在班上保持C以上的成績，能得到什麼獎勵？」她拿出檔案夾，交給凱文。

凱文打開檔案夾：「五十塊錢？」

莎莉微笑：「而且只要一直保持好成績，你每個月都能領到五十塊錢！」

「那麼，我猜很多人都會開始寫功課了。」

「你自己呢？」

凱文開始做夢：「有了五十塊錢，我可以做什麼呢？我可以拿去買滑板，找到贊助商、衣服和其他東西，直到高中畢業。」聽到學校提供的誘因後，凱文的媽媽再加碼一倍：所以如果凱文成績進步，達到每月標準，每個月將賺到100美元。

其他還有很多誘因，而莎莉把所有的獎勵都變成大事。事實上，我們盡量把時間切割成很多小段落。在實驗進行的八個月期間，每逢月底，學生會在學校餐廳排隊領取免費披薩和獎金。聽到唱名時，每個被叫到名字的學生走上前去，莎莉和

其他研究人員則在前面排排坐，檢視他們的成績，並和他們談話。如果他們（或他們的父母）贏得獎金，離開時都笑得很開心，這不只是因為獎金的緣故。

更好玩的是充滿懸疑、類似賓果遊戲的樂透彩大抽獎。我們每個月都會抽出十個名字。成績符合標準的學生如果抽中樂透彩，就可以把大獎（$500現金和一張巨大的假支票）帶回家，回家時搭乘由司機駕駛的白色悍馬加長型豪華轎車，裡面的座位是舒適的皮椅，還有小小的青綠色裝飾燈、電視機、冰櫃和其他裝飾。優瑞爾看到這部豪華轎車時，簡直瘋了。「喔，我的天！」他大叫：「太棒了！喔，好，好，我答應，我全部科目都會拿Ａ！請載我回家！」[5]

萬一學生沒能達到標準呢？那麼，莎莉和其他研究員會提出建議，協助他們迎頭趕上。那段時間，學生甚至會接到研究員的電話，問他們在班上表現如何。當然，家長也會鼓勵孩子和輔導孩子。畢竟誰不想讓自己的孩子贏得大獎呢？

那麼，學生和家長對這麼昂貴的誘因有何反應呢？有鑒於青少年的腦部連結（「我想要的東西，我現在就要得到」），要求學生等到一個月後才接受獎賞，會不會太過分了？

實驗的整體成果非常有趣。[6]我們估計，在參與實驗的四百名學生中，這個計畫大約幫助了其中五十位邊緣學生達到九年級的課業標準。這群原本已快被當掉的學生，後來成績大約進步了40%。我們很高興看到，雖然實驗計畫在他們高二時畫

上句點，這群學生的表現依然持續超越沒有任何誘因激勵的同學。事實上我們估計，大約有四十名學生原本很可能輟學，後來卻因為這個實驗計畫，而拿到高中文憑。（我們也發現，如果學生成績進步時，得到獎賞的人是家長，而不是學生，那麼學生的表現還會稍稍好一些。）

由於每多讀一年中學，終身收入就會增加12%，因此把提供誘因的時間訂在成績在及格邊緣的學生剛升上高中時，似乎是很符合成本效益的做法。進一步考量造成的差別——這些小孩願意花時間在學校讀書，而非離開學校，在街頭閒晃，這個計畫的價值就更高了。我們已經找到和一部分邊緣學生溝通的辦法，不過只是一小部分而已。

得與失的框架

雅馬迪歐被我們的研究成果打動了，但他從另外一個角度提出問題：除了設法把學生留在學校之外，我們能不能提高學生的測驗分數呢？畢竟，測驗分數是很重要的敲門磚，與他們未來能否繼續升學、找到高薪工作息息相關。學生的測驗分數也影響校區每年從市政府及州政府拿到的經費。不幸的是，就測驗分數而言，目前美國少數族群學生似乎還落後白種同學。不同種族學生的學力測驗成績依然有極大差距，而且很難改變，許多市區學校雖然立志縮小差距，卻都失敗了。

為了回應雅馬迪歐的挑戰，我們決定分別在芝加哥及芝加

哥高地，針對不同中小學的七千名學生，展開另外一項實驗。我們在學校的電腦實驗室舉行測驗，學生每年都要參加三次標準化的學力測驗。[7]

為了說明我們的實驗假設，或許大家記憶猶新，2008年夏季奧運會中有兩名贏得獎牌的年輕女子體操選手，她們站上頒獎台時，情緒都非常激動。也難怪她們：為了這一刻的榮耀，兩人都經過多年訓練，不惜犧牲青少年的正常生活，只為了在體操上有登峰造極的表現。她們領獎之後，拍了一張合照。一個女孩掛著銀牌，另一個女孩掛著銅牌。從報紙刊出的照片上可以看到，其中一人笑容滿面，另一人則強忍淚水。

你認為哪個女孩是銀牌得主，哪個是銅牌得主呢？

大家都知道，銀牌一定勝過銅牌，但還要看事情的前因後果。銀牌得主因為剛剛痛失金牌而大受打擊，臉上是掩不住的酸楚。但差一點落在前三名之外的銅牌得主，則顯然因為最後仍保住一面獎牌而欣喜若狂。[8]

關於人類情緒在日常生活種種選擇中所扮演的重要角色，過去四十年來，兩位心理學家丹尼爾‧康納曼（Daniel Kahneman）及阿莫斯‧特維斯基（Amos Tversky）大幅改變了我們對這方面的理解。這兩位「行為經濟學之父」告訴我們的其中一件事是：人類理解世界的方式和我們詮釋（或「架構」）世界的方式息息相關。我們說話時為事情設定的框架或詮釋的方式，往往會以各種不同的方式影響別人的行為。父

母可能告訴孩子：「如果你不吃掉這些豌豆，就沒辦法長得又高又壯。」〔由於他們把陳述的內容設定為損失或懲罰，行為學家稱之為「損失框架」（loss framing）。〕另一方面，父母也可以改變措詞，以比較正面的語氣述說同一件事：「如果你把豌豆吃掉，就可以長得又高又壯。」（由於他們把陳述內容設定為好處或獎賞，行為學家稱之為「獲得框架」（gain framing）。）

害怕失去才會拚命努力

假定你是個十三歲男孩，來電腦實驗室做測驗。這天秋高氣爽，你坐立不安，肚子有一點餓，滿腦子只想著你最愛的電玩最後一回合的戰況，還有坐在你後面的正妹。你巴不得自己目前身在其他地方，不必被困在這愚蠢的實驗室中做這個愚蠢的測驗。

主持評量的貝維爾老師走進來，要大家注意聽。（貝維爾老師碰巧也負責學校的閱讀計畫，還是學校技術部主任，他是那種條件超好、又超級投入的教育主管，一手推動校務運作。）他大約花了一分鐘時間，才讓學生停止聊天，教室裡終於安靜下來。

貝維爾先生宣布：「今天，你們要進行的測驗比上次再高一個等級。但這次我們有不一樣的做法。如果你們今天的測驗成績比上次進步，就可以得到二十塊錢的獎金。」

你睜大眼睛，其他人也一樣。「太棒了！」有人大叫。突然之間，大家都在交頭接耳，說個不停。貝維爾老師立刻叫大家安靜。

「在測驗開始之前，我要先發給每個人一張二十塊錢的鈔票。」他繼續說：「希望你們先填寫這張收據，證明已經拿到錢。我希望每個人在收據上簡單說明一下你們打算怎麼用這筆錢。你們答題的時候，可以把鈔票放在桌上。記住，如果你們成績進步，就可以保住這張鈔票。但是如果你們的成績沒有改進，就會失掉這張鈔票。」於是，他把收據和二十美元的鈔票發下去。

你認真填完收據表格，盤算著要怎麼用這二十美元，你打算拿來買新的滑板。你在表格寫下你的夢想，然後把二十美元放在電腦鍵盤右側、滑鼠的前面。你微笑盯著這張鈔票，心想：「我的滑板！」你想像著自己走進賣滑板的商店，把鈔票拋在櫃台上。

貝維爾回到實驗室正前方，打斷了你的白日夢。「我們兩分鐘後就開始測驗。現在請登入電腦。」

你登入電腦，開始計時。你盯著秒針，恨不得馬上開始。

「準備好了嗎？開始答題！」

過去做這類測驗的時候，你通常都草草答完了事，因為你根本不在乎結果如何，你覺得這些題目很無聊，甚至因此很多題目你都留空未答。但是這一回，眼前放著一張二十美元的鈔

票，你不慌不忙，慢慢答題。有些題目你一開始答不出來，但你沒有亂猜，也沒有跳過不答，而開始認真思考什麼是最好的答案。

一小時的時間到了，貝維爾老師宣布測驗結束。你是最後一個交卷的學生。你完成最後一道題，然後點擊「送出」的按鈕，分數立刻顯現在老師的電腦螢幕上。等到全班都交卷後，就知道和上次測驗比起來，你們究竟進步了多少。

那麼，你們表現如何呢？

在進行現場實驗的時候，我們把學生分成五組。如同上面所說，我們先發給其中一組學生每個人二十美元，然後告訴他們，假如他們的測驗分數沒有比上次高，我們就會收回這張二十美元的鈔票。這就是我們前面形容的「損失」組：學生雖然擁有二十美元，但他們有心理準備，一旦測驗成績沒有達標，就會失去這筆錢。

至於拿來比較的「獲得」組，我們告訴學生，假如他們的測驗分數有進步，成績揭曉後，我們會立刻頒發二十美元的獎金，不過我們不會事先就發錢給他們。雖然參加評量的時候，面前沒有擺著一張二十美元的鈔票，但他們預期測驗後可能獲得獎金。

我們告訴第三組的學生，如果他們成績進步，就可以獲得二十美元，但不是立刻拿到，而是等到一個月後才頒發獎金。第四組的學生如果成績進步，則會獲得三美元的獎品。此外，

和我們所有的實驗一樣，都有一個對照組。雖然我們也會鼓勵對照組的學生努力提升自己的成績，但是他們得不到任何獎賞。

當下最重要

結果，我們採取的誘因產生巨大的效果。學生整體分數提高了5到10%，拉近了這些孩子與郊區富家子弟之間的差距。這是驚人的進步。雖然學生在測驗開始前幾分鐘，才曉得會有獎勵，他們的成績仍然大幅改善，顯示不同族群的成就差距，主要並非起因於知識或能力的差距，而是學生在答題時的動機。

研究結果凸顯了解學習動機的重要性：雖然學生對於考試興趣缺缺，面對金錢誘因時，他們的分數卻大幅攀升。（想想看，假如我們提供這些誘因，而且還給他們時間用功讀書，準備考試，可能產生多大的效果。）我們做這個實驗，並不是為了設計出可供其他學校應用的誘因機制，而是希望找到診斷工具，幫助我們了解學生之所以出現分數差距，是因為知識水準的差異，還是因為對測驗本身投入的心力不同。答案或許能幫助我們設計有效的干預措施，以縮小差距。

結果，這些誘因對不同的小組產生了不同的效果。我們發現，年紀較大的學生對獎金的反應特別好，年紀較小的學生則比較喜歡獎品。如果我們在測驗開始前，告訴二年級、三年

級或四年級的學生：成績進步的人會得到價值三美元的獎品，那麼，他們的成績會進步12%。這是非常好的成效，類似於減少三分之一的班級人數及大幅提升教師素質所產生的效果。我們在第一章討論過，這是很重要的事。誘因不一定都是金錢。在某些情況下，以及對某些人而言，獎品（或花束、巧克力等等）也有很好的效果。

不出所料，事先發獎金給學生（並且威脅他們，如果分數不符理想，獎金就得繳回）能有效提高測驗分數，學生的進步幅度會比事後再頒發獎金大得多。事實上，儘管我們承諾學生，表現好的話，一個月後會得到二十美元獎金，他們的成績卻完全沒有進步。看來把獎金定位為「雖然已經是你的、但仍可能失去的獎金」，效果遠勝過定位為「你之後可能贏得的獎金」。不妨設身處地想一想，假設有人提供你成績進步的獎金，而且你甚至在測驗開始之前，已經盤算著要去買新滑板，那麼你考出來的分數一定會比較高。對小孩和青少年而言，當下最重要；我們的實驗幫助我們了解，如何激勵他們最有效。

誘因效果的保存期限

顯然，我們拚命想方設法，希望說服學生更努力用功。然而我們也擔心，時間一久，誘因是否就失效了，無法再改變行為？也就是說，我們認為應該有機會促使學生更加努力，但我們也很好奇，到最後，誘因會不會失效？孩子會不會變得唯

有在提供獎賞的情況下，才願意嘗試？假如沒有二十美元的誘因，他們就乾脆放棄？

教育界人士、家長和決策者經常表達這樣的憂慮：即使金錢誘因確能短期見效，但長期而言，卻對孩子有害；如果得不到獎賞，他們可能完全不投入任何心力。[9]事實上，我們沒有找到任何證據顯示一次性的獎賞會對孩子未來的成績有害。但不出我們所料，一次性的誘因也不會帶來長期的學習效果。不過，簡單的短期實驗的確證明，根據標準測驗的結果，孩子的潛能超乎許多人原本的想像。

接下來當然要進一步延伸我們的行為經濟學干預措施。假如我們每個星期都獎勵獨立閱讀的學生，而且持續整個學期都維持這樣的獎勵措施，又會如何呢？

於是，我們展開另外一項研究計畫，整個學期中，參加實驗的七所學校學生每讀完一本書，就可以領到美元兩塊錢（或價值相當的非金錢誘因）。為了追蹤學生閱讀進度，我們讓學生登入Accelerated Reader網站，上面針對學生可以取得的每本書，設計了一些測驗題。這些題目都不難，但是如果你沒讀過書，就很難拿高分。我們決定，網站上針對每本書出的題目，學生只要答對80%以上，就可以拿到獎金，我們每個星期都頒發獎金。和前面的研究一樣，我們會比較在星期一或星期五獎勵學生，有什麼差別。我們發現，在兩種情形下，學生都會因為這些誘因而增加37%的閱讀數量，但額外的閱讀對測驗分數

沒什麼影響。

老師也需要獎勵

當然，學生不是憑空學習。我們必須釐清，提供教師誘因，是不是也可能提高學生的學習效果。畢竟，如果學生毫無紀律、漠不關心、擔心受怕，或根本不露面的話，老師很難好好經營班級。更困難的是，儘管如此努力，教師還是不得不面對一個事實：班上的九年級生其實只有四年級生的閱讀水準，而且你費心教導的學生最後不到半數能順利畢業。

大家對公立學校（及其他公家機關）最大的批評是，缺乏以誘因為基礎的薪酬制度。在許多私人企業中，你可以拿多少薪水回家取決於你的工作績效。假定你從商學系畢業後，希望找業務方面的工作。你找到工作之後，基本上每個月會領到底薪加上激勵獎金。如果你整年都表現良好，可能還會分到額外的紅利，甚至有機會升官。公司還會提供其他誘因：假如你的銷售團隊業績超過預期目標，你們就可得到團隊獎金。如果公司整體業績表現出色，你領到的就更多了。

但如果你在公立學校教書（或在公家機關上班），就很難享受到這類誘因了。有三個因素決定教師的薪水：教師的資格、學歷和年資。如此而已。無論你是明星老師或只是混口飯吃，只要堅持得夠久，薪水自然會往上加。

我們之所以不太了解什麼樣的誘因能有效激勵教師，主

因之一是教師工會不願採取按績效敘薪的制度。當我們向胡伯曼提出我們對於激勵芝加哥公立學校教師的想法時，才恍然大悟。我們向胡伯曼提議：依照每位教師的個人表現，表現好的教師最多可以在本薪之外，領到8,000美元的獎金。但教師工會不贊成。「不行，絕對不行。」他們說：「我們無法想像這樣會行得通。」即使後來胡伯曼也跳進來，幫我們說服工會，他們仍然拒絕我們做這個實驗。

不過教育局長雅馬迪歐仍然支持我們，在他幫忙下，我們終於和芝加哥高地的教師工會達成協議。幸運的是，當地教師願意盡一切努力，幫助學生。

我們提供一百五十多位當地教師獲得額外獎金的機會。[10]一種情形是，每位教師獨自力拚8,000美元獎金；另一種情形是，教師兩人一組平分獎金。（我們的想法是，教師在這種團隊教學模式中，會分享課程規畫和構想。）我們也用到和前面的學生評量相同的得失框架及紅蘿蔔與棍子等不同誘因。我們在學年開始前，就開出4,000美元的支票（平均獎金）給部分教師，和他們約定，假如學生的成績沒有改善，他們必須歸還全部或部分款項。我們也開了4,000美元支票給部分以兩人一組方式教學的教師，而且和他們有相同的約定。（芝加哥高地學區的教師平均年薪為$64,000左右，[11]因此$4,000的額外獎金是相當可觀的數字。想想看，假如你在九月拿到這筆額外的獎金，結果卻必須在次年六月份還回去，真是情何以堪！當

然，我們不給壓力。）

　　結果顯示，當教師面臨的威脅是可能會失去已經到手的獎金時，學生的數學成績提高了大約6%，閱讀成績則提高2%。當教師採取團隊合作的方式教學時，這類誘因似乎格外有效。整體而言，學生成績進步了4到6%。

　　這樣的結果十分驚人。放寬視野來看：如果芝加哥高地低收入、少數族群的小學生每年都能進步好幾個百分點，那麼他們就能迎頭趕上家境富裕的郊區白人子弟了。

共同努力的成效

　　在了解應該如何激勵家長、學生和老師之後，我們想知道如果三方同時努力改進學生的表現，將會如何。他們的共同努力能否促使學生成績進步，提高畢業率和就業率？這類合作能不能讓學生的成績一飛沖天？你或許直覺認為應該會如此，但我們掌握的證據還不夠充分。

　　為了進一步了解，我們在芝加哥高地學區做了另外一個實驗。參與評量的小學生成績都在及格邊緣，可能達不到州標準。[12]我們和23位閱讀助教及數學助教合作，他們在一百天的實驗期間，定期對581名八年級學生進行小組輔導。我們把他們分成五個實驗組：包括只提供助教誘因，只提供學生誘因，只提供家長誘因，同時為家長和學生提供誘因，以及為三方（學生、家長和助教）都提供誘因的不同實驗組。

　　我們每隔兩個月評量學生一次，如果他們達到所有的成績標準，我們會頒發90美元的獎金給每個人。如果誘因乃是為學生、家長和助教共同設計，那麼每個人會得到30美元。如果學生必須和家長平分獎金，那麼每人各得45美元。學生一答完測驗題，我們立刻頒發獎金給達到標準的學生。

　　結果和前面的實驗一樣，學生都躍躍欲試，樂於參加實驗。但由於測驗只開放給快被當掉的學生，其他學生覺得很失望。（聽說有些孩子甚至想在考試時故意考壞，以取得參加實驗的資格，令我們深感困擾，不過這也說明誘因確實能夠改變行為。）

　　我們也希望提供家長適當的工具，讓他們協助孩子改善成績。所以每個星期五，助教都會設計一些家庭作業，讓學生和父母一起完成。測驗之後，我們會邀請家長參加在學校舉行的披薩派對。我們會和家長一起檢討孩子的表現，頒發獎金，同時確定每位家長都很清楚持續進行的激勵方案。

　　我們發現，當我們把獎勵分成三份30美元的獎金時，學生進步的幅度比較小。即使我們的誘因激勵每個人都多努力一些，效果仍然不太顯著。但一人獨得90美元的誘因就非常有效。有趣的是，無論我們獎勵的對象是學生、助教或家長，都沒有什麼差別，只要每人可以獨得90美元的獎金，誘因就能奏效。雖然教育孩子需要發揮團隊的力量，但我們發現，如果誘因中牽涉到較高的個人得失，通常效果最強。

　　那麼學生的成績表現如何呢？和沒有任何誘因的對照組相較之下，各組測驗分數提高了50%到100%，成果十分驚人：這些誘因的確足以扭轉芝加哥高地學生的測驗分數，展現過去幾乎只有在富裕郊區才能見到的耀眼成績。

———————

　　我們從針對公立學校的研究中，了解現場實驗加上經濟學推理能發揮巨大的力量，也了解到學童的確會對立即的獎賞產生強烈的反應，而且無論對學生或老師而言，威脅著要拿走他們已經到手的獎賞，都比延後獎勵更有效。我們也領悟到，家長的參與確實能對孩子的教育產生莫大助益，不但有助於教導他們閱讀和算術，也有助於提升他們的非認知性能力，例如培養耐性，以及了解目前的投入將在未來產生回報。

　　我們也了解，某些孩子（尤其是凱文之類的高中生）的行為確實較難改變。凱文在進入中學前，就已如脫韁野馬，後來終於所有科目都被當掉。但另一方面，優瑞爾後來的確有進步。像優瑞爾這類的邊緣學生比較容易受到現金和彩券所激勵。我們在高中看到的進步情況令人充滿期待，幾十個原本可能畢不了業的學生後來都順利畢業。但這樣的成果不算突出，高中生不像我們原本希望的那麼容易受到激勵。

　　因此我們歸納出幾個重點：像凱文這樣的孩子，即使我們提供一百萬美元的獎金，他們仍然沒辦法解答數學難題。為什

麼呢？因為他們在十四歲之前，已經走偏了，錯失了投入大量心力學習的機會，以至於日後想在某些科目突飛猛進，達到高水準，變得非常困難。早期的經驗已經根深柢固，父母的影響變得十分有限，如果他們升高中時，仍然只有小學三年級的程度，想要急起直追，實在非常困難。

如果讀到九年級，你還不懂得如何專心課業，自行解決問題，避開麻煩，那麼成功的機率變得很低。對於像凱文這樣的脫軌學生而言，或許採取更嚴肅的干預措施會更恰當。

不妨這麼想吧：假設我們告訴你，只要你能解開二階線性偏微分方程式的題目，就能獲得一百萬美元，你辦得到嗎？假如你從來沒學過怎麼解答這類數學題目，即使提供一百萬美元的獎勵，也達不到任何效果。如果你在多年的求學過程中，從來不曾學會解答高階數學題目，時至今日才提供誘因，激勵你解題，根本無濟於事。

這並不表示我們要放棄這些孩子，恰好相反。在一個活絡的世界經濟中，每個人都能找到自己能貢獻所長的位置。但我們顯然需要看看，假如我們從孩子幼年時期就介入，能得到什麼效果。或許能透過幼兒教育，為每個人打開晉升社會高層的大門。

要知道我們做了什麼，請繼續讀下去。

第 5 章

為貧窮創造平等的教育起跑線

一個大型的幼齡教育現場實驗計畫

1965年啟動、曾造福數百萬幼兒的「啟蒙計畫」(Head Start)，是美國持續最久的抗貧窮計畫，也是詹森總統 (Lyndon Johnson) 當年「對貧窮開戰」計畫的一部分。雖然啟蒙計畫最初用意良善，值得讚賞，但就提升弱勢家庭四歲幼兒的認知與社交能力而言，效果卻不如預期。好幾位學者都曾深入剖析啟蒙計畫，找出其中的幾個缺點，主要是因為幼教老師大都是教育程度不足、領低薪的媽媽，不到三成有大學文憑。[1]另外一個問題是，啟蒙計畫的執行單位不是教育部，而是衛生與人類服務部 (Department of Health and Human Services)——而這個部門的功能比較著重於彌補教育不足的缺失，而非改善教育。我們猜想，看到完善的證據後，明理的人都會質疑，啟蒙計畫是否真能為孩子帶來很多好處。

如果考量付出的成本，這樣的結果頗令人失望：參與啟蒙計畫的每名幼兒每年都花費22,600美元左右，而上托兒所的一年平均花費只有9,500美元。《時代雜誌》專欄作家喬伊·克萊恩 (Joe Klein) 批評啟蒙計畫時指出：「不管是補助石油公司或啟蒙計畫，我們已經禁不起一再亂花公帑在成效不彰的計畫上。」[2]我們非常贊成。問題是：什麼是更有效的做法？

打造全新的學習實驗室

前一章討論過的現場實驗結果出籠後，我們和同事李維特及哈佛大學的羅蘭·佛瑞爾 (Roland Fryer) 一起，與雅馬迪

歐及葛里芬夫婦開誠布公地談了一次。雖然我們看到參與實驗
的K-12學生都進步很多，但尚未揮出全壘打。舉例來說，等
到我們接觸到這群九年級生時，我們或許能協助他們從中學順
利畢業，但他們日後仍然不太可能成為傑出的工程師；想要達
到這樣的效果，我們介入的時間仍然太遲。

　　我們的想法是，應該在孩子年幼時，就和他們接觸，才能
在教育過程中，及早提供他們需要的幫助。要達到這個目的，
同時又要維護科學研究的完整性，最好的辦法是自己設立實驗
學校，以了解教育過程中，怎麼做最有效，什麼時候效果最
佳，以及為何如此。

　　對我們這樣的學者而言，為了了解幼兒教育而創立自己的
學校，就好像從頭打造新的研究實驗室一樣。儘管我們推斷，
因應這類重大問題，這不失為最妥當的方式，[3]但為了這個目
的而創辦學校，帶給我們全新的挑戰。首先要面對的是最重要
的挑戰：如何找到資源。我們很快得知芝加哥高地學區財務困
窘，學區內幼兒學前教育的資源已經很貧乏，遑論還要擴大服
務周遭社區（但必須如此才能達到我們需要的樣本數）。

　　結果，葛里芬基金會再度慷慨解囊，這一回，他們投
入一千萬美元贊助針對幼兒和父母的計畫。葛里芬幼兒中心
（GECC, Griffin Early Childhood Center）於焉誕生。GECC在芝
加哥最貧窮的地區設立兩所幼兒園，我們在這裡進行控制下的
現場實驗，是有史以來規模最龐大的教育現場實驗之一。

GECC 是完整而長期的現場實驗場，我們從中了解哪些幼兒教育方式最有效，以及原因何在。藉由控制課程以及學習經驗中的每一項變數，我們也進行好幾個小型的輔助實驗，進一步了解為何會出現我們觀察到的成效。幼兒園變成我們的學習實驗室，我們在此探索「教育生產函數」如何影響幼兒。

幼兒園和家長學苑

在腦海中想像一下兩所先進的私立幼兒園。一走進幼兒園，就看到色彩繽紛的標誌、修剪工整的草坪和盆栽。教室艷黃色的牆壁上妝點著房子和花朵的歡樂塗鴉。書架上滿是童書，塑膠盤和箱子裡裝滿玩具、遊戲器材和美術材料。每個幼兒園都有五間教室、五位老師和五名助教，大約每七個學生，就有一位老師。

但兩所幼兒園的相同點僅止於此。當你深入探索，就會看到極大的不同。其中一所幼兒園以社交技巧和結構化的遊戲為基礎，設計了所謂的「心智工具」課程，幼兒從中學會延宕滿足。（如果你能耐心等候獎賞，你很可能也比較能專注於眼前的工作，整體表現也比較好。）這所幼兒園的孩童會在學校的模擬小鎮上，扮演不同的角色。在「西點麵包部」，假扮店員的小女孩正在賣杯子蛋糕給選擇扮演顧客的小男孩，另外還有個小男孩忙著在玩具烤爐上烘焙糕餅。在「醫生診所」中，年輕的醫生護士在為小病人看診。再過一會兒，孩子們玩的遊戲

是，看看誰能像芭蕾舞者一樣單腳站立，或是像警衛般靜靜站崗守衛。

幼兒透過這樣的方式，發展出重要的非認知面的能力，包括學習社交，培養耐性，懂得做決定和聽命行事，同時學會聆聽等。年幼時就學習這些能力會如何影響到他們日後的發展呢？為了找出答案，我們的研究計畫會長期追蹤這群幼兒的發展，直到他們長大成人。

在附近的另外一所大型幼兒園則完全沒有隔間，整個環境同樣色彩繽紛、溫暖歡樂，但課程設計比較傳統，也比較重視學科。在這所幼兒園裡，學生藉由觀賞電視節目「芝麻街」，認識數字和字母，老師也會教他們基本的閱讀技巧。孩子分成不同的小組，每一組圍著一張桌子，和老師一起討論彩色的大海報上有哪些形狀和顏色。還有幾個孩子舒服地窩在閱讀角落，在老師指導下朗讀童書，老師四處走動，看看哪些同學需要協助。當週主題是童書作家艾瑞克・卡爾（Eric Carle）的作品《好餓好餓的毛毛蟲》（*The Very Hungry Caterpillar*），孩子們也用五顏六色，描繪出自己的《好餓好餓的毛毛蟲》版本，把它貼在牆壁上。

參與這部分實驗的學生會上「識字快車」的課程。我們將追蹤兩種課程軌道的學生直到他們長大成人，看看他們的人生會不會因為學前教育而有什麼差異。

然後是我們稱之為「家長學苑」的課程。我們安排家長每

個月聚會兩次，了解幼兒園的課程。我們還會根據他們的出席率和參與程度，以及孩子的發展狀況，提供金錢誘因（每年最多可達7,000美元），有的是短期誘因，有的屬於長期誘因。舉例來說，「現金」實驗組的家長在定期評量成績出來後，就可以領到獎金。「大學」實驗組的家長得到的獎勵是，我們會把獎金存進孩子的大學教育儲金帳戶：如果孩子日後果真進大學就讀，他們就可以動用這筆獎金來支付學雜費。如果孩子最後沒有上大學，這筆錢將被沒收。我們認為，長期誘因不但會促使家長從現在開始協助幼小的孩子學習，而且在孩子逐漸長大後，仍會繼續鼓勵家長。

我們可以透過這個持續進行的實驗計畫，檢驗誘因能否促使家長和孩子改變行為。在許多情況下，公立學校有如自由放任的保母。許多家長早上送孩子上學後，就去上班，下班時已筋疲力盡，用微波爐熱一下晚餐，然後和孩子一起坐在電視機前面吃飯。許多父母把教導孩子學習的難題丟給學校老師，或讓孩子自己想辦法。他們彷彿認為家長的職責與學校的職責如政教分離般互不相干。

我們相信家庭教育和學校教育不應該分開。但我們的想法究竟對不對呢？如果在孩子的教育過程中，老師、家長和學生能攜手合作，會對孩子的一生帶來什麼影響？為了探討這個問題，我們需要將家長也納入研究計畫，說服他們更積極參與孩子的教育過程。

教育樂透彩

2010年春天，我們必須在非常緊湊的時程中，完成好幾件工作：依照都市學區的人事作業程序聘雇教職員；為兩所幼兒園購置適當的設備、玩具和教材；設法吸引家長和學生參加GECC計畫；展開現場實驗。雅馬迪歐協助我們找到適當地點及校長、教職員，我們以「試教」的方式面談應徵者。

為了吸引學生加入，我們在芝加哥高地刊登雙語的報紙廣告，在雜貨店發傳單，寄發大量廣告信函，在學生教師大會上大力遊說，還放一堆小冊子在教會。2010年夏天，我們召開第一次會議，有五百多位家長參加，每個人都拿到一個樂透彩號碼。幸運被抽中的話，他們的孩子就可以加入其中一個實驗計畫（可能決定了孩子未來的發展軌道），假如不幸沒有中獎，那麼他們的孩子將成為對照組的一員，不會從我們的計畫中得到任何獎賞，只會偶爾應邀參加假日聚會。

會議一開始，我們就告訴家長：「我們不願再坐在那兒袖手旁觀，眼睜睜看著我們的孩子日漸落後。葛里芬幼兒教育中心推動的是能改變你和孩子一生的免費幼兒教育。對你和你的孩子而言，這都是千載難逢的好機會。非常感謝各位大駕光臨，參加樂透彩之夜。祝大家好運！」

當搖獎機開始轉動時，家長們全都緊張地盯著搖獎機。

「52號！家長學苑！」

「我們中了！」後面傳來兩個聲音。洛莉泰和德韋恩夫婦帶著三個孩子跑到前面，簽名同意讓四歲大的蓋伯瑞上幼兒園。他是120名幸運兒之一，全家人都很開心。洛莉泰和德韋恩兩人都在芝加哥的貧民窟長大。幸運的洛莉泰就讀當地的天主教學校，德韋恩則和其他許許多多黑人青少年一樣，身旁的資源十分匱乏。他小時候住在治安敗壞的芝加哥羅斯蘭區，媽媽和外婆辛勤工作撫養他長大，他經常都覺得隨時可能被流彈波及。他還記得：「我在十歲、十一歲之前，都沒辦法出去外面玩。」他從來沒有對學校抱太大的期望，只想活下去。

今天，德韋恩和洛莉泰積極改善下一代的生活。他們如果能夠每隔一週的星期六，都參加家長學苑的聚會，討論撫養小孩的技巧，並學習在家中教導孩子，他們每年最多可獲得7,000美元的獎勵，金額大小則要視蓋伯瑞的作業成績、出席率和評量成績而定。「如果不是財務上的誘因，我們不可能盡全力試試看。」德韋恩表示：「家庭作業的誘因給我們很大的激勵。」「大學」實驗組的許多家長都覺得自己好像中了樂透。

搖獎機又開始轉動，20號球掉出來，代表一個全日班幼兒園的名額。

「我們中大獎了！」塔瑪拉大叫，她是年方二十歲的單親媽媽，獨自撫養五歲的瑞吉。塔瑪拉很重視教育，但由於十五歲就懷孕並輟學，她的人生偏離常軌，很難實現夢想。如今，瑞吉可以和其他149個孩子一起，參加這個幼兒教育計畫。

　　第三組樂透號碼屬於對照組。被抽中的家長都大失所望。我們試圖安慰他們，純粹是運氣使然，明年還會有新的機會。不過，他們還是覺得自己錯失了好機會。的確，我們在內心深處，也為他們感到可惜。但是我們沒有那麼多資源，不可能以實驗的方式，介入每個孩子的教育過程。

為了現場實驗深入虎穴

　　當然，某位家長很珍惜的東西，其他家長不見得那麼珍惜。如果你竭盡心力都只能勉強餬口，那麼你根本沒有餘力擔心孩子的教育。讓蓋伯瑞登記入學很容易，因為他的父母早已拿定主意，對這件事非常積極。但儘管我們拚命設法激發家長的熱情，而且沒被抽中的家長都那麼失望，想讓所有被抽中的幸運兒都來參加計畫，卻是一大挑戰。

　　在開學日的三個星期前，正當我們如火如荼為新學校做最後準備時，150個被抽中的幸運兒中卻有22個小孩彷彿失蹤了般，毫無消息。其他家長都交齊必要文件了，我們非常擔心，沒來報到的孩子將錯失千載難逢的寶貴機會。而且這些「失蹤」的孩子都來自最需要有人提供教育協助的家庭。再加上如果所有的孩子都能參加實驗，統計上的可靠度會更高，所以要解決這個問題，只有一個辦法，就是實地去做家庭訪問了。

　　於是，我們全體動員，召開會議，告訴新學校的所有工作人員，不管這些孩子在哪裡，我們都必須找到他們，無論如

何，都要設法讓他們註冊入學。我們得幫幫這些孩子！

在我們徵召的工作人員中，年方二十四歲的健康指導員（體育老師）傑夫也是其中之一，傑夫是個高大魁梧的年輕人。我們要深入虎穴，到治安不佳的貧民區進行家庭訪問，傑夫是個好幫手，是拜訪這些高風險孩子的最佳人選，沒有人會想要招惹他。

假設你是傑夫，中產階級白人家庭出身的幸運兒，深受家人朋友疼愛，擁有自己的興趣，受過大學教育。你在威斯康辛州麥迪遜附近的鄉村小鎮長大，渾然不知擁有這樣的背景，是多麼幸運的事情。你過去很少光顧治安差的危險社區。

你已經答應到芝加哥高地的實驗幼兒園擔任體育老師。悶熱的夏日午後，頂頭上司李斯特（恰好也是你的姻親長輩），開車載你去學生家，他把一包西班牙文的文件交給你。「走過去敲門。」李斯特說：「假使有人應門，告訴他們，你想叫嘉布瑞拉到幼兒園報名入學。」

很多人警告過你，這一帶可不是什麼好地方，住在這裡的人很多是擁有槍械的危險人物：你知道，有時候即使是警察，沒事都避免到這一帶走動。這裡的居民大都是流動頻繁的少數族群，是由於付不起租金而四處搬家的家庭。許多居民不懂英文，父母出外打工時，就把小孩單獨留在家中，自己照顧自己，或託付給早已負擔過重或嗑藥酗酒的親友照顧。對你而言，來到這裡，簡直好像到了外國一樣。

你要怎麼辦呢？硬著頭皮下車嗎，還是拒絕從命？就這個例子而言，你瞪著李斯特：「別開玩笑了！」

你們互瞪幾分鐘之後，李斯特打開車門，一邊下車，一邊哼著鼻子：「膽小鬼！」

李斯特往那棟房子走過去時，你在他身後大叫：「知道嗎？你是個瘋子！」然後趕緊鎖上車門。

李斯特大步走到門前，然後敲門。毫無回應。然後他走到旁邊，和一個看起來頗邋遢的鄰居談話。這個人活生生像是從克林伊斯威特的電影「荒野浪子」（High Plains Drifter）走出來的人物，正從家中的破窗往外窺探。李斯特說：「我在找嘉布瑞拉，你知道她到哪兒去了嗎？」那傢伙依然瞪著他不說話。你把手放在手機上，準備萬一情勢不妙，就隨時撥打九一一報警。然後有個中年婦人出現了，她說：「他不會說英文。」

「我是學校負責人，嘉布瑞拉抽籤抽中了，可以來我們學校就讀。我需要告訴她媽媽這個消息。」

「你到他們家後面看看。」婦人說：「如果有一輛藍色汽車停在那裡，她就在家。否則的話……」她聳聳肩。

接下來兩個星期，你和李斯特來這個地方不下十次，才終於看到那輛藍色汽車。李斯特敲門，把那包東西交給嘉布瑞拉的媽媽。

解決了一個，還需要找到其他二十一個孩子。

到了另外一棟房子門口，你依然拒絕下車，於是李斯特走

到大門前，拚命敲門。你遠遠聽到屋內電視機大聲播放著「小小探險家朵拉」（Dora the Explorer）的聲音，一定有人在家。李斯特不見蹤影，他走到屋子後面去了。這時候，你真希望自己剛才跟著他。你正覺得驚慌失措時，李斯特總算又回到前門門口，你看到他再度敲門。「卡梅拉，你走到門邊。」他說：「我要從門縫塞一些文件進去，你要記得把它交給媽媽。」他站在那裡等了很久，終於有人把那些紙張很慢、很慢地從門縫中抽走。

後來李斯特說，他得攀在房子後面的窗台上，從窗戶往裡面看，旁邊聚集了一群看熱鬧的鄰居。他問他們：「我知道卡梅拉在裡面，因為我的小孩也會看這個節目。他們為什麼不應門呢？」其中一個鄰居告訴他，小孩可能獨自一人看家。

剩下二十戶。

第二天，你開車到莉莉安娜住的地方，那裡是兇殺案和暴力事件頻傳的地區。當你開著車子在附近尋找她住的那棟大樓時，看到有個大塊頭開著車子一路跟著你。你找到正確的建築物，停好車子。那個傢伙也停車。你不敢下車，但這次你甚至更害怕獨自一人留在車子裡。所以當李斯特打開車門後，你決定和他一起去。你們倆走到公寓門口，舉手敲門。你往後一瞥，發現一路跟著你們的大塊頭也站在院子裡，以狐疑的、貓樣的目光注視著你們。

門打開了，一堆孩子湧到門口，互相絆倒，等不及想看看

訪客是誰。最後有個眼白泛黃的老婦人走過來。

「莉莉安娜在家嗎？」你問，可以感覺到跟著你們的那個傢伙如刀般銳利的目光穿透你的背脊。

「她就是莉莉安娜。」有個十一、二歲的黑女孩回答，她頭上裹著一大塊繃帶，上面血跡斑斑。你很好奇她是怎麼受傷的。跌了一跤嗎？還是被打成這樣？其他小孩紛紛讓開，有個大眼睛的美麗三歲小女孩搖搖晃晃地走到門邊。「你想去上學嗎？」你問。

「想！」小女孩很肯定地答道：「我想去上學。」

「是我替她報名的。」裹著繃帶的女孩驕傲地表示：「我是她姊姊。她很聰明，我希望她能擁有我從來不曾擁有的機會。她辦得到的。」

你把文件交給這個十來歲的姊姊，轉過身去，步下階梯，回到院子裡，發現有二十個表情兇惡的黑人男子狠狠瞪著你們。「你們來這裡幹嘛？」其中一人問道。

「我們來這裡是因為莉莉安娜很幸運被抽中了，」李斯特說：「她可以參加一個很棒的計畫，上小學以前，可以免費讀幼兒園。」

「她什麼都不需要，她什麼都有。」另外一個人說。但是他們讓你們毫髮無傷地離開了。

安全回到車上，你立刻傳簡訊給李斯特的太太。「知道嗎？你丈夫是個不折不扣的瘋子！」

十個月內突飛猛進

GECC的兩所幼兒園及家長學苑目前都還持續運作；正如我們前面所說，我們希望釐清孩子在幼兒期需培養的關鍵能力，才能幫助他們為未來的成功做好準備。由於葛里芬夫婦的持續金援，我們可以追蹤學生一生的教育過程和職涯發展。從1960和1970年代的社會實驗黃金年代之後，經濟學家就不曾發動這麼大規模的研究計畫。

為了檢視每個人的進步情況，不同實驗組的每個孩子每年都要參加一系列評量，一次在開學前，一次在學年中間（每年一月），一次在學年結束時。我們會檢測學生的學業程度或認知能力（例如字彙、基本寫作和拼字、基本的問題解決能力、算術和樣式比對等），以及執行技巧（或非認知能力，例如檢測孩子的衝動程度）。

我們也想了解如何幫助芝加哥高地的幼童在進入幼稚園前，做好充分準備。整體而言，這群孩子的認知發展低於全國平均水準：他們開學前的評量成績平均在第三十或四十百分位數。如果他們參加完整的實驗教學計畫，能不能迎頭趕上，消弭原先的差距呢？這個問題很重要，因為如果孩子一進幼稚園，表現就低於平均水準，可能會影響他們日後在中小學的課業表現。

GECC實驗才剛起步不久，儘管許多孩子上學前和放學後

的時間，都在極不穩定、甚至可怕的環境中生活，但是到目前為止的成果令人覺得大有可為。[4]莉莉安娜入學幾個月之後，她姐姐說，她已經可以看著書，自己編故事，口語能力愈來愈好。嘉布瑞拉、卡梅拉和蓋伯瑞也都有好的表現。

整體而言，兩所幼兒園的學前課程都達到很好的效果。開學十個月後，參與識字快車計畫的學生程度突飛猛進，認知分數大幅躍進十九個月，是學齡前幼兒平均分數的兩倍。換句話說，我們的學生每個月都學會差不多兩個月的教材。我們很以他們為傲。參加心智工具課程的孩子認知分數也大幅提高，他們目前的認知測驗分數相當於全國平均水準，在非認知面能力上（例如自我控制能力）表現非常出色。目前參與這兩個學前教育計畫的學生無論在認知或非認知能力上，表現都超越美國同齡兒童的平均水準。

總而言之：如果我們能透過科學方法，運用適當的誘因，只需要十個月的時間，窮人家孩子就能迎頭趕上富家子弟。

家長也不能放鬆

那麼，家長學苑呢？像蓋伯瑞的父母之類參與實驗計畫的家長也很快追上全國平均水準，只是進步幅度不如幼兒園的孩子那麼大。不過短期誘因似乎發揮強大的效果：父母在現金組的孩子表現遠遠勝過父母在大學組的孩子。

有一項成果十分令人欣喜：父母如果參加家長學苑，他們

的孩子通常在課程結束後，仍然持續表現良好。換句話說，即使在沒有課的暑假期間，孩子們也不會退步。所以，即使參加家長學苑的父母沒能促使孩子像幼兒園的孩子進步那麼神速，但長期而言，他們的表現似乎有可能超越其他孩子。這是因為參加家長學苑之後，這些父母掌握了輔導孩子的有效工具，即使我們在計畫結束後，無法直接協助這些孩子，他們仍然能夠持續教導孩子。事實上，參與長期誘因計畫、有希望為孩子拿到大學獎學金的家長，暑假投入最多心力在孩子的教育上。

我們沒料到的是，資料型態顯示，無論是哪一種課程，都在剛開始的頭幾個月（第一年的九月到第二年一月）效果最好，收穫最多。這個結果很有趣，因為這可能意味著學齡前幼兒教育可能在短時間內收效最大。重要的是，我們或許應該在孩子上幼稚園之前的暑假，安排他們上「幼稚園預備課程」，反正師資和教室都是現成的。（我們今年首度試驗這個做法。）

葛里芬夫婦對幼兒教育的投資讓過去程度一直墊底的孩子突飛猛進，超越平均水準。這些成效能否長期持續呢？到最後，家長參與帶來的影響會不會超越了我們在幼兒階段的教育投資？幼稚園預備課程能不能多推孩子一把，增進他們在今天的全球經濟中競爭的能力？時間會說明一切，但多虧了葛里芬夫婦，到時候我們將找出答案。

拯救公立學校

下列人士有哪些共通點 ── 愛因斯坦、柯林頓（Bill Cliton）、金恩博士、賈伯斯、馬克‧祖克伯（Mark Zuckerberg）、史蒂芬史匹柏（Steven Spielberg）、俠客歐尼爾（Shaquille O'Neal）、麥可喬登（Michael Jordon）和歐普拉（Oprah Winfrey）？

他們小時候都就讀公立學校。

1840年代之前，美國只有富家子弟才能接受教育。如果今天也是如此，那麼大多數美國人可能都是文盲，而我們剛剛提到的幾個人，可能大都別無選擇，只能從事體力勞動。但是十九世紀出現了美好的轉變：美國開始提供所有兒童免費的公共教育。今天，美國的識字人口高達85％。從這個角度看來，公共教育締造了驚人的成就。

但是，當你發現貧民區的小孩順利從學校畢業的比率和從前一樣低時，你明白，還有很多、很多需要改進之處。對這些孩子而言，公共教育是他們脫離貧困、出人頭地的唯一途徑。如果沒有公立學校，許多都市孩子根本毫無出頭機會。不幸的是，這些公立學校幾乎很少深入挖掘各種可能性，數百萬孩童因為課業跟不上，日後生活貧困，虛度人生。

我們學到什麼教訓？

幾十年來，公共教育是美國政壇上反覆辯論的老問題，而

且大家的思維都被現況困住。雖然美國歷屆總統候選人都會拋出一連串構想，身邊數十名聰明的顧問也不斷獻策，提出各種改革公共教育的創新方案，然而到目前為止，沒有任何方案奏效。過去數十年的教育改革經驗告訴我們，一味為了創新而創新，不可能消弭美國的教育鴻溝。

然而我們在芝加哥高地的經驗卻提供了一線希望 —— 我們仍然有辦法掙脫泥沼。如果我們能有效激勵從幼兒園到九年級的學生、家長、老師表現得更好，就會出現轉機。我們發現，正確的誘因，加上設定更適當的行為框架，能帶來極大的改變。

如今我們更懂得如何讓簡單的誘因在教育上發揮作用，以及比方說，利用損失框架誘因來激發更好的表現。當你賄賂孩子時，他們會有所反應，但行為操控的效果更佳：如果你給孩子20美元，希望他們考試時能拿到高分，同時也威脅他們，如果成績沒有達到標準，你會收回這筆錢，那麼他們的表現會更好。

同樣的，當你讓老師採取團隊教學方式，而且威脅他們只要表現不佳，就會失去原本拿到的大筆獎金，那麼學生的成績也會突飛猛進，有效消弭落差。掌握了獎勵學生、家長和老師的正確方法後，學生分數將提高50%到100%——弱勢孩子將表現得和白人社區的富家子弟不相上下。

學校是每個人的學習實驗室

聽起來有點像巴甫洛夫（Ivan Pavlov）的制約理論，確實如此 —— 但是這個辦法很有效。如果芝加哥高地能消弭教育落差，那麼美國任何城鎮也一定辦得到。

葛里芬夫婦明白這個道理，所以他們捐錢促成這件事。他們盡一切努力，希望為芝加哥高地的孩子奠定扎實的教育基礎。在他們的幫助下，同時希望透過在幼兒園和小學提供更好地介入措施，我們不但能促使更多都市青少年順利高中畢業，而且從一開始，就讓他們感受到學習的樂趣。

那麼，美國教育應該如何往下走呢？我們必須了解，學校不僅僅是教導孩子的場所，學校同時也教導我們這些成年人，讓我們了解哪些是有效的教育方式。到目前為止，我們只關注其中一個面向，但大家必須了解，公立學校的功能不只是灌輸知識（或更糟的是，只是看顧孩子）和培養有用的公民。事實上，無論你是研究人員、家長、老師、教育行政人員或學生也好，學校是我們每個人的學習實驗室。

想想看，如果有更多人開始推動、參與教育的現場實驗，找出有效的教育方法，將會有多大的發現。假如每個關心公共教育的人都能進行這類實驗，我們可以省下龐大的時間、金錢和心力。在大舉推動全國性的教育改革之前，我們可以得知哪些創新教育方式最可行，以及如何運用這類方式。如果美國的

K-12教育系統能蓬勃發展，欣欣向榮，不但孩子受益良多，也會為美國帶來莫大好處。

我們將在下一章中，進一步探討如何透過現場實驗，找出社會不平等的背後根源。

第 6 章

終結現代歧視的關鍵句

我不是真的討厭你，只是想多賺點錢！

假設在行銷領域衝刺多年後，你暫別職場，回學校念書，拿到MBA學位。頂著剛出爐的名校MBA光環，你成為大型跨國公司行銷主管的最後考慮人選。你和其他兩位候選人即將和公司執行長見面，進行最後一輪面試。基於你對這份工作的了解，加上豐富的專業資歷，你似乎很有機會雀屏中選。

你穿上衣櫃裡最名貴的套裝，在電梯裡充滿自信地按下20樓的按鈕，對自己說：「就看今天了！」

電梯門開了；你大步走到助理桌旁，報上自己的名字。助理把你帶到一間很大的辦公室，裡面擺設著典雅的書架和鑲著銀框的相片。執行長邁開大步走過來，伸出手來。「請坐！」他微笑著說。

「所以，」他坐下來，往後靠在椅背上，對你說：「你曉得，這個職位就是要負責把我們的新產品行銷到國外，你在這方面的資歷非常出色。我看到你在履歷上說，你曾經在歐洲和中東工作過一段時間。」

「對。」你說，覺得很受鼓舞。「我能說好幾種語言，包括法文和荷蘭文。」

「對，我曉得。」執行長說：「你的條件非常好。不過，現在來談談你自己。我知道你結婚了，有兩個小孩。如果這份工作需要耗費很多心力，你覺得你在公餘之暇，還需要花多少時間陪家人？畢竟這份工作需要經常到國外出差。」

你要怎麼回答這個問題呢？身為人夫或人父，你會怎麼回

答這個問題？或如果你扮演的是妻子或母親的角色呢？

問題和答案或許都和性別有關。女性比男性更常面對這樣的問題。如果女性挺身而出，爭取陪伴家人的時間，很容易被貼上「對工作不夠投入」的標籤 —— 這是葛尼奇的妻子雅蕾特的發現（上面的場景就是以她為藍本）。[1]

我們在第二章和第三章，看到性別差異的社會根源，也了解到女性面對競爭的心態如何影響她們的發展機會。同時，也在第四章和第五章，我們看到貧民區的孩子如何深受教育落差之苦。

現在，不妨超越性別和貧窮問題，更廣泛思考歧視帶來的影響，例如種族歧視、恐同症和其他形式的偏見。為何會出現這些歧視和偏見？所有的歧視都來自於對他人的憎惡嗎？還是有其他原因？

我們將在本章和下一章中，檢視一系列現場實驗，釐清箇中差異。我們會深入探討一般的歧視問題：歧視對市場有何影響，以及歧視會如何影響你。我們會說明現場實驗如何幫助我們釐清不同型態的歧視。這點非常重要，因為以傳統方式檢視數據的時候，我們可以看到在特定市場上，歧視是多麼嚴重，但卻沒辦法得知市場上出現的是哪一類的歧視，以及背後可能有什麼樣的誘因。如果我們希望終結歧視，那麼了解歧視背後的誘因就非常重要。

歧視的不同面貌

想想看下列情況：

- 汽車銷售員報給黑人的價格通常比白人高。
- 同志伴侶一起去看車時，銷售員對他們視若無睹。
- 殘障人士修理汽車時，往往得付出較高的修理費。
- 黑人男性在熱鬧的街道上問路時，會被引導到錯誤的方向。白人婦女問路時，往往得到正確的指示。
- 懷孕婦女在爭取升遷機會時，往往落敗，公司通常會偏好能力相當的男性同事。

如果你曾面臨類似處境，你也許感到不平、氣餒，甚至怒不可遏。但是我們應該怎麼做，才能消弭這類偏見呢？

我們首先應設法了解，歧視為何存在。究竟什麼樣的誘因會讓一個人變得如此偏執？一旦找到問題的答案，我們就能透過個人行動和推動新的法案，來對抗歧視。就以反猶太主義為例，包括美國在內，世界各地的反猶太主義有一段漫長而醜陋的歷史。比方說，美國南北戰爭期間，格蘭特將軍（Ulysses S. Grant）曾下令驅逐田納西州、肯塔基州和密西西比州部分地區的猶太人，但這道命令遭林肯總統撤消。[2]在20世紀上半葉，猶太人應徵許多工作都連連碰壁，紐約的運動俱樂部

或其他精英社交俱樂部也不歡迎猶太人，長春藤大學收猶太學生時有名額限制。三K黨的言論和天主教神父柯林（Father Coughlin）在電台的演說都煽動反猶太情緒。當時美國只允許有限的猶太人入境；在二次大戰猶太人大屠殺期間，美國拒絕許多載著猶太人脫離納粹魔掌的船隻入境。亨利・福特（Henry Ford）大聲疾呼，要大家對抗「猶太威脅」，並將第一次世界大戰歸咎於猶太人。當時右翼人士認為猶太人掌控了羅斯福政府。[3]

當然，並非只有移民和猶太人深受其害，歧視其實早已根植於許多地方的歷史文化之中。只要想想南非的種族隔離政策、盧安達的種族大滅絕、澳洲和美國對待原住民的方式，以及美國過去如何對待黑奴（及其後代），就知道歧視帶來的羞辱和暴行，簡直不勝枚舉。

探討歧視的經濟學

在這樣的反猶太氛圍中，名叫蓋瑞・貝克（Gary Becker）的猶太人登上舞台，大幅促進了我們對歧視的了解，在近代學者中，貝克可說在這方面貢獻最卓著。

貝克於1930年出生於美國賓州以採煤為業的波茲維爾鎮，在紐約市長大，創業家父親路易斯擁有成功的音樂批發和零售事業。貝克的雙親都只讀到八年級就輟學，雖然家裡沒有很多書，但家人經常一起討論當時的種種社會議題。「家父深

具獨立精神，也是羅斯福的堅定支持者。」貝克解釋：「我們
會討論有關政治和社會公義的問題，包括租金管制、稅制、南
方對黑人的態度，還有如何幫助窮人等。」

在當時的美國，紐約市猶太人的數量最龐大，儘管如此，
貝克一家人仍難免受到當時社會反猶太氛圍的影響，經常遭到
各種種族歧視的言語羞辱。貝克的哥哥畢業於MIT化工系，在
企業界工作時想要更上一層樓，卻屢屢碰壁，所以決定自己創
業。貝克說，雖然猶太人有時候會因為受到歧視而有志難伸，
但「家父常常說，只要不斷努力，就能跨越難關。」

貝克中學時代非常用功，因此順利進入普林斯頓大學，原
本想主修數學，但貝克也很希望貢獻社會。大一時，他碰巧選
修了一門經濟學，就此迷上。他有個瘋狂的念頭，希望能結合
經濟學和他一向熱衷的社會問題。大學畢業後，貝克到芝加哥
大學攻讀研究所，拜在傅利曼（Milton Friedman）的門下，而
傅利曼看到了貝克的天分。

貝克開始研究歧視的經濟學。「我感覺歧視不是個簡單議
題。」貝克回想：「它會反映在各種不同的面向上，包括收入
和就業機會。比方說，如果雇主對黑人員工懷有偏見，那麼相
較於能力相當的白人同事，黑人會受到什麼影響？」

貝克發現有個方法可以找出員工、雇主、顧客和不同族
群所抱持的偏見，並且綜合起來進行經濟分析。從某個角度來
看，貝克其實是在設法找出歧視背後的誘因。「但是我得在黑

暗中摸索，」貝克回憶：「雖然這個問題很重要，但沒有人做過這方面的研究。」他的經濟學教授十分懷疑他的論點，要求必須有一位社會學家出任他的博士論文口試委員，但這位社會學家對貝克的研究其實毫無興趣。

當然，貝克的研究完全是經濟學的研究，只是當時經濟學家還不清楚這點。他希望結合經濟學和社會學的想法，就傳統經濟學思維而言，可不止跨出一小步而已，而是開啟了全新的方向。他的研究指出歧視對市場和經濟互動造成的影響。舉例來說，如果某家公司寧可雇用某個人，而不願雇用另外一個人（譬如只願雇用女性做某些類型的工作，但不願讓她們做其他工作），會對勞動市場帶來什麼影響？如果你能為這個問題找到好的解答，或許也就掌握到驅動經濟發展的重要因素。不過就歧視的情況而言，經濟學家似乎還提不出答案。

出於敵意的歧視

儘管面對種種質疑，由於傅利曼和其他人的支持，貝克並沒有完全喪失信心。貝克拿到博士學位後，到哥倫比亞大學教書。1957年，他在二十七歲的時候，以博士論文為基礎，出版了《歧視經濟學》（*The Economics of Discrimination*），描述他所謂的「歧視偏好」（taste for discrimination）——出於對別人的憎恨或敵意而產生的偏見。若某個人「只因為」不喜歡別人的種族、宗教或性向，就反對他們或避免和他們接觸，這就是

「歧視偏好」。

貝克研究的誘因不只是金錢而已，憎恨也可能是引發歧視的強烈動機。根據貝克的理論，懷有這種敵意的人不但憎恨別人，也會為了自己的偏見，而不惜犧牲金錢 —— 利潤、薪資或收入。比方說，痛恨黑人的白人可能寧可領8美元的時薪，與白人共事，而不願意領10美元的時薪，和黑人共事。在這種情形下，「敵意誘因」的威力超越了金錢誘因。

不過，當貝克到世界各地說明他在《歧視經濟學》中的研究時，其他經濟學家普遍提出異議，他們說：「這不是經濟學。」基本上，他們反對貝克的理由是：「倒不是說他的研究不夠有趣或不重要，只不過這類研究應該留給心理學家和社會學家來做。」但1960年代的民權運動改變了一切。人們很快就開始對歧視和經濟學的議題產生強烈的興趣，而貝克的書是當時探討這類議題唯一的正規著作。

「突然之間，有影響力的人物紛紛開始讀這本書，產生滾雪球效應。」貝克回憶。這本書的新版在1971年付梓，從此改變了我們理解歧視的方式，因此被視為經典鉅著。諾貝爾委員會在1992年頒發諾貝爾經濟獎給貝克的時候，特別讚揚《歧視經濟學》。「貝克的分析往往引發爭議，因此最初要面對種種質疑和不信任。」諾貝爾委員會在宣布諾貝爾獎得主的新聞稿中指出：「儘管如此，他從不氣餒，仍然堅持繼續發展他的研究，漸漸的，有愈來愈多經濟學家開始支持他的觀念和研

究方式。」[4]

　　顯然，敵意的歧視仍然很嚴重。有時候，甚至明目張膽地公開為之，聽過「仇恨電台」（hate radio）名嘴言論的人都可以作證。白人與黑人在全世界各個角落仍然不見得都能和睦相處。同志仍然是人們欺凌、毆打、甚至槍擊的對象。

文明進步終結敵意歧視

　　儘管如此，美國在這方面仍然進步了很多、很多。如果有人在1957年陷入昏迷，今天才醒過來，一定會對社會態度的改變大感訝異。就文化層面來看，今天的生活和過去大不相同，人們的社會傾向和偏好逐漸產生變化。舉例來說，大家不再普遍認為女性一定不如男性，或女性的生活只能圍繞著先生和孩子打轉，處處以家庭生活為重。至於出外工作的婦女，職業也不再限於教師或護士等所謂「粉領」行業。2013年的哈佛MBA中，有39%為女性，是史上最高；2011年，獲得碩士學位的女性也超越男性。[5]事實上，許多雇主現在都拚命爭取女性人才，為了留住懷孕的員工，他們樂於提供育嬰假。

　　除此之外，白人對黑人的固有敵意似乎也整體下降。[6]根據《今日美國報》（USA Today）與蓋洛普在2011年所做的民意調查，大眾對於跨種族婚姻的接受度達到史上最高。民調結果顯示，43%的美國人認為跨種族婚姻對社會有益，44%說沒什麼影響。超過三分之一的受訪對象表示，親戚中有人和不同

種族的人結婚，將近三分之二表示，如果家人嫁娶的對象為不同種族，也沒關係。[7]

今天談到公共政策時，非裔美國人已不再邊緣化，決策者如今致力於縮小白人和少數族裔兒童之間的教育落差。美國人甚至兩度票選黑人當總統。簡言之，我們早就不再生活在二十世紀了，談到終結敵意時，這倒是好事。

經濟歧視：一個新興的現代問題

雖然敵意歧視的背後誘因在文化上出現好的演變，但今天又出現其他各式各樣的歧視，而且在形式上，和貝克年輕時面對的敵意截然不同，經濟學家稱這類偏見為「經濟」歧視。[8]雖然比起嚴重的偏見、恐同症或性別歧視，這類歧視更加微妙，如今卻日益普遍，具備多重面貌，難以解析，而且完全基於金錢利益，抱著「先顧好自己」的心態。敵意也和自我利益有關，雖然滿懷憤恨的人在意的不是金錢，而是滿足自己傷害別人的欲望。

你或許已經意識到經濟歧視的存在，因為經濟上的差別待遇會顯現在你的帳單上。如果你是老菸槍，那麼投保醫療保險時，可能需要付更高的保費，因為從經濟的角度來看，你患病的風險較高，而且罹患的疾病需要花很多錢醫治。此外，如果你的信用評等不夠好，向銀行貸款時就需要付較高的利息，因為你發生債務違約的風險比較高。

　　另外一個明顯的例子是汽車保險。針對相同的投保項目，男性駕駛人需要付的保費往往比女性高出20%。你或許很納悶，這樣的不公平待遇難道不違法嗎？美國民權法明白指出，基於種族和性別等任意特質而歧視他人，是違法的行為。不過一般而言，女性駕駛人出車禍的機率比較低，因此女性保戶帶來的成本也低於男性保戶，所以法院裁決保險公司向女性收較低保費（或向男性收較高保費），是合法行為。

　　就這個例子而言，我們的社會似乎可以接受因服務（例如保險）成本的差距而造成的歧視。但海外有消費者發起運動，要求禁止這類經濟歧視。比方說，歐盟國家正在辯論是否要禁止汽車保險公司的經濟歧視。汽車保險公司表示，一旦法律禁止差別待遇，男性的保費可望降低一成左右。（當然，女性的保費也會隨之提高；保險公司不會有什麼損失。）

　　當人們自認了解其他人的經濟狀況時（無論資訊正確與否），也會產生經濟上的差別待遇。由於種種原因，無論企業或個人都會為了賺更多錢而產生差別待遇。比方說，當身價百萬美元的企業執行長找工人來修理豪宅的屋頂時，承包商可能會比平常多收20%的費用，因為他認為屋主應該比一般人有能力負擔較高的修理費。企業或許認為，為了達到股東預期的獲利水準，公司必須針對某些消費者提高定價。這類歧視並非根植於敵意，背後的驅動力其實是金錢上的誘因。

　　如果你是被收取高額費用的對象，一定不會喜歡這類差別

待遇，但這並不表示向你收取高額費用的包商對你有敵意，他只不過是為了公司盈虧著想罷了。從包商（或汽車公司）受誘因驅動的角度來看，經濟上的歧視或差別待遇其實只是賺更多錢的途徑之一。就是這麼簡單。

把你的電子指紋拿來對付你

　　表面上，在交易型經濟中，大家似乎完全可以接受經濟上的差別待遇，但這種差別待遇有時候非常惡劣，尤其當受害者渾然不知自己遭到另眼相看時。由於網際網路盛行，網路上可以蒐集到有關你我的大量資料，經濟上的差別待遇只會愈演愈烈。想想看，網路公司每天都鋪天蓋地蒐集到巨量的個人資訊。他們可以輕而易舉地解析資料，找出誰是他們「偏愛」的顧客，誰不是，然後好好利用這些資料，對我們採取差別待遇，以提高公司獲利。

　　不妨以羅伯特・科爾（Robert Cole）為例。科爾是密蘇里州佛格森鎮的居民，現年六十五歲，喜歡在網路上作各種研究。他為了幫助罹患糖尿病的朋友，在網路上搜尋糖尿病的資訊，然後把資料傳給朋友。不久之後，科爾注意到，他開始收到各種糖尿病檢測裝置的DM和線上廣告。誰掌握了科爾的身分和個人資訊？他們怎麼樣追蹤、分析和利用他在Google上鍵入的搜尋關鍵字？「某個資料庫是不是已經把我列為糖尿病患者？由於我根本沒有糖尿病，我甚至不曉得該如何去更正這項

資訊。」他告訴記者。[9]

聽起來很可怕。假如把你留下的電子指紋 —— 你的購物紀錄、最近瀏覽的網站和財務狀況的詳細資訊 —— 拿來對付你呢？

事實上，大多數網站都會以消費者不了解的種種方式，運用搜尋資訊。自動機器人程式會掃描整個網站上的消費者資訊，網站還會利用cookie和瀏覽器指紋（browser printing）來追蹤使用者，第三方資料掮客則即時銷售使用者的線上行為。每次你在網路上購物，都會留下電子指紋，企業因此得以蒐集有關你購買紀錄、最近瀏覽的網站和財務狀況的詳細資訊。許多網站也利用這些資訊來訂定價格。企業則從中了解你的動機，並藉此提升獲利。[10]

採取這種經濟差別待遇的網路公司能藉由檢視你的購物紀錄，分析你的財務狀況，來判斷你是否有能力比別人付更多錢。假如你碰巧比較有錢，或不願像別人那樣，花很多時間在網路上搜尋比價，那麼你很可能變成經濟歧視的受害者。

不過，你可能會問，實施這種差別待遇有錯嗎？畢竟在現實世界裡，顧客通常都面對不同的價格。只要買過機票、訂過旅館或租過車的人，都碰過這類情況。企業一直都會針對不同顧客，訂出不同的價格，試圖找出有效的誘因，激勵顧客購買產品。假設你是個富商，打算從芝加哥飛到舊金山，參加一天的會議，你可能不像預算有限的青少年那麼在意機票價格。所

以，航空公司向你收取較高的費用，又有何不對呢？

網路世界的問題在於，顧客渾然不知自己受到差別待遇，因為他們沒辦法看到各種不同的價格。如果你穿著昂貴西裝，走進汽車賣場，業務人員向你介紹賣場上最昂貴的車子，你心裡大致清楚這是怎麼回事，也知道賣場標示的汽車價格只是討價還價的起點罷了。但是如果你在網路上買機票，你很可能不知道自己的高收入和生活方式早已被轉換為較高的機票價格，而且你對這樣的差別待遇，完全無能為力。

網站乃是仰賴電腦演算法來訂價——裡面包含了有關你的購物史、住家地址、消費模式、信用卡帳戶等各種資料。這些程式非常擅於辨識人與人之間的細微差異，和利用這樣的差異。即使顧客知道別的消費者購買同一張機票時，網站提供的是較低的票價，卻不見得能利用這項資訊來議價，網站就是不讓他以低價購買這張機票。

你或許會說：「那又怎樣呢？反正有錢人負擔得起，也許就應該多付一點錢。」但是想想看：在實體世界裡，當有人對女性、少數族群、殘障人士提出較高的報價時，我們似乎覺得很不妥當。雖然經濟上的差別待遇在民權法中屬灰色地帶，大多數人仍然認為，這樣做很不公平。

經濟差別待遇和敵意一樣，會發生在日常生活的各種情境中，不管是當人們在街上問路、（在真實世界或在線上）購物、應徵工作、或拿車子去修的時候，都可能碰到。但是要判

斷哪一種情況是出於偏見，哪一種不是，其實不容易。了解箇中困難非常重要，因為除非我們了解歧視背後真正的動機，否則決策者無法防止不公不義的行為。

那麼，我們要如何區別基於敵意的歧視和經濟上的差別待遇呢？我們到街上找答案。[11]

人要衣裝

簡恩是個頭髮漸白的五十歲白人婦女，孩子都正值青少年，她帶著金邊眼鏡，鼻子因為感冒而通紅，身上穿著藏青色羊毛外套，圍著一條米色圍巾。她是我們的祕密情報員。我們付她錢，要她隨機在街上找人問路，請路人告訴她該怎麼去有名的威利斯大廈。第一個問路的對象是個中年白人婦女，她告訴簡恩，威利斯大廈的入口離這裡不遠。「沿著這條路往前走，穿過兩條馬路到密西根大道，再走到一小段路到范布倫街，右手邊就是大廈入口處。」她熱心地說。簡恩謝謝她，繼續往前走。婦人指示的方向對嗎？

我們的下一個祕密情報員是泰隆，二十歲的黑人男性，穿著帽T和鬆垮垮的低腰牛仔褲。泰隆彬彬有禮地攔住另一位中年白人婦女問路。她沒有停下腳步，只回答：「呃，我不知道。」泰隆再跟一名三十來歲的商人問路，他注視泰隆良久，然後給他錯誤的指示。

我們希望透過這個實驗，探討不同年齡、性別和種族的人

在問路時，會得到什麼不同的反應。歧視會不會影響人們助人的意願？和氣的中年白人婦女問路時，路人會有什麼反應？如果換成年輕的黑人問路，又會得到什麼反應？如果是年輕的白人女性呢？或年輕的白人男性？年紀較大的白人男性？年紀較大的黑人男性？以此類推。

正如右表所顯示，我們請不同年齡、性別和種族的人來協助我們做實驗。那麼，我們的實驗有什麼發現呢？每一位「祕密情報員」多常得到有用的回應？平均來說，對方會停留多少時間，才繼續往前走？

表中的數字告訴我們一個有趣的故事：如果你在找路，而且碰巧是女性，你獲得幫助的機率很大，假如你很年輕的話，更是如此。如果你是年紀較大的黑人男性，你得到的幫助可能會比年紀大的白人男性稍微多一點。但如果你是年輕的黑人男性，或許你應該隨身攜帶GPS裝置。不分種族的年輕女性最容易獲得幫助，（不分性別和種族的）中年人及年輕白人男性居次，年輕的黑人男性則較不容易得到幫助。

你可能會假定：沒有停下腳步來幫助黑人年輕男性的路人一定充滿種族偏見，或許如此。不過，研究數據顯示，年紀較大的黑人男性和女性，以及年輕的黑人女性，都能獲得有用的指示，所以大體而言，我們不能用「他們憎恨黑人」來解釋這些數據。如果你平常很願意幫助黑人找路，但是你感覺這個年輕黑人男性有點危險，具威脅性，我們會認為這屬於經濟上的

「祕密情報員」	路人「伸出援手」的比例	互動的時間
20歲黑人女性	60%	20秒
50歲黑人女性	63%	20秒
20歲黑人男性	31%	13秒
50歲黑人男性	61%	20秒
20歲白人女性	75%	24秒
50歲白人女性	63%	18秒
20歲白人男性	52%	16秒
50歲白人男性	59%	20秒

歧視。

　　他們對泰隆漠不關心的原因不是出於憎恨 —— 而是基於恐懼和自我保護的心理。看到泰隆時感到害怕，是出於對犯罪的恐懼，因為不幸的是，年輕黑人男性是犯罪率最高的族群。同理，假如我們讓一個剃光頭、足蹬長靴、身上有納粹刺青的人走在街上，我們猜路人應該會快馬加鞭從他身旁走過。

　　為了檢驗這個推論，我們決定在實驗中加入經濟訊號。我們再度派泰隆以及和他一樣的黑人男性上街，不過這一回，他們個個都西裝畢挺。如果他們上次得到的反應是出於敵意，那麼這些年輕人一定仍然繼續遭冷眼對待。另一方面，他們的服裝或許會告訴路人他們很「安全」，所以能成功問到路。

　　的確，這一回，年輕黑人男性得到不錯的待遇，和年輕女

性得到相同品質的資訊。結論很清楚，即使我們不喜歡：穿著對黑人的重要性甚於白人。所以如果你是年輕黑人男性，而且不想遭到歧視，那麼其中一個辦法就是經常盛裝。

這個發現顯然很容易引起爭議。2012年，美國有個手無寸鐵、名叫特雷馮・馬丁（Trayvon Martin）的黑人青少年在佛羅里達州一個封閉式社區中遭社區警衛喬治・辛默曼（George Zimmerman）射殺，辛默曼是白人與西班牙裔混血。馬丁當時穿著帽T，而福斯電視台評論員吉拉多・瑞維拉（Geraldo Rivera）認為，馬丁的死因與他的穿著有關。「我要特別奉勸黑人和拉丁裔年輕人的父母，不要讓孩子穿著帽T出門。」瑞維拉在電視談話節目Fox and Friends中表示：「我認為特雷馮的死，帽T要負的責任和辛默曼一樣大。」[12]

瑞維拉的評論引發憤怒的抗議，許多人認為這名談話節目主持人是在怪罪受害者。他似乎在暗示，膚色黝黑的人穿上帽T，很容易被別人視為幫派份子，認為他會對社會構成威脅。然而，馬丁的種族背景加上選擇的穿著，真的和他的死因有關嗎？瑞維拉似乎是這個意思。不幸的是，我們在芝加哥街頭做的研究似乎也顯示，事實上，年輕黑人男性的衣著的確會大大影響別人對待他們的態度。

以下是瑞維拉道歉時馬丁的父親說的話：「關於穿著帽T，我只要再補充一句。事實上，我認為美國人不曉得，事件發生的時候，正在下雨。所以特雷馮把帽子戴上絕對合理，他

是在保護自己不被雨淋。所以假如……在雨中穿著帽T有罪的話，那麼我猜這個世界一定有什麼地方不對勁。」

不妨拉高視野來看這件事。百年前，像馬丁遭到射殺這類事件，在實施種族隔離的南方「白人世界」，幾乎不會成為地方上的大新聞。但在五十年前的1963年，社運份子梅德格・艾佛斯（Medgar Evers）遭射殺的事件，點燃民權運動的火把，將不同膚色的美國人凝聚在一起，為公義而奮鬥。今天，一名手無寸鐵的青少年遭到射殺，引發了另一場風暴，再度將不同種族的人凝聚在一起，要求正義。由此可見，原本包容性較高的社會（這是許多人不惜犧牲性命的奮鬥目標），很容易就會轉向。

根據我們在芝加哥街頭做的實驗，我們主張，敵意和種族主義大致上已經演變成更微妙的經濟歧視。但有時候，敵意與種族主義可能會結合經濟上的差別待遇，而帶來可怕的後果。

汽車修理店與坐輪椅的人

到目前為止，我們的現場實驗已經釐清經濟上的差別待遇和敵意之間的重要差異：前者是「先為自我利益著想」，後者則出於對「他人」的憎恨。但我們想要進一步推進，檢視另外一種差別待遇，對殘障人士的歧視。

假設童年時期一場大病後，你雙腿癱瘓，必須坐輪椅。現在是清晨六點三十分，在芝加哥凜冽的一月天，氣溫只有

華氏零下20度。你 —— 姑且叫你「喬伊」—— 住在芝加哥市區一棟公寓的七樓。你把鬧鐘按停，然後很有耐心地用手推開床罩，穿上放在床腳的褲子，然後把襪子套在腳上。費力做完這幾個動作，你已經累壞了，所以休息幾分鐘，恢復元氣。接著，你左右搖擺臀部，挪動身子到床邊，讓雙腳落地。

你費了很大的力氣把身體撐起來，坐到電動輪椅上。你快速吃完早餐（柳橙汁、自動機器煮出的咖啡和鬆餅），坐著輪椅出門，搭電梯到一樓。走道和停車場中的積雪都已清除，但還蒙著一層滑溜溜的薄冰。你試著操控輪椅，朝著安裝了特殊設備的箱型車移動過去，箱型車的車身依稀可見凹痕。

你按下綁在鑰匙鍊上的遙控器按鈕，開啟車門，出現一個小小的升降機。你操縱輪椅登上升降機，進入車子裡，落在駕駛座的位置，然後把汽車鑰匙插進去。你小心翼翼地握住控制桿，把車子駛出停車位，穿過停車場，開到大街上。

車子行駛十五分鐘左右，你把車子停在汽車修理店旁邊，因為那裡有殘障人士專用停車位。你放低升降機，設法操控輪椅穿過尚未清除的積雪，登上輪椅坡道。坡道上結的冰讓你嚐到不少苦頭，但是你奮力向前，終於設法抵達坡道頂端，在修理店門口輕輕叩門。

如果你在閱讀上述一連串過程時，感覺很辛苦，那麼可以想見，數百萬殘障人士每天都要耗費很大力氣來處理日常生活中大大小小的事情，辛苦程度是四肢健全的人難以想像的。

　　談到對殘障人士的歧視，其實這方面的相關研究並不多，我們感到有些訝異，因為全世界高齡人口愈來愈多，因此身有殘疾的人數也會愈來愈高。當然，喬伊也是我們的祕密情報員。對他而言，每一次出門辦點雜事都是一場戰鬥。即使辛辛苦苦開車抵達汽車修理店之後，他還要設法找到人載他回家，因為計程車通常都不願意載輪椅。

　　你認為，汽車修理店報給喬伊的修理費會是多少？喬伊會開著車子從這家修理店逛到另一家修理店，尋找最划算的價格嗎？還是他為了方便，不得不妥協於第一家修理店的報價？

　　你去修理汽車的時候，通常都不知道需要花多少錢（除非只是例行保養工作，例如換機油或排氣檢測）。汽車修理店的人會評估修理這部汽車需要耗費的工夫，自行斟酌要報多高的修理費。為了這次現場調查，我們請好幾位年齡從二十九歲到四十五歲的男性，充當我們的祕密情報員。其中有半數和喬伊一樣，必須坐輪椅，開的車子也有特殊設備。我們派他們開著不同的車子去取得修車報價。在半數情況下，會由殘障人士開車到汽車修理店，請他們報價。在另外半數情況下，則是由體格強健的男性開著同一輛車，提出相同的要求。

　　平均而言，殘障人士接到的報價會比身強力壯的人高出30%。哇！但為什麼會這樣呢？

　　不妨設身處地想一想，假如你是汽車修理店坐在櫃檯後面的那個人，你看到喬伊坐著輪椅進來你們的辦公室。你們之間

的對話可能像這樣：

> 你：嗨！今天早上還真冷啊！
>
> 喬伊：（嘴裡咕噥著）對啊。我的車子需要修理，車子就停在那裡（手指著外面），你能不能估一下要多少錢？
>
> 你：（打量喬伊）呃，我們最近挺忙的，但是我會請他們盡快抽空看一看。
>
> 喬伊：好。我會在這裡等。

喬伊操控著輪椅，來到等候區，你則在心裡盤算一番。你為他感到同情，知道他一定花了很大的力氣，才抵達你們的店，顯然需要好好休息一下。但另一方面，喬伊不嫌麻煩地開車到其他修車店估價的機率會有多高呢？

半小時後，技工打電話給你，把他們估計會花的時間和成本告訴你。你告訴喬伊，修理費是 1,415 美元，比一般情況高了 30%。事實上，我們派不同的調查員造訪汽車修理店，進行類似的測試數十次以後，結果浮現前面討論過的型態：一般而言，殘障人士拿到的報價會比非殘障人士高出 30%。

身為技工，你是出於對誘因的反應，還是因為不喜歡幫助或服務殘障人士，才提出這樣的報價？我們的直覺是，其實技工心知肚明，這個顧客已經是他們的囊中物。喬伊得費盡千辛萬苦，才把車子開來這裡修理，所以技工決定多跟他收一些修

理費，因為他假定喬伊不會不怕麻煩地到其他修車店一家家比價。換句話說，技工認為碰到殘障人士時，他可以提高報價，而不會被識破。

為了檢驗我們的直覺，我們派一組新的調查員去要求估價。這一回，殘障人士和非殘障人士要求估價時，都會講同樣一句話：「**我今天會詢三次價。**」

你猜結果如何。

這一回，殘障人士和非殘障人士拿到的報價完全相同。這下子，真相大白。技工只是簡單撥了一下經濟算盤。他們利用顧客的殘障，而在經濟上明目張膽地給予不公平的差別待遇，以提升業績。在這個案例中，技工因為面對有機會賺更多錢的經濟誘因，忍不住有所反應。

我們試圖說明：經濟上的差別待遇通常是基於簡單的盤算。因為種種原因，許多企業和個人都認為他們有充分的誘因對不同的人採取不同的待遇。亞馬遜公司或許認為，他們應該提高對某些顧客的收費，才能達到股東預期的獲利數字。保險公司可能提高抽菸者的保費，因為他們認為，讓抽菸者為自己的健康風險付費，才是公平的做法。技工可能為了維持汽車修理店的營運，而向殘障人士超收修理費。葛尼奇的妻子之所以沒有被錄用，和執行長對女性的觀感毫無關係，而是對於她

能否充分配合工作需求所抱的預期。這類差別待遇不是基於敵意，而和經濟誘因有關。要對抗這類歧視，受到不公平待遇的人可能必須發出明確訊號，顯示他們和沒有受到歧視的人其實沒什麼兩樣。

在下一章中，我們將透過造訪新市場，深入探討敵意和經濟差別待遇的問題，最後則從整個社會的角度來談歧視問題。

第 7 章

小心選擇，你可能會自食其果！

尋找歧視背後隱藏的動機

每當思及西方文明百年來的進步幅度，我們都不禁大感讚嘆！我們的祖父假如生在今日，應該不太可能像年輕時代那樣，感覺處處遭到敵視。的確，看到人與人之間的敵意日漸消退，是振奮人心的事情。但是我們距離真正公平的社會，還有一大段距離，而與日俱增的經濟歧視讓情勢變得更加混亂。在某些情況下，人們在經濟歧視中更容易隱藏起原本的憎惡或敵意。

為何如此呢？因為大多數人都會同意，懷抱敵意不是好事，但究竟能否接受某些形式的經濟歧視，大家卻又莫衷一是。某些型態的經濟歧視可能看起來很合理，其他則不然；有些經濟歧視會令人感到不快，有些卻不會；有些需要經過法律上的審查，有些就還好；有些是基於無可爭辯的事實，有些則出於文化上的刻板印象和信念。我們一再指出，要分辨哪些是可以接受的行為，哪些不是，並不是那麼容易。

不妨先回顧一下第六章提過的例子，也就是那位負責修理屋頂的包商。如果他在市場上面臨激烈競爭，而且公司又陷入財務困境，那麼向擔任企業執行長的客戶收取高額費用，或許會覺得心安理得，而我們也會放他一馬，畢竟他是為了生存而奮鬥，並非純粹出於貪婪。但是，如果他收取高額費用是為了攢錢買遊艇，那麼我們的觀感可就大不相同了。

許多人都覺得，如果某人之所以對別人大小眼，是為了避免財務上或其他方面的損失，那麼還情有可原。但如果他對

別人有差別待遇，只是為了賺更多錢時，我們會認為他是個唯利是圖的奸商。當你靜下心來思考這件事時，你發現「得」與「失」只不過是兩種不同的思考框架。只要有足夠的創意，就可以把任何「得」都看成「失」，反之亦然。

出於敵意，還是為了降低風險

在某些情況下，經濟歧視可能關乎看似明智的動機 ——降低風險。我們可能認為，要求老菸槍付較高的健保費，其實很合理，[1]或汽車保險公司理應要求男性付較高的保費，或租車公司絕對有權拒絕租車給不到25歲的年輕駕駛人。雖然這類保單似乎對注重安全的男性駕駛人或駕駛技術高超的年輕人很不公平，但保險公司辯稱，他們為了控制成本，必須採取這類措施。同樣的，胖子的雇主可能需要為他們負擔較高的健保費。搭飛機時，如果乘客體型太大，一旦把座椅兩邊把手都放下，他們就塞不進座位中，於是有些航空公司（例如法航和西南航空）會向這類乘客收取兩個機位的機票費用。

肥胖者購買機票時，如果碰到這種情況，會覺得很丟臉。肯萊・堤吉曼（Kenlie Tiggeman）在西南航空的櫃檯購買機票時，就當場被問了幾個問題：「他們問我穿什麼尺寸的衣服，體重多少。我得在一大堆人面前回答問題，有的人還在一旁竊笑。」堤吉曼說。[2]雖然從西南航空的角度來看，這項政策有它的經濟考量，但肥胖的人很容易就會覺得受到敵意性的歧視。

　　假定你是營建公司主管，想找一名工頭。由於你認為男性應該比較能勝任這份工作，因此拒絕面談女性應徵者。這樣做究竟合不合理？[3] 畢竟只挑選較能融入其他同事的應徵者來面試，替彼此都省下不少時間、力氣和金錢。這是捍衛經濟歧視的絕佳論點，但也是明目張膽的性別歧視。1995 年李斯特應徵教職，你會不會像漠視他的那些雇主一樣，拒絕面談女性應徵者呢？

　　再思考一下另外一種歧視 —— 反同性戀的歧視。雖然隨著美國社會的演變，同性戀問題受到熱烈關注，不過反同性戀的歧視其實有一段漫長歷史。幾百年來，人類社會一直將同性戀視為犯罪行為，達文西曾經因為和男妓同床共枕而遭逮捕。納粹也曾大肆搜捕男同志，將他們閹割後，充當奴工或成為門格勒醫生邪惡醫療實驗的對象。德國警察在 1933 年到 1945 年間，逮捕了將近十萬名男性，只因為他們是同性戀者。[4]

　　雖然今天仍有少數人堅決反對並怒批同性戀（但人數日益減少），而且雖然同志婚姻在美國許多州都尚未合法化，但今天美國社會已不再視同性戀為罪行。不過，究竟哪一種同性戀歧視在市場上更普遍呢：帶來仇恨犯罪和社會孤立、基於敵意的歧視？還是經濟上的差別待遇？抑或兩者的組合？

　　在深入探索歧視問題時，我們決定檢視人們在日常生活友善中立的市場環境（例如汽車賣場）中的行為。對大多數美國人而言，汽車銷售是經濟生活中最常見、也最重要的交易行

為，美國市場每年賣出約一千六百萬輛汽車。除此之外，雖然牽涉重大利益，但汽車交易的過程很短，所以是進行現場實驗的絕佳場所，參與者根本不知道自己是被觀察的對象。

你會賣車給他們嗎？

請比較下列兩種情境：

情境A：

　　陽光燦爛的秋日早晨，這裡是芝加哥一家豐田汽車經銷店，新款Corolla剛剛上市。銷售員伯納德滿心盼望今天可以賺進大筆佣金。

　　上午十點鐘左右，兩個年輕男子走進來，直接往賣場中央閃閃發亮的深藍色Corolla CE轎車走去。其中一人對另一人說：「湯姆，你看吧？這輛車是不是很美啊？看看它的顏色！」

　　「沒錯。」湯姆說，從車窗外盯著裡面的灰色皮椅，也特別注意車子的活動天窗。「我覺得很完美。」

　　他們正忙著檢視車子，伯納德走過來。「看起來，你們很喜歡這輛車子。」他說。「不如把它買下來吧！」伯納德介紹這部車的電熱椅和其他性能，然後邀請他們去喝杯咖啡，繼續討論。

情境B：

　　同一天早上，傑瑞和吉姆走進街上的本田汽車經銷店。他們進門的時候，親熱地手牽手，走到賣場中央本田Civic CE新款轎車前面。

　　「傑瑞，你知道嗎？」吉姆說，一邊檢視貼紙上關於這輛車的性能、數據和價格的資訊。「這輛車真的很適合我們。小型車，又省油，可以開很久。」

　　「真的！」他的伴侶說，打開乘客座位旁的車門，開心地聞一聞：「你是不是也很愛新車的氣味啊？」

　　經銷商喬治盯著他們看了一會兒，才拿起小冊子走過去。「你們好像很喜歡這部車子。」他冷靜地說。「這款車剛上市，價錢很划算。請先看看這本小冊子，我一會兒就回來。」

───────

　　我們和同事麥克・普萊斯（Michael Price）合作進行這個實驗，指派一對對男性充當我們的祕密情報員：異性戀男性扮演好友、異性戀男性扮演愛侶，男同志扮演好友，男同志扮演愛侶。每一對組合都拜訪不同的汽車經銷店，為購買新車而討價還價，他們的議價對象是我們隨機挑選的汽車經銷商，而且每一家店都光顧兩次。我們不只觀察不同組合拿到的報價有何不同，也觀察店家殷勤待客的程度，例如會不會讓他們試開新

車，有沒有請他們喝咖啡等。

結果顯示，扮演同志伴侶的組合獲得的待遇最糟糕，許多經銷商拒絕他們出的價錢，卻接受異性戀買主的相同出價。75%的時候，經銷商給男同志伴侶的報價高於原始價格，男同志還價的時候，也比較容易遭到拒絕，而且銷售員很快就結束議價。

不過，這些結果並非一體適用。在有些賣場，不管是男同志或異性戀者，都獲得相同待遇，店家都會客氣的請他們喝咖啡，讓他們試開新車等等。

結果，對同志伴侶的態度主要取決於銷售員的種族背景。我們發現，比起多數族群（白人），少數族群的銷售員（不管是非裔美國人或西班牙裔）比較可能歧視同志伴侶。同志伴侶詢價時，少數族群銷售員的初次報價平均比多數族群銷售員的報價多1,233美元。事實上，少數族群銷售員似乎希望盡量少和同志客戶接觸，因此他們不提供試車服務，也不讓顧客有機會買到便宜車子，這表示他們為了避免和這類顧客打交道，甚至不惜放棄不錯的佣金。（倒不是說，所有的少數族群銷售員都是如此，只不過其中大多數人會這樣做。）

你或許以為少數族群應該會更包容人與人之間的歧異，但我們發現實際上恰好相反，當買主以伴侶姿態出現時，銷售員比較有可能放棄銷售獎金。可能原因是，美國少數族群的自我認同或許帶有更強烈的宗教色彩，而許多宗教都認為同性戀

是不對的行為。根據某些研究證據，信仰虔誠的人通常認為性向並非先天決定，而是後天的選擇。根據皮尤研究中心（Pew Research Center）宗教與公共生活論壇2007年的調查，美國黑人「的宗教信仰。在許多衡量指標上都比美國總人口更虔誠。」[5]（包括我們的研究在內，一系列研究都顯示，在肥胖和同性戀等人們認為當事人「有所選擇」的情況，通常也比較容易產生個人偏見，抱持偏見的人認為這些都是可控制的情況。）

當牽涉到種族問題時（種族顯然不是個人的選擇），我們也會看到相同的歧視嗎？

買車實驗：種族差異

我們再度派好幾位男士上街看車子，但這一回，他們不再扮演朋友或伴侶，而是依照我們的指示單獨行動。他們都是中年人，其中半數是白人，半數是黑人。為了充分掌握實驗的情境，請比較下面兩種情境，並注意兩者之間的差異：

情境A：

2012年的BMW 335i基價為 $55,000，是昂貴但美麗的車款。這是一部華麗的酒紅色敞篷車，合金雙輪輻輪圈加上黑色皮製座椅，是汽車藝術的實質展現。

銷售員是個體格壯碩的年輕人，名叫理察，他對吉

姆露出笑容：「很漂亮的小車子，對不對？想不想試開看看？」

「好啊！」吉姆冷靜地說，試圖掩飾心中的雀躍之情，開這輛車一定樂趣十足。

理察去拿車鑰匙的時候，吉姆想到汽車上一堆有的沒的、會拉高價格的額外性能，例如電熱椅、主動轉向系統、合金輪圈等，或許還有高級頭燈，他太太在陰雨的冬夜開車時會很需要。

理察拿著車鑰匙走回來，吉姆坐上駕駛座。敞篷車駛離停車場，朝著公路開去時，理察打量了一下眼前的顧客。吉姆是近五十歲的中年白人，穿著卡其褲和羊毛製格子襯衫，外面罩著綠色外套。

「你到處看車子看了多久？」理察問。

「有一陣子囉。」吉姆笑著說：「我一直想買個禮物給老婆，慶祝結婚周年，而她一直夢想有一輛像這樣的車子。」

「我可以想像她走到門口，看到門前車道上停著這輛新車時臉上的表情。」理察說。一路上，理察很有禮貌地問了吉姆一些關於他的妻子和家人的問題。

試車結束後，理察請他到辦公室舒服地坐下來，喝杯咖啡。吉姆說，他準備買這輛車。經過漫長的討價還價後，雙方達成協議：吉姆將付 $60,925 買下這輛車。

情境B：

　　想像一下：倘若場景和所有條件都一模一樣，唯一的差別是，這一回，吉姆是黑人。

　　問題是：理察會要求黑人花多少錢來買這輛車？花更多錢？一樣？還是花更少的錢？

　　我們發現，如果想買的是高級汽車，黑人最後拿到的成交價格會比白人拿到的報價高出八百美元左右。

────────

　　這種情形和我們前面看到的男同志實驗是同一種歧視嗎？為什麼碰到非裔顧客來看昂貴汽車時，汽車經銷商的態度比較差？他們為什麼比較不喜歡讓他們試車和請他們喝咖啡？為了找到答案，我們又展開另一波實驗。

情境A：

　　鮑伯認為豐田Corolla新車款很漂亮。賣方開價$16,995，鮑伯想要拿他2007年份的Pathfinder車來折抵車價，這種類型的車，根據《凱利藍皮書》（*Kelly Blue Book*）列出的二手車售價大約在$10,000上下。他一心想擺脫這輛舊車，因此即使以舊換新的折抵價格不如市面上的售價也無所謂。

　　他正在檢查新車閃閃發亮的輪子時，銷售員悄悄走過

來。

「這輛車很不錯，」鮑伯說：「我能不能把它開出去試車？」

「當然可以。我們也只剩下這輛車還留在停車場。」銷售員說：「我叫東尼。」他親切地伸出手，鮑伯和他握了握手。「我馬上就回來，你可以把它開出去試試。」

東尼拿著車鑰匙回來，把車門打開，鮑伯鑽進駕駛座，感受一下灰色皮椅的柔軟觸感和新車的氣味。

他將車駛離經銷商的停車場時，東尼試圖琢磨眼前這個人屬於哪一種顧客。鮑伯是個黑人男性，看起來四十來歲，穿著牛仔褲和紅色法蘭絨襯衫，外面罩著一件普通的藍色外套。

「你看車看了多久？」東尼問。

「有一陣子了。」鮑伯說：「我們需要換車，但這次我想買一輛新車，而不是又換部二手車。」

試車後，鮑伯說他準備買這輛車。經過漫長的討價還價，終於成交：鮑伯將比原價多付四百美元，再扣掉舊車折抵的 $8,000。

情境B：

不妨想像一模一樣的場景和條件，唯一的差別是，這次鮑伯是白人。

問題是：哪個人能拿到更好的價碼？

在這個情況下，毫無差別，兩人的成交價碼一樣。我們發現，如果雙方議價的商品是豐田汽車低階車款之類的車子，那麼不同推銷員的報價不會有什麼差別。無論顧客的種族背景為何，汽車經銷商針對低階車款提出的報價都一致，顯示汽車經銷商在追求利潤時，會採取經濟上的差別待遇。換句話說，當他們基於潛在買主的種族背景，認為他們較不可能購買昂貴汽車時，就會給予差別待遇。然而當他們認為無論哪個族群的買主都同樣有可能購買較便宜的汽車時，就不會有差別待遇。

需要說明一下：我們推測，車商也許認為，白人比較可能買貴一點的車子，所以願意多花一點時間討好白人顧客，請他們喝咖啡等等 —— 理察對吉姆就是如此。這只是車商面對誘因時的反應。他們也願意多花時間和白人買主討價還價，因為他們認為最後應該會成交。

換句話說，如果你抱持強烈偏見，那麼你的偏見將會展現在行為中。但如果你唯有在能提升獲利的情況下，才會出現差別待遇，那麼這算是經濟上的歧視。這類歧視雖然既不道德，又不公平，而且就BMW車商的例子而言，他會因為顧客的種族背景而給予較差的待遇，但這仍然不算敵意性的歧視。

歧視與公共政策

還記得我們在前言中提過小山姆戴維斯被亞奇·邦克問道：「你是有色人種，我知道就這件事而言，你毫無選擇的餘地，但你是怎麼變成猶太人的！」[6]

我們在前面提過，我們從研究中得到的有趣結論是：根據我們所有的研究，我們發現，當歧視者認為他們評斷的人在這個問題上有所選擇時，往往最容易顯露出充滿敵意的醜陋面目。[7]比方說，看到胖子時，有些人會認為這個人之所以這麼胖，是因為缺乏自我節制。看到公開出櫃的同志時，有的人會認為他們是自己選擇成為同性戀。但我們無法選擇自己的種族或性別（當然，除非他們動變性手術）。

這些發現正呼應了心理學家所謂的「歸因理論」——也就是說，我們會為了向自己解釋原因或事件，而對別人有所推論。我們會根據這類推論來解釋肥胖、同性戀、犯罪的原因，然而我們其實對遭質疑的對象根本一無所知。我們愈了解某個人，在推斷他們的行為時，就愈不可能訴諸刻板印象。

那麼不妨重新探索：究竟了解歧視背後的潛在動機有多重要？了解之後，能帶來什麼差別？畢竟無論如何，他已經表現出不公平的歧視行為。

我們的答案很簡單：除非我們了解歧視的根源為何，否則就不可能起草法案來因應歧視問題。帶有敵意的歧視雖然危

險，卻已逐漸退潮，然而經濟性的歧視如今與日俱增，這對決策者而言，是很重要的訊息。雖然有關歧視的政策一直在改變，但我們對於政策干預與兩種類型的歧視之間的關係，仍然了解有限。

多年來，美國政府一直試圖制定法令，禁止敵意性的歧視。平權法案（Affirmative Action）可說是最常被用來對抗歧視的公共政策。美國在1960年代開始討論反歧視的平權法案；制定法令規章，以減少宗教、種族和性別的歧視，並對長期以來一直深受歧視的族群有所補償。推行這類政策的國家不限於美國。舉例來說，廢除種族隔離政策後的南非也採取「擴大黑人經濟參與」政策（Broad-Based Black Economic Empowerment），規定每家企業必須有一定比例的黑人員工。

從某個角度而言，平權法案和種族隔離政策及歷史上其他歧視各種少數族群、限制就業機會的可怕政策，恰好對立。平權法案的支持者提議藉由提高少數族群在某些行業的參與，扭轉這類歧視政策的負面影響。在1960年代和1970年代，由於許多人對少數族群懷抱強烈敵意，試圖發揮逆轉效應，自然有它的道理。

然而今天社會上出現了更微妙的歧視型態。反對者指出，平權政策的其中一個問題是，雖然提倡社會公平是很好的目標，但由於女性和少數族群的權益在過去五十年來已有長足進步，今天的社會不再需要這類反歧視行動。

平權政策的問題有部分牽涉到人們會對少數族群的成功錯誤歸因有關。舉例來說，有個非常聰明且勤奮的非裔美國婦女從頂尖名校的法學院畢業了。如果沒有平權法案，人們會將她的成功歸因於她的能幹和才華。但有了平權政策之後，人們或許認為政府的干預政策造就了她的成功。他們認為她因為得到特殊待遇，才能從名校畢業，不是憑藉自己的努力和才幹出人頭地。

由於這類反對意見，美國有些州已經不再實施平權政策。比方說，加州209號提案禁止在入學申請、公務員招聘和工作外包時對女性和少數族群有特殊優惠。

如果在所有條件都相等的情況下，某家大學的研究所招生委員會只因為不喜歡某個優秀黑人女生的種族和性別，就不錄取她，那麼像平權法案這種「反歧視」政策可能是很好的解決方案。但如果不錄取這名女生的理由是基於經濟性的差別待遇 —— 比方說，如果招生委員認為她不可能成功 —— 那麼平權法案就不是幫助她的好方法。這類歧視乃是大學基於類經濟式的盤算而做的決定：他們一方面希望擁有最傑出的畢業生，另一方面又認為她不可能有這麼好的表現。在這種情況下，解決方案是改變招生委員的成本效益分析方式。比方說，如果你是申請者，你應該在大學時期選修一些比較困難的科目，並且拿到高分，藉此證明你能順利完成研究所的學業。這樣的解方顯然不同於敵意性歧視的解決方案。

　　我們的研究顯示，採用舊的決策工具（例如定額任用和平權政策）來對抗今天勞動市場的歧視問題，是落伍和錯誤的做法，因為這些方式無法解決今天真正的歧視問題，反而因應了錯誤的歧視型態，而沒有解決今天日益普遍的歧視 —— 經濟上的差別待遇。

價詢三家不吃虧

　　我們在上一章提出「終結現代歧視的關鍵句」，只要簡單一句話，妙用無窮：「我今天會詢三次價。」

　　我們在關於殘障駕駛的實驗中學到，當提供產品或服務的人涉及經濟歧視時，這個方法很有效。純粹為了好玩，下一回你到可以討價還價的地方購物時，不妨告訴銷售員：「我今天會詢三次價。」於是，她不再拚命推銷東西，試圖從你這兒大撈一筆，而會收斂一點，給你一個合理的價錢，因為她知道，要不然的話，競爭對手會提供更好的價碼。

　　想一想下面的例子。幾年前，葛尼奇在新加坡開了一門談判課，有一天，他需要為 Nikon 相機買個新鏡片。於是，他跑到購物區去逛逛，那裡開了許多相機店，往往能買到便宜貨。葛尼奇一走進第一家店，就請店員「為這部 Nikon 相機配個好鏡片」。

　　店員說明有哪幾種選擇，並解釋每一種鏡片的特色，然後引導葛尼奇檢視他認為最好的鏡片，並開價 $790。葛尼奇走出

店門，店員緊跟在後，問葛尼奇願意付多少錢來買。

由於葛尼奇現在更了解他需要的是哪一種鏡片，他可以積極採購。他又逛了幾家相機店，更清楚他為什麼需要這種鏡片。他對自己的需求愈了解，就能得到更優惠的價碼。當他走進最後一家相機店，問店員有沒有「Nikon Nikkor AF-S 55-300 mm f/4.5-5.6 ED VR高功率變焦鏡頭DX」，並且花328美元買了鏡片時，根本毋需再討價還價。

這是怎麼回事？第一位店員開價 \$790 是因為他看到葛尼奇毫無頭緒的樣子。最後一位店員知道葛尼奇很清楚自己需要哪一種鏡片，所以給他更低的報價。第一個店員對葛尼奇比較不好，並不是因為他不喜歡葛尼奇：他只是把葛尼奇歸在不知情的顧客之列，想要從他身上大賺一筆。

這個故事的教訓很簡單：假如你逛街購物的時候，不想受到經濟性的歧視，那麼最好自己先蒐集充分的市場行情和產品資訊，才能與店家抗衡。當你向對方發出這樣的訊號時，促使店員歧視的背後誘因就起了戲劇性的變化。

如果我們可以對政府決策者揮一揮魔棒，促使他們運用我們的發現，他們就會減少對敵意性歧視的關注，更聚焦於經濟歧視的受害者，制定能幫助他們的政策。如此一來，他們需要進行更多現場實驗，找出他們關心的各種經濟歧視形式。然後

再根據研究發現，確保勞工獲得公平的就業機會，消費者也能公平取得各種產品。當買主申請房貸時，他們的信用價值也能得到公平的評價。當電子商務愈來愈盛行時，立法者能保障人人都能享受到公平透明的價格機制。

我們的朋友、芝加哥大學教授理查・塞勒（Richard Thaler）對於怎麼做到這點，想到一個好主意。他在《紐約時報》的專欄中寫道：「企業蒐集了大量有關於你喜歡什麼和不喜歡什麼的資訊，他們之所以這樣做，不只是因為你很有趣，而是他們知道得愈多，就能賺得更多。」[8]這樣也就罷了——他們蒐集資訊，然後藉此獲利，有何不可？不妙的是，有些企業會濫用消費者資訊。塞勒建議的解方是，國會應該通過新法案，要求企業讓你也取得這些資訊。一旦你取得資料，你就知道哪些資訊對你不利，也可以找到更符合需求的產品和服務。假如企業必須和你分享關於你的資訊，那麼他們就更難拿這些資訊來對付你。塞勒認為，由於企業讓我們面對的選擇愈來愈複雜，因此如果沒有他們蒐集到的資訊，我們無法成為內行的消費者。

塞勒的結論是很好的起步。但如果你真的想終止這類歧視，你不只需要取得個人資訊，還必須了解這些公司如何運用這些資訊。更深入了解歧視的運作之後，世界必然變得更美好。正如同貝克在1992年諾貝爾晚宴的演講中所言：「經濟學當然無法刻劃人生浪漫的一面，然而世界各地普遍的貧窮、不

幸和危機，許多其實都事不必至此，這些都在在提醒我們，了解經濟和社會法則能對人民福祉產生巨大的貢獻。」我們希望你現在對於歧視，以及誘因如何與偏見行為息息相關，有更清楚的理解。

我們將在下一章解釋其他還有哪些方式可以更聰明地運用公共政策改善社會的努力。

第 8 章

自己的苦難自己救！

掌握解決社會問題的關鍵資訊

2009年九月下旬一天下午，芝加哥南區芬格高中的學生放學後，紛紛穿過一片空地回家。有些人住在阿傑德園國宅社區，其他人住在暴力充斥的羅斯蘭區。來自不同地區的兩批學生，有部分人互相看不順眼，不過他們比較像在呼群結黨，而不是真正的幫派份子。

學生穿過空地時，爆發群毆。兩群青少年和其他路過的學生都陷入這場爭鬥，無法脫身，有人掏出手機，開始錄下十五到二十個青少年打群架的情形。這些青少年沒有明顯的派別，他們的爭吵和美國各地年輕氣盛的高中生之間的口角沒什麼兩樣。影片播放一分鐘後可以看到，有人發現空地上有兩根木棒。穿著紅色摩托夾克的尤金‧萊利（Eugene Riley）從同伴手中接過一根木棒，把它像球棒一樣甩過去，正中十六歲的榮譽學生德瑞恩‧艾伯特（Derrion Albert）的頭部。

「糟糕！」有人驚呼。尖叫聲中，年輕孩子紛紛拔腿就跑，有人朝著發出尖叫聲的方向跑去，有的人則反向逃離是非之地。德瑞恩試圖站起來，但是不斷遭拳打腳踢，有人大叫：「喔，我的天！你們這些傢伙！」德瑞恩試圖保護頭部。

攝影鏡頭轉到街上。有個三十出頭、沒穿上衣的男子瞪著比他年輕許多的對手，對方手持棍棒，作勢要打他。年紀較大的男人兩臂粗壯有如樹幹。年輕孩子很快盤算了一下，決定丟出木棒，拔腿逃走。鏡頭又回到空地。德瑞恩仍然躺在地上，毫無招架之力，只茫然瞪著攝影鏡頭。攻擊他的人再度毆打他

十幾秒鐘，然後就跑走了。攝影者和其他人連忙跑過去看看德瑞恩。有人說：「起來，孩子！」德瑞恩的朋友把他扶起來，帶他到鄰近的社區中心，拚命喊著他的名字，希望聽到他的回應。影片拍了兩分鐘後，才終於聽到警笛的聲音。[1]幾小時後，德瑞恩就過世了。

一堆「做，就對了！」的無效政策

德瑞恩慘死的情形在YouTube上被點播了幾千次，和高比率的吸毒、失業、青少年懷孕、輟學和肥胖一樣，是持續威脅內城青少年的另一次可怕暴力事件。數十年來，政府決策者千方百計，想解決這些問題，但即使在犯罪率下滑的時候，大家也從來不清楚，究竟哪些政策確實有效，哪些政策只不過是浪費錢罷了。

由於迫切需要新的做法，芝加哥戴利市長（Richard Daley）和胡伯曼等決策者向我們求助。「為什麼沒辦法曉得哪些方法有效？」胡伯曼問。我們的答案很簡單：這個領域做的實驗還不夠多，不足以了解哪些做法有效，以及為什麼有效。

不過，胡伯曼希望我們進行的這種大型社會實驗，倒是不乏先例，許多實驗都是在1960年代，尤其是1963年到1968年間，詹森擔任美國總統期間發生的。詹森當政時期，社會科學家希望為諸如「什麼是最理想的健康保險方式？」[2]之類的問題，找到解答。他們所做的研究發揮了極大影響力，但是當聯

邦經費用完，研究人員大都改弦易轍，轉而利用電腦分析或在實驗室中做研究，不再進行大型社會實驗。近年來，學術界才再度與政府決策者合作，檢驗大規模政策干預對行為的影響。

不消多久，德瑞恩遭殺害的三分鐘影片就傳遍美國社會。除了芝加哥電視台播放這支影片外，網路上所有相關報導幾乎都嵌入這支影片。這算一種偷窺癖嗎？當然是。但這支影片幫助警方找出行兇者，檢察官成功讓五名被告定罪，刑期從七年到三十年不等。萊利即使在獄中表現良好，可能都得在鐵窗內度過大半餘生。五名遭定罪的被告帶來很大的社會成本。在美國伊利諾州，囚犯的監禁成本大約每人每年四萬美元左右，據估計，每一宗兇殺案為社會帶來的成本，包括醫療、調查、訴訟和監禁費用，總計超過一百萬美元。

我們怎麼樣才能有效運用納稅人的錢，降低青少年持槍暴力行為呢？

恐懼籠罩的犯罪城市

無論在芝加哥或其他任何地方，胡伯曼都是卓越的公務員。長相英俊、聲音低沉的胡伯曼曾經當過警察，也是公開出櫃的男同志。他在1971年誕生於特拉維夫，是家中的次子。胡伯曼的父母都是二次大戰期間反猶太大屠殺的倖存者，也都在幼年時期遷至以色列居住，他們的家人大半在戰時遇害。胡伯曼五歲的時候，雙親又帶著他和哥哥移民到美國，住在田納

西州橡樹嶺市。胡伯曼的母親曾經是鋼琴演奏家和語言學家，抵達美國後，在當地中學教書，擔任外語教師。他的父親是傑出的細胞生物學家，接受美國政府的聘書，擔任癌症研究人員。胡伯曼回憶到：「我爸爸拿到一大堆藥廠的工作邀約，但他寧可拿較低的薪水，為政府機構做癌症研究，因為他覺得可以造福人群。我認為他的決定影響了我從事公職的理念及回饋社會的願望。」

　　胡伯曼讀小學和初中時，並不是用功的好學生。但是他在高中時成績不錯，申請到威斯康辛大學麥迪遜校區就讀，主修英文和心理學。大學畢業後，他進入警校，並在1995年開始當警察，在芝加哥警局值大夜班。由於當過警察，他對於在暴力充斥的大都市裡，哪些做法能奏效，哪些無效，有第一手的觀察。

　　多年來，芝加哥的謀殺案一直有增無減，尤其在1990年代，情況最嚴重。1992年，不到三百萬人口的芝加哥發生了943件謀殺案，謀殺犯罪率為每10萬人中34件。1999年，芝加哥市有六千人遭到槍擊，其中一千人傷重不治。胡伯曼說，接過無數國宅區發生槍擊的報案電話後，「我體會到大家是多麼害怕。每天晚上都有人遭到槍擊或殺害。當槍擊事件不斷發生，居民覺得疲乏而灰心，原本基於道德感產生的義憤，都消失無蹤。」

用資料庫提升辦案效率

由於看到太多人年紀輕輕就喪命，胡伯曼覺得，一定可以找到更聰明的警方執法方式。他開始自問，應該強化哪些著力點，讓警力變得更有效率。單憑警察的力量，很難扭轉情勢，警察大半時候都是在因應犯罪，而非預防犯罪。所以胡伯曼決定白天回學校讀書，在兩個截然不同（甚至可說是相反）的領域 —— 社會工作和企管 —— 攻讀碩士學位。

不久之後，胡伯曼被警局擢升到相當於助理副局長的位階。他被分派的第一項任務是為警方開發一套類似電子病歷的系統，讓警力進入資訊時代。「在這套系統開發出來之前，一切都靠紙上作業。」胡伯曼回想：「假如有人遭到攻擊，目擊者說：『那個傢伙的肩膀上有兔子刺青。』調查人員就得到地下室，花好幾個小時翻閱幾百張粉紅色表格，尋找其他類似案件的說明，看看裡面有沒有一、兩個案子也提到兔子刺青。通常都要花很長的時間，才能找到足夠的嫌犯和充分的資訊，足以讓目擊者從列隊站立的一排嫌犯中指認作案者，或從資料中找出犯罪型態。」

要將龐雜的資料轉換為能即時發揮效用的電子資料庫，需要投入幾百萬美元的經費，芝加哥警方拿不出這筆錢，胡伯曼只好懇求美國軟體巨人甲骨文（Oracle）伸出援手。他說服甲骨文開發這套系統，告訴他們，系統開發成功後，可以把它賣

給美國各地的警局。甲骨文被說服了，投入一千萬美元開發這
套系統。胡伯曼提供甲骨文開發系統所需的資訊，又籌辦募款
活動，補足經費差額。

這套公民與執法分析及報告系統（CLEAR）改變了芝加
哥的犯罪狀況。今天街上一發生攻擊事件，如果受害者告訴警
察，那傢伙肩上有兔子圖案的刺青，警察會立刻利用隨身電子
裝置連線，當場辨認出可能的嫌犯。指揮官也可以策略性地將
警官部署在最容易發生罪案的熱點。CLEAR 讓指揮警力的高
階警官可以經常測試自己的假設。比方說，如果想要降低犯罪
率，究竟哪一種做法更有效，積極偵辦毒品案，還是逮捕幫派
份子？資料會顯示出那些警官最能有效降低犯罪，而警局可拿
這些資料做為升遷的依據。自從芝加哥在 1999 年啟用 CLEAR
以來，槍擊事件已經減少三分之二，我們相信 CLEAR 絕對有
部分功勞。

胡伯曼建立 CLEAR 之後，很快又在其他複雜的市府大型
機關推動類似的系統。2001 年的 911 事件發生當天，美國所有
城市都處於高度警戒狀態，芝加哥市長戴利迅速決定讓胡伯曼
負責因應各種大型系統管理面對的挑戰。戴利市長在指派胡
伯曼這項職務時表示：「我對他有絕對的信心。如今我晚上睡
覺的時候，可以安心閉上眼睛了，因為我完全不需要擔心胡伯
曼。」

胡伯曼彷彿是芝加哥的超人，面對一個接一個棘手難題，

總是能化險為夷，解決問題。胡伯曼先從急難管理著手。他的職責是協調不同的機構，在發生恐怖攻擊、公衛危機和自然災害時，維護芝加哥的安全，同時設法處理每天911專線接到的二萬一千多通電話。他建立了一個綜合指揮中心，在危機發生時，負責整合全市的資源。美國國土安全部部長麥可·謝爾托夫（Michael Chertoff）稱之為「革命性」的創舉。接著，胡伯曼在2005年成為戴利市長的幕僚長，負責剷除貪腐，為市府建立問責制。然後胡伯曼又徹底改革芝加哥公共運輸管理局，大幅改進乘客搭乘大眾交通工具的體驗，並重新與二十一個工會談判，達成集體協議。他還利用公餘之暇，推出美國最龐大的前科犯雇用計畫。

這些系統都和CLEAR一樣，仰賴統計追蹤和資料探勘技術。胡伯曼進行每個專案時，都召集志同道合的跨領域人才，組成團隊，一起打造出計量導向的詳細統計追蹤系統，除了傳統的政府資料之外，還納入其他資料來源，並為市政府各部門列出清楚的績效目標。

扭轉大局的熱門演唱會

2009年，在德瑞恩遭到殺害，以及芝加哥公立學校系統主管亞尼·鄧肯（Arne Duncan）被歐巴馬總統延攬為教育部長之後不久，胡伯曼接手鄧肯的工作。胡伯曼上任不久，就開始處理青少年槍枝問題。在聯邦政府經濟刺激方案的經費挹注

下，胡伯曼推出「冷靜文化」計畫（Culture of Calm），針對
芝加哥地區少數高風險學校，實施可以想得到的各種方案。研
究人員詳細檢視可能置孩子於暴力風險的各種因素，從訓誡方
式到學校入口設計等都納入考量。老師投入更多心力來輔導高
風險學生。學校也聘雇更多輔導老師。一旦高風險學生獲得足
夠的關注，學校的文化就開始改變。但要真正扭轉形勢，還需
要更多努力。

於是，肯伊・威斯特（Kanye West）登場了。威斯特是
美國著名的饒舌歌手和唱片製作人，是激勵都市黑人孩子的不
二人選。威斯特是個長相帥氣、坦率敢言的黑人，喜歡穿著皮
裙和帽T在台上表演。威斯特的五張專輯都創下白金唱片的佳
績，並為他贏得無數音樂獎項。他也是音樂史上最暢銷的數位
藝術家之一。[3]

我和胡伯曼商量，或許可以拿威斯特來當誘因。由於威斯
特願意為我們舉行一場公益演唱會，和超級巨星近距離接觸、
聆聽現場演唱的機會，一定能在芝加哥三十二所暴力猖獗的學
校，成功吸引學生的注意。所以，我們為成功扭轉風氣的學校
提供的大獎是一場私人演唱會。每個學校都設計自己的冷靜文
化委員會，與其他學校展開激烈競爭。

校園文化脫胎換骨

結果，在冷靜文化計畫引導下，贏得這項大獎的法拉格高

中有如脫胎換骨。法拉格高中位於芝加哥西南邊，學校裡大約七成學生為西班牙裔，三成為非洲裔美國人。在冷靜文化計畫展開前，學校走廊上處處可見學生相互攻擊——推擠拉扯，言語羞辱，甚至動手打人。出現在走廊上的成年人只有校警，每當上課鐘聲響起，校警就忙著把學生推進教室中上課。

法拉格高中先由學生領袖組成冷靜文化委員會——裡面不只包括各班班代和學生會幹部，還包括「有影響力」的孩子，例如足球球員之類的。委員會負責制定規則，他們也同意接受兩項最重要的要求：學生就學率必須大幅提升，無論在校內或校外都必須減少暴力事件。

在競爭大獎的激勵下，他們開始運用同儕壓力，結果這項誘因發揮神奇的功效。雖然參與冷靜文化計畫的學校發生的暴力事件都大幅降低，就學率也上升了，但法拉格高中違規行為的下滑幅度高達40%。

當然，2010年六月在法拉格高中體育館舉行的音樂會真是棒透了，威斯特找來兩位深受歡迎的歌手——路沛・費艾斯可（Lupe Fiasco）表演他的暢銷歌曲「Superstar」，以及另一位超級巨星Common演唱「Universal Mind Control」。然後，威斯特登場，這時學生簡直全場一片瘋狂。對他們而言，這晚的經驗一生難忘。

結果我們發現，真正促使法拉格高中脫胎換骨的不是演唱會的誘因。事實上，孩子們一直很希望擁有安全的學習場所，

有機會見到威斯特，只不過讓他們向來的心願得以正當化。「他們很在意能不能看到威斯特，但更重要的是，他們現在覺得可以無所顧忌地明白表示：『我們想要一所安全的學校。』」胡伯曼指出。為了達到這個目標，學生成功超越了他們最狂野的夢想。參加計畫的三十二所學校迄今仍保持冷靜的文化。如今在教室中間的走廊上，已經可以見到教師的身影；學生不再輕易挑釁；槍擊之類的暴力事件減少了30%。

胡伯曼只解決了這個問題嗎？這只是冰山一角呢。

為何要花大錢幫助「壞」學生？

德瑞恩遭殺害一個月後，胡伯曼坐在學校禮堂裡，面對滿屋子憤怒的家長和老師。他們責備他居然想把六千萬美元的高額經費投注於減少校園暴力的兩年實驗計畫上，而其他預算卻遭大幅刪減。有些教師飯碗不保，其他教師必須面對人數過多的大班。家裡沒有高風險孩子的家長不明白為什麼要把這麼多錢，投入未經檢驗的構想，只為了幫助「壞」孩子扭轉人生，踏上正軌。

胡伯曼挑戰群眾的想法：「你們認為什麼比較重要 —— 縮減班級人數，還是拯救生命？」他指出，每年大約有250個學生遭到槍擊，平均來說，其中有30椿槍擊事件會致人於死。由於當過警察，他親眼目睹過太多悲劇，深有感觸。此外，危險學校的學生反正都無法專心課業，因為他們腦子裡有更大的

事情需要擔心，例如遭殺害的可能性。槍擊事件發生後，往往只剩下不到半數的學生會來學校上課。「如果你是頭腦清楚、學習動機很強的學生，當學校附近發生槍擊案時，你會寧可冒生命危險來上學，還是寧可冒功課可能落後的危險？」胡伯曼問：「如果你在這些學校教書，班上有一半學生沒來上課，等到這些嚇壞的孩子回來上課時，你會把教過的東西重新再教一遍，拖慢其他學生的進度嗎？怎麼樣才能打破這樣的循環？」

胡伯曼終於達到目的，雖然許多家長一直質疑他這樣做是否明智，認為會耽誤課業。或許胡伯曼最大膽的計畫是找出風險最高的孩子 —— 最有可能涉及槍擊案的孩子。這個計畫會把高風險學生和輔導老師配對，輔導老師待遇良好，根據胡伯曼的描述，他們「扮演這些青少年的精神導師、支持者和家長的角色」。為了推動這項計畫，胡伯曼問我們一個問題：我們怎麼樣在這七百所學校的四十餘萬名學生中，找出最有可能涉及槍擊犯罪案的學生？他認為如果有辦法回答這個問題，教育系統就能有效介入。如果缺乏資訊，就必然失敗。

於是，我們展開研究。我們的研究團隊回顧從 2007 年 9 月到 2009 年 10 月的五百宗槍擊案資料，希望看看我們能否成功解密，找出令孩子陷入高風險的相關因素。[4]那麼，我們有什麼發現呢？

找出高風險族群

第一個高風險因素或許非常明顯：男性。種族也扮演重要角色，西班牙裔和非洲裔美國人的風險幾乎不相上下，但都高於白種人。然後是行為問題（在校違規行為、過去的槍擊事件、測驗分數、畢業進度、停學處分、監禁紀錄等），其中最強烈的預測指標是曾經待過少年拘留所。這個群體的受害率是白人學生的十倍以上，也是一般非洲裔美國人或西班牙裔男性的六倍。

我們也發現，對美國非洲裔男學生而言，嚴重的違規行為、缺課曠課、進少年拘留所、超齡（留級）是特別不利的因素；對西班牙裔學生而言，停學和缺課曠課則是重要的預測指標。舉例來說，十七歲的高一生會比十五歲的高一生風險更高。除此之外，我們也發現，槍擊案通常都發生在上學前和放學後 —— 這是為什麼很多孩子在學校表現良好，但第一堂課和最後一堂課教的科目卻經常被當掉。其實他們是因為害怕眾多幫派份子會在這兩個時段聚集，而寧可缺課。

結果顯示我們的篩選方式相當正確，尤其考慮到槍擊事件通常只涉及少數學生時。我們發現，在芝加哥公立學校的41萬學生中，只有一萬人左右（或2.5%）是槍擊案的高風險群。大多數的高風險學生都就讀於治安不佳地區的三十二所學校，為西班牙裔或非裔美國人，通常生活貧困。其中的1200

名學生屬於超高風險群，需要盡快介入輔導。

危險任務

既然已經找出暴力犯罪風險最高的學生，下一步就是透過所謂的「青年支持者計畫」（YAP, Youth Advocate Programs），為每個學生配一位輔導老師。四十歲的非裔美國人克里斯・蘇頓（Chris Sutton）就是其中一位輔導老師。蘇頓已婚，有兩個小孩，開了一家洗車店，大學時主修行銷。蘇頓簡單扼要地形容他的危險任務是：「保住客戶的命。」

蘇頓帶的每個學生，YAP都付他每小時 $12 到 $30 的費用，蘇頓總共輔導五個學生／客戶，所以每小時可以賺 $60到 $150。這樣的待遇當然很不錯 —— 是的，為了發揮激勵效果，「付的錢必須夠多」 —— 但這份工作是 24 小時待命的危險工作，而且他說他主要不是為了錢。蘇頓真心想幫助高風險的孩子；他知道，假如任由這些孩子在街上晃蕩，他們必死無疑。所以他每天早上載他們上學，下午放學的時候再去接他們 —— 這兩個時段是學校發生暴力事件的高峰。他也載他們去打工，然後帶他們去吃晚餐，再送他們回家。其餘的時間他也隨時待命。

蘇頓最近輔導的高風險客戶是個衝動的黑人男孩，名叫達倫。達倫可說符合我們對槍擊案高風險群的所有條件。達倫的父母都有毒癮，曾經入獄。蘇頓的觀察是：「如果你周遭的人

一再做錯事，你必須比他們堅強十倍，才能做對的事。」達倫
的朋友都是中輟生，由於達倫經常惹麻煩，缺課太多，因此他
也比同學年紀大。他因為攜帶上了膛的槍枝到學校，而遭到留
校察看處分。他目前住在英格伍的寄養家庭，那是芝加哥非常
危險的地區，每天都發生駕車槍擊事件。「那裡簡直就像OK
牧場。」蘇頓說。〔譯註：「OK牧場」（OKCorral）一詞通常
用來影射美國西部史上最著名的一場槍戰，於1881年發生於
亞利桑那墓碑鎮，在警方與歹徒相遇時爆發。〕

　　達倫聰明勤奮，他透過YAP，找到一份兼差工作，為市
政府清掃排水溝和公園。不幸的是，他有賭博的癖好，常常把
工資輸掉，好不容易才讓他了解，這些衝動行為終究會嚐到苦
果。由於達倫高度不信任體制和大人，蘇頓為了贏取他的信
任，必須小心拿捏分寸，「你必須打進這類孩子的圈子裡。」
蘇頓說：「你必須和他們穿同樣的衣服，聽同樣的音樂，而且
聽得很深入。你蒐集那些真正的壞孩子的情報，然後警告學校
校長，並設法把這些孩子納入YAP。」

　　雖然這項計畫真能拯救性命，輔導這些孩子仍然是高風險
的工作。有一天，達倫和蘇頓輔導的其他YAP孩子剛好跨過錯
誤的界線。達倫和另外一個孩子起了爭執，然後有個敵對團體
的幫派份子加入爭吵，很快的，子彈就飛來飛去，達倫和另一
個孩子中彈。蘇頓只能橫躺在汽車座椅上，撥打911報警，然
後祈禱。

　　好消息是，達倫在槍擊事件中存活下來，還順利高中畢業。連他自己都大感驚訝的是，他在音樂科目拿到 B 的成績，他告訴蘇頓，如果不是 YAP 的協助，他不可能有這樣的成績。達倫畢業後仍繼續為市政府工作。「如果像達倫這樣的孩子能順利從高中畢業，那麼高中畢業後，只要他們能找到全職工作，他們就會繼續工作下去。」蘇頓說：「我們沒辦法代替他們考試，但我們能提供安全的交通工具、課業輔導和其他指引。最後，終於可以放手讓他們自己闖蕩。」

　　YAP 計畫當然所費不貲，平均每個學生需耗資 15,000 美元，但是和把他們關進監牢的成本比起來，就不算什麼了。此外，YAP 學生的輔導效果似乎能長期延續下去。到目前為止，就我們衡量的大部分成果來看，YAP 輔導的孩子和對照組的孩子沒什麼分別，輔導成功的 YAP 青少年沒有人在畢業後惹上嚴重麻煩；包括達倫在內，他們的行為大都有很大的進步。

　　儘管如此，YAP 計畫沒辦法拯救芝加哥所有的高風險孩子，而且經費始終短缺，對實驗性計畫而言，更是如此。許多孩子即使幸運加入 YAP，在面對巨大困難時，仍然直接選擇放棄，中輟學業。我們需要繼續了解應該用哪些方法來幫助這些孩子。

打擊沉默殺手：肥胖

　　不只是芝加哥，全美國的學生都面臨另外一個嚴重威脅：

肥胖。從1980年至今，美國的肥胖率成長三倍。根據美國疾病控制與預防中心的統計，美國兩歲到九歲的兒童中，有17%是肥胖兒童；而低收入家庭的學齡前幼兒，每七人就有一人過胖。這些孩子顯然花太多時間窩在沙發上，很少運動；而且他們不管在家裡或學校，都吃太多高脂肪的加工食品。

我們稱肥胖為「沉默殺手」，因為大多數人都不了解問題的嚴重性。1999年《美國醫學會期刊》（*Journal of the American Medical Association*）刊登的一項研究指出，每年有二十八萬到三十二萬五千名美國成年人因肥胖而死亡，也就是每隔幾分鐘，就有人因肥胖而死，或平均每小時會發生四十個肥胖致死案例。這麼高的死亡率其實已超越其他許多知名的致命因素，例如酒醉駕駛和乳癌。

大多數成年人都不太記得求學時期，學校餐廳中頭戴髮網、身穿白色工作服的「午餐阿姨」每天都舀些什麼食物到他們的餐盤裡：大概不外乎是兩片圓麵包間夾著一片壓得扁扁的、看起來像肉的棕色東西，熱狗捲（大部分是麵包，裡面藏著一小段熱狗），不怎麼新鮮的薯條，淋了沙拉醬的袋裝生菜，即食馬鈴薯泥澆上不知啥醬汁，上面還點綴著一些碎肉 —— 都是些你甚至不會拿來餵狗的東西。但是太多美國父母，加上政府，卻付錢讓孩子吃這些食物。

主廚也抓狂

　　2010年三月的某個晚上，幾百萬美國電視觀眾都觀賞了著名的英國廚師傑米・奧利佛（Jamie Oliver）在西維吉尼亞州亨廷頓鎮的學校餐廳抓狂的畫面，亨廷頓鎮被稱為美國最不健康的城市，因為那裡的成年人有半數是胖子。奧利佛的目標是改善鎮民送進口中的食物。奧利佛說，眼前所見，讓他很不滿意。披薩當早餐，然後中午又吃雞塊？

　　不出所料，午餐阿姨們很不高興。奧利佛為什麼跑來這裡挑她們毛病，而不去找她們上司麻煩呢？「這些食物都是根據營養分析後按月排定的。」一位午餐阿姨說，奧利佛從非常令人失望的冷凍櫃中抽出一箱冷凍雞塊，她指著上面的標籤說：「第一個成分是白肉雞。」

　　但是等奧利佛逐一審視其他成分時，幾乎很難再找到他讀得出來的食物名稱。上面列的成分我們大半都不認識，是為了提高這些似雞肉物質的冷凍硬度、內聚性、彈性、嚼勁而設計的化學品，例如安息香酸鈉、特丁基對苯二酚和二甲基聚矽氧烷等。奧利佛拿起雞塊。「你會吃這個嗎？」他問午餐阿姨。「會啊！」其中一個人回答：「很好吃啊！」

　　美國學校營養協會對奧利佛的指控深感不快，發布了一份新聞稿試圖平反，辯稱2009年有一份針對全美1,200個校區的調查，「發現幾乎每個校區都提供學生新鮮蔬果、低脂乳製

品、全穀類，以及沙拉吧或袋裝沙拉。大多數學校仍然自行在廚房裡烘焙食物，校區也提供學生更多蔬食和本地生產的食物。學校營養計畫把學生喜愛的食物重新調配得更健康，例如用全麥麵粉、低脂乳酪和低鈉調味料做的披薩。」[5]

　　顯然亨廷頓鎮的午餐阿姨、學校營養協會和奧利佛之間根本是在雞同鴨講。但事實上，美國聯邦政府每年正耗費十億美元（慢慢且辛苦地）逐步改善這個問題。2011年，美國農業部修改了學校營養指南，是十五年來頭一遭這樣做。但同年11月，美國國會決定限制農業部推動的某些有益健康的政策（例如促使深夜脫口秀節目開這類玩笑：披薩上的番茄醬和炸薯條仍然算蔬菜嗎？），農業部提升學校午餐健康標準的做法因此受挫。學校營養協會的發言人表示，雖然碰到這些困難，他們預期大多數學校仍會繼續遵循農業部的指南，提供學生更健康的午餐。

如何讓孩子愛吃蔬菜？

　　儘管農業部用意良善，仍然有個大問題：大多數孩子依然寧可吃炸薯條和披薩，而不愛吃波菜和蘋果。雖然許多學校試圖提供較健康的選項，例如用水果取代甜食，學生卻不選擇這類食物，即使他們選擇了較健康的食物，最後很可能還是沒把它吃掉。有些家長費盡心思，想讓孩子愛吃花椰菜和糙米，結果發現，雜貨店結帳時的長龍以及好意但無知的親友鄰居提供

的意見影響力更大。

　　除了孩子的味蕾早已被寵壞之外，當然，他們還面對另外一個問題：正如我們在第四章所說，年輕孩子根本不去看長遠未來。卜派吃波菜，但如果你告訴孩子：「把蔬菜吃掉，蔬菜對你有好處，會讓你長得又高又壯。」一定會遭白眼。小孩不會考慮到自己未來的健康（或未來的任何事情，唯一可能的例外是他們即將來臨的生日）。

　　我們在第一章談到如何用誘因鼓勵人們多運動時曾指出，連續一個月付錢請學生上健身房，會改變他們的運動習慣。能不能把同樣的誘因用在肥胖問題上呢？怎麼樣才能讓孩子選擇水果，而不選餅乾呢？為了找到答案，我們和芝加哥食品儲存中心（Chicago Food Depository）合作，以芝加哥地區的一千名學童為研究對象，我們和課後供餐計畫合作，研究如何誘使學童選擇健康的食物。我們在進行實驗時，先告訴一組學童，「今天我們有一些額外的甜食，你們喜歡吃餅乾，還是乾杏子？」可以想見，九成的孩子都選擇餅乾。

　　接下來，我們給孩子一些營養教育，讓他們了解多吃健康蔬果是多麼重要，同時給他們一些有趣的活動，例如要他們畫出自己的彩色食物金字塔。上完營養課之後，我們再提供孩子們相同的選擇 —— 餅乾還是水果？令人懊惱（雖然不出所料）的是，營養課絲毫沒有改變他們的偏好。孩子們仍然選擇餅乾。

　　我們進行另外一組實驗，告訴這組學童：「你們可以選擇吃水果，還是餅乾。但選擇水果的人可以領獎品！」（獎品包括水果顏色的小小橡皮鴨、橡皮圈、上面刻了「吃得好，長得壯」字樣的筆、或水果鑰匙鍊）。這一回，八成的孩子都吃水果，而原本沒有獎品激勵時，只有一成的學童選擇吃水果。我們看到結合教育方案和獎品時得到的結果，也感到很高興。一個星期以後，我們再度回到學校，發現有38%的學童依然選擇吃水果 —— 顯示有些孩子已經開始養成長期的好習慣。[6]

　　還有個稍稍不同的做法，效果更好。不妨回頭看看雜貨店是怎麼回事。胡伯曼觀察到「包裝和布置是每個雜貨店都會做的事情，何不把同樣的方法用在學校餐廳呢？」（沒錯：如果你把健康的食物放在燈光明亮、吸引人又容易拿到的位置，把比較不健康的食物放在走道上，那麼就會有更多人走到健康食物區。）[7]

　　我們開始刪除不好的選擇，用健康的食物取而代之，但是 —— 這點很重要 —— 我們沒有就此罷手。其中一個創新做法是在午餐檯的前端擺上袋裝蘋果片，而不是薯片。這是胡伯曼玩的小花招，因為袋裝蘋果片比較不像帶皮的整顆大蘋果（因此容易塞住牙縫）那麼令人卻步。薯片和餅乾擺在孩子沒辦法直接拿到的位置，必須請午餐阿姨幫忙拿。誰想請板著臉的午餐阿姨做任何事呢？於是，我們有效改變了消費成本。正如胡伯曼所說：「讓他們比較難拿到餅乾，比較容易拿到削好

的蘋果片。」

說到底，一切都是調適問題 —— 結合營養教育和健康的食物選擇，同時確定健康的食物比不健康的食物看起來更吸引人，就能帶來改變。

如何提高器官捐贈率？

2012年感恩節之前不久，李斯特的岳父、七十三歲的蓋瑞・艾納森（Gary Einerson）躺在威斯康辛大學醫院加護病房的病床上，死神正耐心等他嚥下最後一口氣。艾納森六呎二吋高，200磅重，曾經是大學籃球隊員，也曾經是認真嚴肅、執行力強的德佛瑞斯高中校長。在等待肝臟移植期間，艾納森瘦到只剩下138磅。醫生說，假如他們沒辦法在幾天內等到一顆適合的肝臟，艾納森就無法活命。不過他很幸運：肝臟及時送到（可能來自於在麥迪遜附近因車禍而喪命的十九歲男孩），移植手術很成功，艾納森在感恩節回到家裡。他是麥迪遜大學醫院院史上年紀最大的器官移植者，今天他仍持續增重，健康情況良好。

根據美國政府網站organdonor.gov的統計，每天都有十八個美國人在等待器官時過世；每一位器官捐贈者最多可以挽救八個人的性命。你一定也聽過下面這則揪心的器官捐贈廣告：

　　我的表姊詹妮絲是兩個小孩的媽媽，她發現自己需要

一顆新的腎臟。她每個星期都得去洗腎兩次。當然，
她立刻登錄在器官等候名單中。如果她無法獲得新的
腎臟，就會喪命。她在一年中接過兩次電話，告訴她
有人捐贈腎臟。但結果這兩個腎臟都不適合她，於是
她只好等了又等，病況愈來愈嚴重。有一天，她又接
到一通電話。這次終於配對成功，是一名在車禍中喪
生的婦女捐的腎臟。由於這位婦女慷慨捐贈器官，詹
妮絲終於得以活命。

　　基於對器官的需求殷切，美國和世界各地的政策制定者
都設法簡化流程，以便更快找到願意捐贈器官的人。[8]當你
到政府機構辦事時，例如更新駕照之類，你可以「選擇加入」
（opt-in，表示明確同意成為器官捐贈者），也可以「選擇退出」
（opt-out，表示除非你明確表示拒絕，否則就預設為同意捐贈
器官）。有證據強力顯示，後者能提高器官捐贈的同意率。舉
例來說，採取「選擇退出」政策的國家（如奧地利），同意捐
贈器官的比率較高（高達99%），而採取「選擇加入」政策的
國家（例如德國），同意器官捐贈的比率大約只有12%。[9]
　　這種默認制度正是我們的同事、芝加哥大學行為經濟學
家塞勒所謂「推力」的完美案例。簡單而言，推力是利用小小
的轉變，讓人們在不知不覺中改變行為的方法。塞勒和哈佛
大學法學教授凱斯・桑思坦（Cass Sunstein）合著的《推力》

（*Nudge*）這本書中，說明各種能微妙地驅使人們做出聰明選擇的政策改變。例如讓孩子更容易選擇水果或沙拉，而不是餅乾或薯片。

雖然選擇退出的制度在許多情況下都頗有成效（而且聽起來是幫助需要器官移植的人獲得救命器官的好方法），但有的人會覺得用這種方式讓人們報名捐贈器官，其實有點像詐騙。反對者可能認為，如果他們心地很好，願意在發生致命的意外後，捐出寶貴的腎臟，或許比較禮貌的做法是至少在事前徵詢意願，請他們明確承諾捐贈，而不是採取默認的方式。

小動作帶來大成效

2007年，我們和耶魯大學的狄恩・卡蘭教授（Dean Karlan）合作，研究即使採取明確徵詢的方式，是否仍然能提高器官捐贈率。[10]由於角膜十分短缺，我們決定研究如何增加角膜捐贈的問題。我們和非營利組織「奉獻生命」（Donate Life）合作，這個組織以促進器官捐贈為使命，我們的實驗讓兩種不同的做法 —— 增加推力與減少麻煩 —— 相抗衡。

伊利諾州最近推出新的器官捐贈者登錄系統。由於政府修改法令，過去曾經登記同意捐贈器官的人都需要重新註冊。所以，我們做了一個測試，我們的研究助理和芝加哥不同社區的四百多戶家庭聯繫，告訴他們，由於政府採取新的駕駛人登記系統，他們的名字可能沒有登錄在名冊上，然後就直接冒出重

要問題：「你希不希望收到報名器官捐贈的相關資訊？」如果
他們選擇加入，願意收到相關資訊，就在表格上填寫姓名、地
址、性別、出生年月日等等。在我們徵詢的對象中，有24%登
記，成為我們的基準組。

但假如我們改變預設的選項，假使他們不想接到任何這
類訊息，就必須主動選擇退出呢？因此，在另外一個實驗組，
不想接到相關訊息的人，就必須在相同的表格上填寫姓名、地
址等等，主動選擇退出器官捐贈。這一回，在我們徵詢的對象
中，有31%的人登記。由此看來，似乎單單改變預設選項，就
足以形成有效的誘因，讓更多人參與器官捐贈。

在另外一個實驗中，我們修改報名表，讓它變得更簡單。
事實上，所有的人只需簽名，就能收到奉獻生命組織寄來的資
訊。這一回，有32%的人簽名索取資料。這個結果顯示，比起
直接詢問民眾是否選擇加入，我們仍然可以透過這個方法，找
到更多器官捐贈者。

實驗結果告訴我們，減少麻煩和節省需耗費的時間，達到
的效果比推力稍微好一點。換句話說，要促使人們報名器官捐
贈，我們不一定需要採用默認的方式，來達到相同的成功率。
即使採用明確徵詢的方式，仍然可以達到更高的報名率。

這些結果隱含的重要涵義超越了器官捐贈本身。比方說，
美國人往往積蓄太少，不足以應付退休生活所需。為了提高民
眾的儲蓄率，許多人認為默認的方法會是有效的絕招。我們的

實驗結果顯示，只要減少麻煩，簡明扼要地說明儲蓄規則，或許就能達到類似效果。同樣的，協助民眾選擇適當的健保計畫，減少選擇時的種種麻煩事，或許就能發揮極大功效，促使他們加入健保。（當然，我們需要做更多現場實驗，才知道這類誘因是否真的有效。）

大家都要面對的全球暖化威脅

全球暖化是人類面臨的最嚴重威脅之一。颶風桑迪肆虐，摧毀了美國紐約州、新澤西州、賓州和其他地區的大片土地，但比起人類即將面對的無數氣候相關災難，桑迪造成的災情可說是小巫見大巫。根據美國2013年一月發布的國家氣候評估報告，「某些型態的氣候事件，包括熱浪、豪雨，以及某些地區的水災和旱災，發生的次數已經愈來愈頻繁，強度也不斷增強。海平面上升，海洋酸化，冰河和北極海冰層正在融化。」[11] 專家或多或少都同意，未來夏天會變得更熱、更乾，暴風雨的雨勢更強、破壞力更大，不但會切斷電力與交通，也會摧毀糧食和水的供應。

要對抗這樣的未來情境，世界各地的發明家都努力開發新科技，希望有助於紓解全球暖化的問題。但有時候很難讓大家採用這些科技。那麼，現場實驗能提供什麼幫助呢？

為了解答這個問題，我們做了一個關於燈泡的現場實驗。目前美國住宅安裝的燈泡中只有11%是省電燈泡。當然，要

保護環境，很重要的是每個人在生活中都有一點小改變。事實上，假如美國每戶人家都用省電燈泡汰換掉一個白熾燈泡，每年就可以防止90億磅溫室氣體被排放到大氣中，相當於80萬輛汽車的溫室氣體排放量，也省下六億美元的能源成本。[12]

因此，布希總統在2007年簽署了能源獨立與安全法，規定必須淘汰耗能的舊式白熾燈泡。不幸的是，取而代之的省電燈泡也不怎麼樣。省電燈泡的燈光閃爍，而且感覺冰冷制式，品質不穩定，在低溫下的效果不佳。省電燈泡還含汞，因此丟棄時很難處理，打破時也很麻煩。很多人因為不喜歡新燈泡，就囤積了一大堆舊燈泡。

從2007年至今，省電燈泡的品質已經改進許多，但民眾仍然有不少怨言，有些國會議員很想判它出局。該怎麼做，才能讓人們克服偏見，改用省電燈泡呢？結果，說服的過程比想像中複雜許多，因為牽涉到同儕壓力和訂價策略。

要改變人們的行為，其中一個很有效的工具是應用「社會規範」，也就是輸人不輸陣、向別人看齊的心理。我們到處都看得到這類暗示。當其他家長都準時到托兒所接小孩時，等於在暗示這是社會規範。當你看到電視廣告提到「十個顧客中有七個人都同意」某一種早餐食品、牙膏、汽車或商品很好時，也是一種社會規範的暗示。當你走進旅館的衛浴間，看到上面有張告示，寫著：「這個房間的房客有73%重複使用浴巾。」又是另外一種暗示。[13]

經濟誘因結合社會壓力

當然，另外一個說服人們破舊立新的好方法仍然是有錢能使鬼推磨。為了研究應該如何結合金錢和社會壓力，才能促使人們汰換燈泡，我們和大衛・賀伯瑞區（David Herberich）及普萊斯合作，進行大規模的現場實驗，學生推銷員（我們的祕密情報員）登門拜訪芝加哥郊區將近九千戶人家。[14]

有人來應門時，學生會向他們推銷省電燈泡。燈泡的成本在 $3.73 到 $7.15 之間，但我們訂定的基準價格為一盒 5 美元。我們也嘗試以每盒 1 美元的價格賣給他們 —— 和舊式燈泡的價格差不多。除此之外，學生也對有些人家施加社會壓力，比方說，告訴他們：「你知道嗎，美國有七成的家庭，家裡至少有一個省電燈泡。」或如果我們想進一步強化社會壓力，他們會說：「你知道嗎，根據我們的調查，這個地區有七成的家庭家裡至少有一個省電燈泡。」

我們發現，有兩個方法可以誘使民眾購買省電燈泡。第一個方法是降價。大多數人都認為政府應該補助省電燈泡，讓省電燈泡的價格降到和傳統燈泡差不多。只可惜，當政府預算日益緊縮時，不可能有這樣的好事。不出所料，實驗結果顯示這個方法可能奏效。第二個方法是告訴民眾，他們的鄰居都用省電燈泡。提醒民眾向鄰居看齊的效果，幾乎相當於把 5 美元的省電燈泡以三折賣出。重要的是，我們發現，當學生回去以低

價推銷省電燈泡時，人們仍然會繼續買省電燈泡。

　　所以，我們學到的重要教訓是：想要改變人們的行為，最好的方法是連續出擊，社會規範和訂價策略並用，兩種方法恰好互補。先施加社會壓力：一般人都有輸人不輸陣的心理，所以讓他們曉得街坊鄰居都怎麼做，如此一來，就能把他們趕到市場上，買下生平第一個省電燈泡。然後，一旦他們已經有了省電燈泡，同儕壓力就不見得那麼有用了。這時候，你需要以更低的價格提供產品，他們才會購買更多省電燈泡。

　　如此一來，社會壓力加上價格就可以有效說服民眾購買綠色商品。而且，當出現對環境有益的綠色科技時，政府（或企業）應該先運用社會壓力，設法打入市場。等到社會壓力發揮效果後，再施加更多壓力也無濟於事，這時候，就該改採用價格策略了。

　　研究貧窮、遊民、藥物濫用和犯罪問題的經濟學家，不是經常有機會在分析歷史資料之外，還能參與建構模型，做為公共政策的參考。所以，當我們有機會和像胡伯曼這樣的人合作，被徵詢如何設計適當的誘因，來解決許多重大的社會問題時，我們感到非常興奮。我們絕對想看更多這類的實驗。

　　政府官員通常都把焦點放在能帶來廣泛而巨大影響的計畫。不過，實際上，有些計畫或許能為某些人帶來很大的效

益，對其他人而言卻無關緊要。假如我們解決社會問題時，用的是解剖刀，而不是槌子呢？我們的實驗數據顯示，沒有任何復健計畫能幫助所有的人。與其採取一體通用的計畫，或許像YAP這種量身訂製的計畫，對芝加哥幫派份子這類高風險青少年會更有幫助。

比方說，如果縮小冷靜計畫的規模，更針對性的應用這個方案呢？比方說，有的學生可能會對像威斯特演唱會這類的社會誘因，反應最強烈；其他學生也許需要金錢誘因。所以，我們不只要找出高風險學生，還要進行一系列檢測，以診斷出行為問題的基本原因，並且根據診斷來開出介入的藥方。也就是說，應該讓政策順應個人需求。比方說，怎麼做才能減少愛滋病散播、青少年懷孕、汙染和高中輟學率呢？

當然，進行大規模的現場實驗要耗費很多時間、心力，也需要極大的勇氣。在大家都勒緊褲帶的年代，很難想像在推行社會政策之前，還要花錢進行現場實驗。但這是錯誤的思考方式：唯有透過研究，我們才知道什麼方法有效，因此長期而言，將省下很多成本。何況許多實驗可以不費分文完成。胡伯曼深知，善用研究，可能為每個人（從小孩和窮人到地球環境）創造出更好的成果。

第 9 章

人為何會慷慨解囊？

做善事是因為菩薩心？還是虛榮心？

當你看到街上的遊民、或信封上小孩破碎的臉孔、或在聖誕季節按門鈴募款的救世軍志工，都可能深受感動而打開荷包。你也可能和大多數美國人一樣，每年都為世界各地的公益活動，熱心奉獻時間和金錢。

事實上，美國人在這方面頗為慷慨。九成的美國人每年至少都會為一個慈善目的，奉獻時間或金錢。美國個人慈善捐款的總額每年超過三千億美元，幾乎與希臘全國的GDP不相上下。如果再加上企業和基金會的慈善捐款，數字更大幅躍升。[1]

這些捐款加起來是一筆龐大的金額。過去四十年來，美國慈善基金會在各地如雨後春筍般冒出來。雖然這股趨勢有助於紓解政府壓力，減輕政府濟弱扶貧的負擔，但仍然有個大問題沒有得到解答，我們究竟為什麼捐錢？

簡單的捐款，複雜的動機

大多數人會說，他們之所以捐錢，是為了幫助別人。但人們慷慨解囊，真的純粹只是為了利他嗎？我們的研究顯示，其實不然。我們針對不同的慈善目的，進行現場實驗（過程中曾和數百萬人溝通），結果強而有力的證據顯示，捐錢背後隱藏的心理動機其實比大多數人願意承認的自私多了。

其中一個自私的捐款動機是可以節稅。從教堂義賣到拯救鯨魚，政府十分高效能地補助我們的各種公益捐獻。當然，即使沒有節稅的誘因，許多人仍然會把辛辛苦苦賺來的錢，拿去

做善事，而且我們通常不會向街上的遊民催討捐款收據。

那麼，除了純然的慷慨或為了節稅，還有什麼原因會促使人們慷慨解囊？

從募款的角度來看，這是重要問題。為慈善機構募款的人當然需要了解人們捐錢的背後動機：捐款者為何持續認同他們的目標，或為何不再寄支票來？尤其在美國各級政府紛紛大幅削減服務項目時，非營利組織更需要了解怎樣才能增加捐款。此外，美國政府或許也有興趣知道，每年報稅季節中，為納稅人減免的幾十億稅金，是否在經濟上充分發揮效益？如果政府削減慈善捐獻的減稅優惠，民眾會不會停止捐款？

非營利組織和其他所有形態的組織一樣，都依循業界獨特的傳統智慧來行事。我們在旅行中學到的是，各行各業的人在決策時都會沿用過去決策者通行的做法，或憑「直覺」行事，而不是仰賴可驗證的數據。比方說，慈善界募款多半遵循傳統方式，透過不斷嘗試，從錯誤中學習。籌備募款活動時，多半參考過去經驗，聽信個人說法多於仰賴科學實證。

但無論你經營的是慈善機構、公司、汽車修理店或新創公司，仰賴傳統智慧都很愚蠢，尤其當所有的利害關係人（你的員工、服務的顧客、支持你們的投資人等）把希望寄託在你的明智管理時。我們在本章和下一章中，將細部剖析公益部門，檢驗這一行的某些標準作業模式。[2]

但我們的發現不只適用於慈善機構，對其他組織也有廣泛

的意義。

———————

　　我們對慈善事業的研究要回溯到1997年，當時李斯特還是初出茅廬的中央佛羅里達大學（UCF）助理教授，大半時間都在檢驗經濟理論，並在他唯一熟知的市場（運動卡蒐集市場），進行現場實驗，在學術圈慢慢往上爬。[3]

　　有一天，UCF商學院院長唐姆‧基恩（Tom Keon）來找他，基恩希望將UCF打造成首屈一指的研究機構。而基恩認為，要達到這個目標，唯一的辦法是商學院每個系所都必須專精於某個獨特領域。等各系所選定專精領域後，他就會將大量資源集中投入於這個領域。[4]

　　由於李斯特的學術背景是環境經濟學與實驗經濟學，因此他認為其中一個專長領域應該雀屏中選，贏得「競賽」。經過幾個月的爭辯和遊說後，全體教授幾乎毫無異議地選擇環境經濟學，並輔以實驗經濟學。這天對李斯特和同事而言，是個大日子，他們一起喝啤酒、吃披薩慶祝。

　　表決之後，基恩很快頒發獎品給優勝者。「約翰，恭喜，你的領域獲勝了。為了順利推動這項策略，我決定成立環境政策分析中心，並且交由你來負責。」

　　李斯特聽了一陣膽戰心驚。[5]

　　「當然，你需要到外面為中心募款。」院長解釋：「商學

院會撥五千美元給你，當做種子基金。你得好好想想，要怎麼利用這筆錢，募到更多捐款。」

李斯特從來不曾研究過公共部門，除了偶爾回應一下家裡定期收到的揪心募款信外，他對於募款一無所知，所以他決定研究一下，剛成立的非營利組織，應該如何有效運用種子基金。他閱讀了所有找得到的相關資料，發現目前沒有任何量化研究說明展開募款活動前，需要先籌到多少錢。的確，他發現這方面幾乎沒有什麼較嚴謹的研究。所以，他必須自己做研究。究竟募款界的種種假設都是以什麼為基礎呢？他決定去和一些大型慈善機構的募款專家談一談。

33% 的神奇數字

李斯特找一天下午，去請教一位衣冠楚楚、穿著粗呢外套的銀髮紳士，他任職於一家大型保護動物基金會。他們的談話內容大致如下：

李斯特：院長撥了五千美元給我作為種子基金，請問我們還需要多少錢，才能展開募款活動？

他：啊，這方面倒是有個竅門。

李斯特：真的呀？

他：是啊（身體前傾）。種子基金應該達到募款目標的百分之三十三。所以，如果想募到一萬五千元，就需要先

有五千元。百分之三十三就是那個神奇妙方。

李斯特：哇！太棒了，謝謝！但是，你怎麼知道是百分之
　　　三十三呢？為什麼不是百分之五十，或百分之十？

他：因為我在這行做了很久、很久，大家都是這樣做，就
　　是剛好百分之三十三。如果你開始募款時，種子基金超
　　過或少於這個比例，你們就沒辦法募到那麼多錢。

李斯特：但你怎麼知道就是這樣呢？有證據嗎？我一直沒
　　　辦法找到這方面的研究……

他（有些惱怒）：我當然知道，因為我是從以前的老闆那
　　　兒學來的，他從事募款工作已經有很長的時間了。我們
　　　都是這樣做的，相信我。

李斯特（同樣有點惱怒）：但他又是怎麼知道的呢？

　　你可以猜到繼續談下去會怎麼樣了。這位好心人對於如何
募到更多捐款，其實沒有什麼自己的想法。他比較擅於籌劃募
款活動，而不是在募款方式上有所創新。然而李斯特雖然幾個
星期前才意外加入募款人員行列，對於種子基金的了解似乎已
經非常深入，超越業界某些最傑出的募款專家。

　　李斯特心想，慈善事業實在有點「脫節」。但這位衣冠楚
楚的紳士明明是聰明人；那麼是哪裡出錯了呢？李斯特推斷，
大概是因為他們沒有運用經濟學的現場實驗，以科學方式研究
人們的捐錢動機。充滿活力的慈善部門喜歡沿用聽聞而來的做

法，而非科學研究。雖然令人失望，但對年輕的學者而言，也代表獨一無二的好機會。現場實驗可以對這個領域產生重要影響，提供龐大助力。李斯特認為，現場實驗最後必然掀起一場科學革命，翻新慈善部門的募款方式。

———

在探討有效運用種子基金的方式前，純粹為了好玩，不妨先來個小小的思考實驗。以下是募款界一些司空見慣的想法，也是大家在日常生活中很容易想到的典型假設。（有些想法已經證明有效，有些則不怎麼高明。接下來兩章，你會了解哪些招數最有效，以及為何有效。）

A組：
- 1:1 相對捐款（「假如你現在打電話進來，你捐出的每一塊錢，匿名捐款人都會相對捐出一塊錢——讓你的捐款發揮雙倍功效！」）
- 2:1 相對捐款（「讓你的捐款變成三倍！」）
- 3:1 相對捐款（「讓你的捐款變成四倍！」）

B組：
- 抽獎（「捐錢就可以參加抽獎。」）
- 退款（「萬一我們沒有募到兩萬美元，就會退回你原本

的捐款！」)

- 唐提式機制（Tontines，「捐得愈多，就可能得到愈大的獎！」)

C組：
- 挨家挨戶募款
- DM宣傳活動：信封上印著受苦的動物或兒童，還有一行字寫著：「您的捐款可以立刻拯救生命！」
- 「已有$5,000種子基金，請協助我們募到$25,000。」

我們愈深入探究就愈明白，每個人對於哪些做法有效，哪些做法無效，都各有主見，卻少有科學證據足以解釋人們慈善捐款的動機，或他們為何對上述行銷手法有反應。想想看：行銷人員是否經常使用類似手法，哄騙潛在顧客掏出錢來？慈善經濟學看來十分值得探究，因為可以把研究心得廣泛運用到各行各業。

跟隨領頭羊

研究中心首先需要購置新電腦，說得更精確一點，我們總共需要六部電腦，而五千美元根本不夠用。所以有一天晚上，我們和好友兼同行詹姆斯・安德瑞歐尼（James Andreoni）及大衛・拉金萊利（David Lucking-Reiley）商量，一起擬訂計

畫，發展出研究慈善募款的第一個實驗。⁶

我們把研究中心募款活動分成幾個籌募電腦採購資金的小型活動，每個活動都是一個獨立的實驗組。我們對三千位佛羅里達中部居民寄出不同版本的募款信，說明中佛羅里達大學新成立的環境政策分析中心將探討攸關本地、本州及全球環境的議題，例如空氣汙染、水汙染、瀕危物種保護和促進生物多樣化等，並問他們願不願意捐一點錢，協助中心採購電腦，供研究人員使用？

詢問民眾是否願意捐錢協助中心採購價值3,000美元的電腦時，我們對不同的實驗組透露了不同的種子基金金額。例如，我們在其中一封信中表示，目前的經費已足以負擔十分之一的採購成本，希望接下來能籌到其餘的$2,700。我們在另一封信中提到，我們已經為每部電腦籌到33%的經費，所以請求民眾捐助其餘的$2,000。還有一封信宣稱我們已經籌到67%的經費，希望靠大家的捐款湊足剩下的$1,000。我們還在一些募款信中表示，假如沒有募到足夠的電腦採購資金，他們捐的錢將被用在研究中心的營運上。這些不同版本的募款信寄出時，都照慣例附上「感謝函」、捐款表格和回郵信封。我們把信寄出，然後靜候回音。

陸續接到回音後，我們發現業界普遍採取的原則是對的，但只是部分正確。種子基金的確能有效吸引其他人捐款。但專家告訴我們的33%數字卻完全不對。當我們表示，我們已經籌

到33%的種子基金時，捐款的確增加了；但如果告訴他們，我們已經籌到67%的金額，收到的捐款更多。當種子基金所占比例較低時（例如只有10%），募到的捐款會大幅下滑。

看起來，慈善界這些大好人在談到種子基金時，由於太強調33%這個數字，反而白白錯過許多唾手可得的捐款。不過，他們的直覺或許未必完全錯誤。

種子基金多寡會對可能的捐款人傳達出不同的訊息。一方面，你會認為，慈善機構距離募款目標愈近，捐款人就愈覺得自己不捐錢也無妨 —— 既然別人捐的錢已經差不多夠了，他只要免費搭便車就好了。

但另一方面，捐款者都是大忙人，沒有時間詳細調查每個慈善活動，所以他們可能會注意其他捐款人發出的訊息。假如你已經從某位匿名捐款人那兒募集了大筆種子基金，表示某個「內部人士」已經做了功課，而且捐出一大筆錢。

很多人喜歡這種跟隨領頭羊的方式。的確，我們的研究發現，「跟隨領頭羊」的元素對捐款人而言很重要 —— 重要到超越「搭便車」效應。但是我們究竟能把這個論點延伸到什麼地步，就有待實證檢驗了。比方說，假如我們宣布已經募到99.9%的經費，捐款人很可能就不會捐太多錢了。但這純粹是我們出於直覺的懷疑。

不過，要實際發揮「跟隨領頭羊」的效應並不容易。我們在有些信函中表示，如果沒辦法募足全部款項，我們會把支票

寄回去給捐款人。你大概以為這樣一來，應該會激勵更多人捐款，因為此時沒有「搭便車」的問題，卻有「跟隨領頭羊」的誘因。但當我們分析數據時，卻發現退款的可能性對捐款數字毫無影響。

為了確認研究成果的準確性，我們向加拿大塞拉俱樂部（Sierra Club）說明我們的想法。塞拉俱樂部歷史悠久，每年都會舉辦三、四次大規模募款活動，大量寄出募款信函。塞拉俱樂部的卑詩省分會願意和我們合作，所以我們和經濟學家丹尼爾・朗杜（Daniel Rondeau）一起進行另外一個實驗，邀請三千戶家庭協助塞拉俱樂部改善本地中小學教育。[7]我們告訴半數的收信人（對照組），募款目標是$5,000，但告訴另外一半收信人，我們已經募到$5,000的一半，也就是$2,500。那麼這一回，先播種的方法能收效嗎？

確實如此。我們從對照組募到$1,375的捐款，從種子基金組募到$1,620，足足多了18%。一如原本的預測，種子基金再度奏效。

總而言之，許多非營利機構似乎因為擔心「搭便車」效應，很害怕宣布高額種子基金，但他們不了解，很多捐款人其實只想跟風。事實上，「跟隨領頭羊」的效應強烈到足以蓋過「搭便車」效應。[8]

巧克力棒方程式

雖然有些極端右翼份子認為美國公共廣播電台（NPR,
National Public Radio）是自由派人士推動社會主義陰謀的重要
陣地，但NPR其實是很不錯的組織，而且在許多人心目中有
重要份量。NPR很喜歡在募款活動中指出，NPR不但提供卓越
的國內外新聞報導，而且也有很多有趣的節目，例如A Prairie
Home Companion和Wait Wait…Don't Tell Me!等。

不過，如果你是通勤族，喜歡在上下班途中聆聽本地公共
電台主持人撫慰人心的聲音，你或許就會感覺到，每逢NPR募
款週，開車上路後，時間特別難熬。募款週的每一天，原本親
切的電台主持人一個個都搖身一變為急切的募款人，運用各種
不同的手法，希望刺激聽眾捐款。他們最喜歡採用的手法之一
是表示：「假如你現在捐出100元，另外一位慷慨的捐款人也
會相對捐出100元，讓你的捐款加倍！」

從經濟面來看，這樣的廣告詞聽起來很有道理。你捐錢給
慈善機構時，通常每捐出一塊錢就代表你為這個公益目的貢獻
了一塊錢。但是如果他們告訴你，當你捐出100元時，慈善機
構實際上會拿到200元的捐款，你可能會覺得好像獲得買一送
一的優惠，而募款者正希望你這麼想。

不妨這麼說好了：如果你可以花一塊錢買一條士力架巧克
力棒，也可以花一塊錢買兩條巧克力棒，那麼你絕對會選擇第

二個方案，這是經濟學入門的基本道理。假如雜貨店採用這樣
的手法能夠奏效，那麼應該也可以把它用在募款活動上，對不
對？募款界對這個直覺想法深信不移，募款聖經警告募款者：
「絕對不要低估了捐款挑戰的威力」，以及「顯然1:1的相對捐
款 —— 你每捐一塊錢，就有人相對捐一塊錢 —— 比1:2的相
對捐款更吸引人……而更優惠的捐款挑戰（2:1）則會進一步
提高捐款誘因。」[9]

但相對捐款的吸引力真的和我們在雜貨店或大賣場看到的
買一送一優惠一樣嗎？或這麼說好了，相對捐款真的和消費市
場上的打折促銷有同樣效果嗎？畢竟許多捐款人多年來都依循
這樣的想法行事。舉例來說，有位匿名捐款人最近捐了七千五
百萬美元給德瑞克大學（Drake University）。他規定學校利用
這筆錢來提供3:1和2:1的相對補助，吸引其他人捐更多錢給學
校。換句話說，捐款人希望德瑞克大學採用巧克力棒的促銷手
法，充分發揮這筆龐大捐款的效益，創造出數倍的捐款。

不過，這種相對捐款的手法真能奏效嗎？為了尋找答案，
我們決定和耶魯大學的卡蘭教授合作。卡蘭是中間偏左的經
濟學家，對於研究民眾捐款動機也深感興趣。[10]他在布希贏得
2004年美國總統大選後，寫信給他非常推崇的自由派非營利組
織，表示希望針對他們的五萬名支持者做個實驗。[11]

非營利組織很高興我們能協助他們的募款活動，所以欣然
接受我們的提議。我們和組織成員一起設計了實驗性的募款宣

傳活動。對照組的信函只提出捐款邀約，完全沒有提到相對捐款的事情。其他信函的內容則是下列這封信的不同版本：

享受相對補助
現在正是慷慨解囊的好時機！

您是否因為憲法權利持續遭到侵蝕而深感困擾，熱心人士提供了一筆相對補助金……鼓勵您挺身而出，有所貢獻。為了避免輸掉這場捍衛公民權利的戰役，這位熱心人士宣布，您捐出的每一塊錢，他都會相對補助〔$1, $2, $3〕。所以，您每捐出一塊錢，我們實際上會收到〔$2, $3, $4〕的捐款。千萬不要浪費了這筆相對捐款 —— 懇請您今天就慷慨捐獻！[12]

我們把支持者隨機分為四組：前面三組各有不同幅度的相對捐款，第四組則為對照組。第一組會收到1:1相對捐款邀請函，告訴他們：他們每捐一塊錢，組織都會收到兩塊錢。收到2:1相對捐款邀請函的支持者得到的訊息是：他們每捐一塊錢，組織都會收到三塊錢。以此類推。[13]

我們發了信，然後靜候回音。相對捐款的方法果然奏效：我們檢視所有回覆信函的捐款數字，發現如果勸募信中包含相對補助方案，則支持者捐款的可能性比對照組高出20%左右。換句話說，只要提供相對捐款，就能提高20%的回覆率。所

以，看起來承諾相對捐款的方法確實奏效，而且效果很好。

但是接下來的發現卻令人意外：相對捐款的幅度一點都不重要。3:1的相對捐款完全不會比1:1更有效；而2:1的相對捐款幅度的效果和3:1及1:1的效果也幾乎沒有差別。由於以往業界傳聞都指出相對捐款的幅度愈高愈好，所以我們透過數以千計的觀察得到的證據令人震驚。

還有其他發現。提供相對捐款的募款方式在傾保守派的「紅色」州比較有效，效果勝過左傾的「藍色」州（還記得嗎？這個非營利組織自由派色彩較濃）。為什麼呢？

簡單來說，就是物以類聚。假設你是自由派人士，住在所謂的麻薩諸塞人民共和國或佛蒙特人民共和國，你們的國會議員立場和你一致。如果你接到某個進步組織寄來的信，要求你捐點錢。不論這個組織信譽如何，你都願意捐款。「我周遭所有的人都寄錢去，所以我也會捐錢。」在你看來，左翼組織對藍色州的左翼民眾募款，其實不太需要品質上的背書。[14]

但碰到非我族類，就需要發出更大的聲音了。相對補助方案會對紅色州的自由派人士發出重要訊息。如果你是密西西比州、亞利桑納州或田納西州的居民，但立場左傾 —— 或你是住在加州、奧瑞岡州或佛蒙特州的自由派人士 —— 你會覺得自己屬於少數族群。你對國家機器感到憤怒，但又不確定這個慈善機構的素質好不好。你瞧，有個人走過來說：「和我們一起奮鬥吧！你在某某州的朋友都在為這個共同目標努力奮鬥，

捐了很多錢。」由於你很多時候對統治階級（或鄰居）深感不滿，當你知道捐款會被用來支持某個好目標時，你的反應會更積極。就好像在《悲慘世界》（*Les Misérables*）裡選擇與理想主義的學生和餓肚子的窮人站在同一邊，或（如果你抱持不同信念）認同《阿特拉斯聳聳肩》（*Atlas Shrugged*）中的約翰・高爾特（John Galt）——無論如何，你都會為自己做的事情感到自豪和光榮。

社會心理學中有個理論就支持這樣的推論：少數族群的社會認同感比較強烈。相對捐款扮演的角色有如觸發人們「同儕認同」的催化劑。因此巨額捐贈發出的「訊號」可以有效吸引政治上少數族群的參與。

假如人們之所以捐錢贊助慈善機構，是因為覺得應該這樣做，或因為他們認同慈善機構的宗旨，那麼他們居住的州整體政治傾向究竟如何，和他們的捐款行為又有何干呢？我們的研究開始透露出一些端倪：慈善捐款和自我認同之間的關聯性可能超乎一般人的想像。這種慈善性的自我中心有個特別的名稱：「溫暖光輝」理論（warm glow theory），是我們的朋友安德瑞歐尼的著名理論。

溫暖光輝來自於我們捐錢後的良好感覺，不管目的是為了幫助本地小學，支持食物銀行，拯救雨林，或保護幼小海豹，都能提高我們的自尊心。當然，利他的心態會促使我們慷慨捐獻，但溫暖光輝（也就是「非純粹利他」）也是重要動機。紐

約市長及億萬富翁彭博（Michael Bloomberg）說得好：「我們在地球上誕生，是為了彼此分享和互相幫助。我（或你或其他任何慷慨捐贈者）所做的任何事情帶來的快樂，都比不上晚上關燈就寢前，對著鏡中的自己說：『嘿，你知道嗎，我正在為社會帶來一些改變。』」[15]

最後，相對捐款完全不能和花錢買一條巧克力棒，卻得到兩條、甚至三條巧克力棒相比擬。我們從實驗中得到的結論是，捐款人的行為模式和等在櫃檯付帳的顧客完全不同。捐款人想知道他們的捐獻是行善的良好範例，他們不想遭到愚弄。每天都有人捐款，是因為他們喜歡享受溫暖光輝帶來的感覺。

那麼，我們的發現對於公共廣播電台主持人、保護動物組織那位衣冠楚楚的紳士，以及一般非營利機構和行銷人員及企業，究竟有何意義呢？我們的忠告是：不要再仰賴過時的公式，或假定募款行銷和巧克力棒的促銷方式沒什麼兩樣了。相對補助確實有效 —— 切記，任何相對補助都比沒有好 —— 但我們的研究顯示，買一送一的相對捐款，效果其實和買一送二或買一送三沒什麼差別。

最重要的是，要直接訴諸人們對溫暖光輝的渴望，讓他們了解捐款後的感覺有多棒。當慈善機構（及行銷人員）體認到人類動機的特性之後，他們就能想出許多有趣的新方法，讓民眾乖乖掏出腰包。[16]

美人效應vs.彩券效應

2005年12月一個寒冷的星期六下午，聰明活潑的東卡羅萊納大學大三女生貞妮快步往北卡羅萊納州比特郡郊區的一戶人家走去。貞妮的上衣精緻地繡著一行字：「ECU自然災害防治研究中心」。她還戴著識別證，上面有她的照片、姓名和募款許可號碼，手裡拿著可夾紙的筆記板和幾本小冊子。她敲敲門，有個中年男子把門打開。

「有什麼事嗎？」他說，一邊打量她。

「嗨！」貞妮露出燦爛笑容。「我叫貞妮，是ECU的學生，今年代表剛成立的ECU自然災害防治研究中心，來拜訪比特郡的家庭。」

貞妮繼續說明，中心成立的主要宗旨是在颶風、龍捲風、水災等本地較不熟悉的自然災害發生時，提供支持與協助，並發揮協調的功能。

中年男子點點頭。貞妮笑得更開懷。「為了替中心籌募基金，我們正在舉辦一個慈善抽獎活動。贏得大獎的人可以獲得一張萬事達信用卡，裡面有$1000的預付額可使用。你每捐出一美元，就可以得到一張彩券，中獎機率要看你的捐款金額和比特郡其他家庭的捐款總額而定。我們會在12月17日中午在研究中心抽出大獎及通知得主，結果也會張貼在中心網站上。我們募到的所有款項都會用於災害防治中心，我們是非營利組

織。請問你願意今天就捐錢嗎？」

當然，應門的男子完全沒料到貞妮其實具備雙重身分。沒錯，她一方面努力為災害防治中心募款，同時也參與一個大規模的現場實驗，我們訓練了數十位像她一樣的大學生，付費請他們拜訪比特郡的五千戶人家。有的學生純粹只請對方捐錢，有的學生（例如貞妮）則加上抽獎的誘因。我們希望透過這項研究，檢視抽獎的誘因能否提高捐款金額。

有趣的是，我們發現，彩券組（我們稱之為「彩券效應」）募到的捐款比另外一組多了50%左右。彩券組的捐款人數幾乎是單純捐款組的兩倍。募款人以彩券為工具，建立了「熱心名單」或積極捐款者的資料庫，供未來募款活動使用。由此可見，募款人從彩券獲得了「雙重股利」，一方面有機會立刻募到更多錢，同時也建立了龐大的熱心名單。[17]

我們也發現另外一件可以料想得到的事情：募款人長得愈漂亮，募到的捐款就愈多。我們稱之為「美人效應」。為了衡量外貌的吸引力，我們在初次面談時，就以準備識別證為由，幫每個人拍攝數位相片。[18]然後我們把每張照片分配到不同的檔案中，每個檔案有四張照片，再將每個電子檔中的照片以彩色列印，提供152位觀察者評量（觀察者都是馬里蘭大學的學生）。

觀察者會在從1到10的吸引力尺規上，為貞妮這樣的募款人打分數。貞妮的吸引力拿到高分（8分），而比起和貞妮條

件相當、但吸引力評分只有6分的女生，貞妮的募款金額足足多了50%左右。還有，當應門的人是男性時，女性募到的捐款最多，這倒不足為奇。吉米的吸引力評分高於史丹，募到的錢也比史丹多，但是仍然比不上女性的募款金額。

對我們而言，真正有趣的倒不是美人效應本身 —— 而是美人效應的大小。我們發現，「美人效應」差不多和「彩券效應」一樣大。換句話說，只要把募款人的吸引力從6分提升到8分，因此增加的捐款金額和彩券誘因差不多。

先撇開美人效應不談，區區一張抽獎彩券真的能為捐款方式帶來有意義的長期改變嗎？在第一次現場實驗結束多年後，我們為了新的實驗，重新造訪曾募過款的家庭。[19]我們發現，最初受到彩券吸引的人再次捐款的比例仍然比較高。不過，最初受貞妮美貌吸引的人卻沒有持續捐款，除非又有個同樣迷人的募款人再次前來扣門。

所以，美人效應無法帶動終身捐款的習慣 —— 畢竟實在沒有理由為了許久之前看到的漂亮臉蛋而持續支持某個目標。不過，因為彩券而捐款的人會持續捐款多年。這種情形很像我們前面的發現，送出彩券和先投入種子基金一樣，顯示慈善機構乃是「先付出，再收穫」，也表示這是一個持久的組織。

唐提式養老金

2011年2月美國播映的某次「史都華每日秀」（The Daily

show with Jon Stewart）節目中，史都華扮演一位異性戀者，請節目的萬事通專家約翰・霍格曼（John Hodgman）解答一個棘手問題：應該如何平衡美國的預算。霍格曼先是建議將五角大廈過度膨風的五角建築簡化為只有四面的菱形建築，然後又提議採取非傳統方式來提高財政收入。他說：「如果你真的想填滿美國金庫，你知道你需要做什麼嗎——把它合法化。」（聽眾聽到他暗示要把大麻合法化，都大笑喝采。）其餘的對話內容如下：

霍格曼：你知道我在說什麼。謀殺合法化……

史都華：你是說把謀殺合法化？

霍格曼：沒錯，謀殺。我要說的是，我們不妨好好檢驗一下自由市場的達爾文理論。讓弱者滅亡，讓強者取走弱者的性命。只要他們付重婚稅。

史都華：那麼社會安全稅和聯邦醫療保險呢？

霍格曼：這個就占了預算的一半。什麼？用來照顧老人家和病患，不是用在像我們這樣的性感年輕人身上？……問題是這樣不公平。

史都華：你是說要擺脫這些老弱殘疾嗎？

霍格曼：不是，不是，不要擺脫他們。我是說，我們可以把社會安全稅弄得有趣一點，把它變成一場競賽。贏家全拿。

史都華：你該不會是指……

霍格曼：是的。唐提式養老金制度。紳士的協議，最後還
　　活著的參賽者可以拿走所有的社會安全福利。

史都華：但是，假如謀殺變得合法，那麼這個辦法等於鼓
　　勵人們為了得到最後那一大筆錢而互相殘殺。[20]

　　像這種荒謬辯論最好的範例就是強納森・史威夫特
（Jonathan Swift）的反諷作品《一個小小建議：如何防止愛
爾蘭窮人成為父母或國家的負擔並讓他們對公眾有益》（*A
Modest Proposal for Preventing the Poor People in Ireland from
Being a Burden to Their Parents or Country, and for Making Them
Beneficial to the Public*）。史威夫特提議，貧窮的愛爾蘭父母應
該把小孩賣給富有的紳士淑女當食物。但唐提式的聯合養老金
制度其實是歷史悠久的賺錢方式，而不僅僅是紳士的協議。

　　基本上，唐提式養老金是團體年金、團體壽險和彩券的
有趣組合，其實在經濟史上占有一席之地，在17世紀和18世
紀歐洲籌募公共基金時，扮演重要角色，而不只是傳說中的
神話或喜劇題材。唐提聯合養老金制度（Tontine）的名稱來
自於羅倫佐・唐提（Lorenzo Tonti）。唐提原本是個無足輕重
的拿坡里人，直到1650年代，法國馬扎然樞機主教（Cardinal
Mazarin，健全法國財務是他的職責）在法國國王法庭上支持
他的主張。

　　唐提提出的生存年金保險形式將參加者分為不同的年齡階層，每人只要付一次性的保費300里弗（livre，當時的法國貨幣）給政府。法國政府每年支付每個團體的金額相當於這個團體總貢獻金額的5%，然後這筆款項再依照每個參與者在團體中的貢獻比例分配給每個人。一旦團體的所有成員都一一過世，政府的償債義務也終止。

　　由於唐提設計的制度在法國實施得非常成功，逐漸推廣到其他地方。各國政府紛紛利用這筆錢來支付作戰軍費和市政建設，例如興建倫敦最古老的橋梁里奇蒙橋。里奇蒙橋興建於1777年，經費來自於每股100英鎊的集體資金，100英鎊在當時是一筆大數字。投資人得到的承諾是，政府每年會利用過橋費的收入來支付投資人報酬。任何投資人過世後，剩下的股份會分配給仍存活的會員（這是為什麼唐提式制度似乎是為神祕謀殺案量身打造，而且美國禁用這種制度）。[21]

　　唐提聯合養老金制度在小說中占了十分有趣的地位。阿嘉莎‧克莉絲蒂（Agatha Christie）好幾部小說的情節都奠基於此，包括《東方快車謀殺案》。把時間拉近一點的話，電視影集《辛普森家庭》中，亞伯和伯恩斯先生發現兩人是二次大戰一起服役的戰友，而且隊上擁有的無價之寶德國畫作，將歸屬於小隊中活得最久的戰友。由彼得‧庫克（Peter Cook）、杜德利‧摩爾（Dudley Moore）、拉夫‧理查森（Ralph Richardson）和約翰‧密爾斯（John Mills）等喜劇演員主演的

老電影《入錯棺材死錯人》(*The Wrong Box*)，乃是以名作家史蒂文森（Robert Louis Stevenson）寫的故事為藍本，描述唐提式聯合養老金制最後一位存活會員的侄子如何爭奪這筆財富的故事。

把捐款當投資機會？

由於先前所做的研究，我們知道彩券有助於增加捐款，我們很好奇，唐提式聯合養老金制是否也能達到相同的功效。換句話說，與其把唐提式制度當作紓解政府債務或提供會員終身年金的機制，還不如讓慈善機構採取這種方式吸引更多捐款？與我們前面探討過的其他募款策略相較之下，唐提式的機制究竟效果如何呢？

先想想我們的慈善彩券好了。你每捐出一塊錢，就能賺到一張彩券；每一張彩券都代表一個中獎機會。所以，你捐的錢愈多，中獎機率就愈高。無論最後募到多少錢，獎額都不會改變；但是其他人捐的錢愈多，你的中獎機率就會減少，因為彩券的總數增加了。

不過，假如你好好思考一下，就會覺得與其把焦點放在彩券上，還不如把制度翻轉過來，可能更理想。假如每位捐款人有固定的中獎機率，但獎額大小則按照比例，隨捐款金額高低而改變，這樣的唐提式募款制度可能反而會收效。

比方說，假設你走進本地舉行的大型園遊會，發現有個攤

位正在採用唐提慈善募款制度，為美國癌症協會募款。親切的志工告訴你，無論你捐出多少錢，都有25%的中獎機率，但你捐的錢愈多，獎品就愈好。然後她向你說明各種不同等級的獎品。假如你的捐款金額小於\$20，獎品可能是書籤和水瓶之類的小東西。如果捐款金額在\$20到\$50之間，可能得到一瓶不錯的葡萄酒。捐款達到\$50，獎品可能是一次瘋狂大採購；\$100，度假村的週末假期；\$200，可能抽中一輛凌志新車。於是，你開始把捐款看成一次投資機會。

　　要檢驗這樣的唐提式制度行不行得通，我們和安德瑞亞・蘭吉（Andrea Lange）及普萊斯一起設計出給馬里蘭大學學生進行的賽局實驗。這個賽局雖然是我們憑空設計出來的，卻是真槍實彈的玩真錢。學生做任何決定，都必須實際承擔財務上的後果。因為在實驗中所贏得的代幣，最後都可以換現金，因此每個選擇都有決定性影響。

　　以下是賽局的規則：學生聚在一起。每個回合開始的時候，每個學生都拿到100個代幣，他們可以把代幣投入公共財（在目前的情況下，就是指慈善機構），或拿在手裡。假如他們留著代幣不用，那麼每個代幣可以拿到幾分錢的利息。假如他們把代幣捐出去，則可能發生兩種情況。一種情況是，捐給公共財的每個代幣價值都有所增長。所以如果你捐出五個代幣，價值就會成長為六個代幣。（大致反映出你捐款給慈善機構時的情況。舉例來說，當你到紅十字會捐血時，你的血對你

來說，沒有太大的價值，但對其他人而言，卻十分寶貴。投入
公共財的每個代幣所增加的價值應該會反映出這樣的效應。）

另外一種情況是：團體中的每個人都從每次捐款中獲益。
即使你沒有捐任何錢給公共財，你仍然可以享受到其他人的捐
款所創造的果實（同樣的，當蓋茲捐贈慈善團體數十億美元
時，他讓世界變得更美好，但我們不必付任何錢，就可以享受
到他的慷慨捐贈所創造的果實。）學生被分派到不同組時，必
須做一個簡單的決定：他們要保留多少代幣，以及他們打算捐
多少代幣給公共財？但是這時候，我們額外加了一招：他們要
不就參加唐提式機制，要不就參加抽獎。

我們發現，在兩個重要的例子中，唐提制都勝過抽獎方
式。第一，當人們的品味大不相同時，唐提制募到的捐款遠大
於抽獎。當人們對於獎品各有偏好時，唐提式機制是促使人們
捐更多錢的好工具。其次，如果人們非常不喜歡冒險（他們不
喜歡賭博或冒著可能失去一大筆錢的風險），唐提式機制也是
募款的好工具。由於今天一般人普遍具有這兩種特質 —— 各
有偏好，以及喜歡規避風險，所以唐提式機制是很不錯的募款
方式。

我們的實驗結果也顯示，當人們已經摻了一腳、投注其中
時，就比較可能捐錢。這樣的發現很合理 —— 畢竟如果你覺
得慈善機構值得信賴（還記得「追隨領頭羊」效應嗎？），而
且不管是現在或未來，你都有「贏」的機會，你就比較可能回

應他們的訴求。

利他與自利

　　總之，我們的研究建議，就捐獻的行為而言，大家真正在意的其實不見得是做善事造福別人，而是能為自己帶來多少好處。但大衛・里昂哈特（David Leonhardt）寫道，這件事「不見得真那麼令人沮喪。」他在《紐約時報雜誌》的文章中扼要說明了我們的實驗成果：

> 首先，無論捐款人的動機為何，慈善機構仍然拿到捐款，而且都會好好運用這筆錢。其次，溫暖光輝理論的意思是，做善事不是零和遊戲。如果捐獻完全是理性的行為，那麼當有人宣布要捐出一大筆錢給某個慈善機構時，可能導致其他人減少捐款，因為大家認為他們已經不那麼缺錢了。但多虧了溫暖光輝效應，巴菲特宣布捐贈310億美元給蓋茲基金會之後，其他人並沒有覺得從此就毋須再協助對抗痢疾。不提別的，巴菲特慷慨捐贈，說不定反而提高了其他人的捐款意願。他們或許認為自己和巴菲特一起為更偉大的目標共同奮鬥。[22]

　　這才是重點，但大家通常都不明白：雖然人類行為看起來似乎很不理性，一旦你明白行為背後的動機，就會改觀。了解

人們的動機之後，你就會明白，在他們看來，這些行為都很合理。每個人只不過都在試圖滿足不同的需求和欲望，而這些需求和欲望不見得合乎既定的想法、假設或傳統做事方式。

比方說，我們在第一章觀察到，人們以為加入健身房當會員後，就會激勵自己常去健身，所以他們付月費加入健身房，希望激勵自己多多運動。結果他們可能不像當初預期的那麼常上健身房，但當初之所以會這麼做，其實有他們的理由。

回到相對捐款的實驗。相對捐款之所以有用，其實很合理，但提高相對捐款的幅度並不會提高捐款金額。舉例來說，某些經濟學家認為，美國人的退休儲蓄普遍不足，形成嚴重問題。那麼，大多數美國人都怎麼存錢呢？通常，美國人將多少薪資提撥到401k退休儲蓄計畫，雇主也會相對提撥。塞勒和桑思坦指出，人們提撥到401k帳戶的錢通常都完全符合雇主會提撥的比例。假如雇主對存入退休儲蓄帳戶的前5%薪資作1:1的相對提撥，那麼員工就只會把5%的薪資提撥到退休儲蓄帳戶。但如果雇主會對薪資的5%作1:2的相對提撥（你每存入$1.00，雇主就相對提撥$0.50），那麼員工仍然只會存入5%的薪資。

這種現象乍看之下令人困惑，但其實和我們的發現一致。那麼，我們能不能運用這類行為觀察，讓世界變得更美好呢？如果我們相信大家應該多存一點錢，或許可以這樣做。目前針對員工存入儲蓄帳戶的前5%薪資，以1:1的方式相對提撥的公

司，或許應該告訴員工：「我們決定修改員工退休計畫。我們現在會針對薪資的10%，以1:2的方式做相對提撥。」

如此一來，會出現什麼情況呢？假設你目前年薪為五萬美元。在舊制度下，每年你個人會存入$2,500，公司則相對提撥$2,500，因此你總共存了$5,000。在新制度下，你個人存入$5,000，公司相對提撥$2,500，因此總儲蓄額為$7,500。只要簡單改變一下規則，雇主就能有效提高個人儲蓄幅度，而不會多花公司分毫。假定美國政府也贊成以這種方式修改401k的規定，執行新的政策，那麼數以百萬計的美國人就可能增加更多儲蓄。

最後我們要說，捐款給慈善機構和購買巧克力棒完全不同；慈善捐獻乃是關乎做正確的事情，為公益目標而奮鬥，並充分感受到施比受更有福。因此，慈善捐獻固然和個人癖好有關，也和捐獻行為產生的效應有關。如果你是慈善機構白髮蒼蒼的執行長，你必須明白，能有效激勵捐款的誘因和業界的傳統方式大不相同，否則你的組織將無法充分發揮潛力。

我們將在下一章探討慈善機構的募款策略，了解人們對特殊「誘因」的反應。

第 10 章

滿懷熱情也要冷靜分析

慈善事業突破傳統經營思維

假如你認得這張臉，請微笑。假如不認得，那麼你應該好好認識她。她叫萍吉（Pinki Sonkar），是2008年奧斯卡金像獎最佳紀錄片「微笑萍吉」（Smile Pinki）中的明星。

萍吉生在印度米爾扎普的貧窮鄉村，每天都只能呆坐在家中角落，不敢出去玩，因為大家會對她指指點點，盯著她看，甚至不准她上學。萍吉既難過又生氣，不知道自己為什麼和別人不一樣。萍吉的父親斷定她這輩子絕對嫁不出去，說她不如死了好。有一天，她碰到善心的社工龐卡（Pankaj），龐卡介紹她去看辛格醫生（Subodh Kumar Singh）。

甜美微笑背後的辛酸

萍吉罹患的不是罕見疾病。每年印度大約有三萬五千名兒童天生就有唇顎裂的問題，全世界更有數百萬人和萍吉承受相同的痛苦。他們的父母覺得自己受到老天咀咒，往往因為負擔不起手術費，而把唇顎裂的孩子丟在路邊水溝裡。沒有遭父母拋棄的孩子則被視為恥辱，只能躲藏起來。唇顎裂兒童連吃東西和呼吸都很困難，即使存活下來，仍然會受到同學和鄰居排斥。

多虧了微笑列車基金會（Smile Train）在報章雜誌刊登的廣告，當然還加上得獎紀錄片帶來的宣傳效果，今天到處都看到唇顎裂兒童的臉孔。這些廣告吸引了數百萬美元的捐款，為開發中國家的唇顎裂兒童進行免費手術。事實上，唇顎裂是常見、而且很容易矯正的天生缺陷。美國幾乎看不到唇顎裂患者，是因為天生唇顎裂兒童出生後不久，就會接受矯正手術。

今天，萍吉已經成為家鄉的名人。她朋友很多，還喜歡擦護唇膏。[1] 每年全世界有十萬名像萍吉這樣的孩子，因為微笑列車基金會和神奇工程（WonderWork.org）共同創辦人布萊恩‧穆蘭尼的實驗性思考，得以接受免費手術，矯正唇顎裂。

我們在前一章討論過，人們會受到許多不同誘因所激勵，而渴望「溫暖光輝」就是其中之一。接下來，我們將說明如何運用直效行銷的獨特現場實驗，根據企業驗證的有效原則，訴諸人類基本欲望，改變萍吉和其他數百萬人的命運。

布萊恩的故事

捲髮藍眼，充滿戰鬥精神的布萊恩，是你在機場滯留時，很容易在酒吧中碰到的那種愛爾蘭男子，閃閃發亮的眼神透著聰慧、坦率，還有一種靈巧狡黠的創業精神。他說話時親切和善又有一定的威嚴，帶著一種俄亥俄州式的哈佛風格，在不經意中展現犀利的一面。你在酒吧中找個位子坐下來，他問你叫什麼名字，要往哪裡去，從事什麼行業。很快的，你買杯啤酒

請他喝，遞名片給他，然後說：「你呢？」然後，你和他並肩坐著，聆聽他的故事。

　　布萊恩在1959年出生於俄亥俄州戴頓市一個虔誠的天主教家庭，在家裡五個孩子中排行老二。他的祖母碧翠斯是1920年代從波士頓大學畢業的首批女生之一，後來成為麻薩諸塞州第一位女性大法官。父親約瑟夫是哈佛法學院畢業生，大學時曾參加預備軍官儲訓團，後來成為政府和企業律師，最後更當上吉列公司（Gillette）副董事長。媽媽蘿絲瑪麗畢業於布蘭迪斯大學史東席爾學院，是專職家庭主婦。

　　布萊恩一家人關係親密，是個幸福美滿的家庭，但是他十一歲時，悲劇發生了。討人喜歡的漂亮妹妹茉拉發高燒，醫生診斷她罹患一種叫「史蒂芬強生症候群」（Stevens-Johnson syndrome）的自體免疫疾病，身上開始起紅疹，紅疹擴散開來，還起水泡，最後引起表層皮膚快速壞死和大片脫落。

　　茉拉發燒幾個星期之後，原本健康漂亮的八歲小女孩變成布萊恩口中困在輪椅上「九十歲的外殼」。雖然她失明了，而且經常都很痛苦，茉拉仍然勇敢地嘗試回學校上課。但是其他同學嘲笑她，奚落她。布萊恩盡力保護茉拉，他對於其他人因為茉拉的外表而排斥她，感到十分不滿。茉拉在十歲時過世。布萊恩當時才十三歲，他深深感覺到，其他人不了解茉拉所受的苦，讓茉拉受到不公平待遇。

叛逆少年到創意新貴

看到茉拉的遭遇後，布萊恩從一個虔誠守規矩的輔祭男童變成反叛、憤怒、失控的青少年，成天只想著打籃球和跟朋友出去鬼混。布萊恩九年級時成績太差，在公立學校讀不下去，父母把他轉到需要穿外套打領帶的私立男校，在那裡，成績差的學生會遭同學嘲笑。布萊恩就此改頭換面，後來申請到哈佛大學就讀，主修商業經濟學。他開始質疑現狀，並在哈佛大學校刊上發表批判漫畫。

其中有些批評偽善的漫畫給他惹上麻煩。1980 年，麻州公開出櫃的眾議員巴尼・法蘭克（Barney Frank）第一次參選時，布萊恩曾經畫了一幅漫畫，大開天主教的玩笑，描繪天主教神父告誡教區居民不要投票給法蘭克。漫畫中描繪兩個人在向神父告解之後離開教堂，其中一個人對另外一個人說：「我倒是不在意由於對太太不忠而唸二十遍聖母經，但只因為我投票給法蘭克，就得唸五十遍主禱文，會不會有點太過分了。」布萊恩說：「學校裡的天主教徒因此恨我恨得牙癢癢的。」

但是，當他拿哈佛剛成立的第三世界中心來開玩笑時，事態就更嚴重了。第三世界中心致力於服務少數族群學生，中心的規定是白人不能擔任董事，因為哈佛大學裡面已經有太多白人了。布萊恩痛恨任何形式的種族主義，包括反向的種族主義，於是他畫了一幅漫畫，畫中的城堡掛著一塊告示牌，上面

寫著：「白人不得進入」，還有個貌似當時哈佛校長德瑞克・波克（Derek Bok）的漫畫人物把整袋鈔票遞給站在階梯上的黑人和中國人，嘴裡說著：「走開，白鬼。我是波克校長，我幫你們把經費帶來了！」哈佛大學的黑人學生氣壞了，他們稱布萊恩為種族主義者，湧入校刊編輯部抗議。校刊總編輯嚇得躲在桌子下面，布萊恩不得不雇人保護人身安全，並且聘請辯護律師。他回想當時的情況時說：「真可怕。」

　　有一天，布萊恩想到一個好主意，他應該幫別人設計廣告來賺點錢。於是，他穿西裝打領帶，四處拜訪波士頓地區的商家，告訴他們，他可以為他們製作廣告、海報或構思電台宣傳詞句。他在這一行做得很不錯，所以畢業之後，就進入楊雅廣告公司（Young & Rubicam）撰寫廣告文案，令父母大失所望。「他們問我，『為什麼我們花了這麼多錢送你到哈佛大學唸書，結果你卻選了個根本不需要大學文憑的行業？』」布萊恩回想。

　　布萊恩在楊雅廣告工作時發現，廣告業者的思考深受傳統框架所限。「我們可能想出幾百個好點子。然後廣告公司會利用焦點團體測試所有的構想。」他回想：「但他們拒絕採用任何通過考驗的構想，因為這些構想和客戶的公司策略無關。於是，廣告商最後推出的廣告都很沉悶，完全符合公司策略，卻和推銷薯片或果凍毫無關係。」而薯片、果凍才是他們要推銷的商品。

　　布萊恩需要另覓他處來推銷他的創意，所以他跳槽到智威湯遜廣告公司（J. Walter Thompson），並且在那裡製作了百萬美元的啤酒廣告。「我走進美樂啤酒公司的會議室，裡面有一群穿西裝的年長白人，負責做所有的決定。我打出年輕牌，告訴他們，『在座所有人裡面，只有我會凌晨一點鐘還待在酒吧裡。』」布萊恩說：「我就臨時隨興地說明我的想法。我沒有準備簡報投影片和一大堆數據，只是充滿熱情地向他們解說。我變得很擅於向有錢人作簡報。」

　　布萊恩成為紐約廣告界名人，身穿亞曼尼西裝，足登Gucci 皮鞋，風光地走在麥迪遜大道上。他在美女如雲、杯觥交錯的「廣告狂人」式世界裡很吃得開，觸目所見都是美麗的廣告、美麗的產品以及俊男美女。但他對於為別人工作漸漸感到不耐，所以決定創辦自己的廣告公司。布萊恩在 1990 年與人創辦薛爾穆蘭尼公司（Schell/Mullaney）時，他推銷創意的才華終於得到回報。他們公司為許多媒體界和高科技業的客戶服務，包括道瓊（Dow Jones）、冠群（Computer Associates）和齊夫戴維斯出版公司（Ziff-Davis）等。

　　表面上看來，布萊恩是個精明好勝的生意人，周旋於麥迪遜大道的鯊魚之間。但是在內心深處，他一直念念不忘當年小妹的遭遇。1996 年，他和合夥人以一千五百萬美元的價錢，把公司賣掉，於是布萊恩在三十六歲時已經「把一切搞定。這是令人難以置信的一筆巨款。」他說：「我發現突然之間，我可

以自由自在地做我真正想做的事情。」

　　布萊恩的創業性格太強烈，很難像許多新富階級那樣，好好享受戰利品。他沒有揚帆出海，環遊世界，也沒有立刻去弄一張PGA高爾夫證。他熱愛創新，喜歡超越極限。由於懷念茉拉，他想要幫助孩童，所以他參加海外義診團，造訪中國，親眼目睹與外界隔絕的唇顎裂孩童所承受的痛苦，並了解只要透過簡單的手術，就可以改變他們的人生。於是，布萊恩在1998年和冠群公司創辦人王嘉廉（Charles Wang）合作，成立了微笑列車基金會。

　　對麥迪遜大道的廣告人而言，這樣的成就還真不賴。

微笑列車開動

　　像布萊恩這樣的慈善機構創辦人都滿懷熱情，但慈善機構想要真的營運成功，必須仰賴敏銳的商業頭腦。「大多數慈善機構都是由想要行善的好心人以非常沒效率的方式經營。」布萊恩指出：「無論你是多麼無能或缺乏效率，慈善機構都不可能倒閉。只要準備好一套簡報投影片，加上一些催淚的照片，就可以募到足夠的金額，繼續撐下去。」

　　微笑列車在慈善界獨樹一幟，因為布萊恩照企業經營的方式來規劃基金會的營運。布萊恩發揮廣告人的創新精神，打破募款和行善的既定模式。基本上，他完全顛覆了傳統傳教士般的行善模式。微笑列車不會派西方醫生遠赴他鄉進行唇顎裂手

術，而是開發出先進的 3D 技術，教導開發中國家的醫生如何
動唇顎裂手術（布萊恩稱之為「教他們釣魚」模式）。

　　微笑列車的特色還包括進行現場實驗，看看哪一種誘因
最能有效吸引捐款。舉例來說，微笑列車會做很多實驗，測試
哪一種做法效果最好：究竟要同時展示唇顎裂兒童「手術前」
和「手術後」的照片，或只展示「手術前」的照片？身為廣告
人，布萊恩很清楚標準公式是同時展示「手術前」和「手術
後」的照片。「畢竟廣告界的金科玉律是，人們想看的是『使
用前』和『使用後』的照片，就像寶鹼的清潔劑廣告。」他
說：「但是當我們測試時，發現如果我們只展示『手術前』的
照片，回覆率上升了 17%。為什麼呢？因為唇顎裂兒童的照片
會一直浮現在你腦海中縈繞不去。」換句話說，照片上這個需
要援助的孩子把基金會的募款訴求變成個人的懇求。捐款人覺
得他們必須幫助這個沒有上唇的可憐孩子。

　　微笑列車也做了好幾個現場實驗，釐清哪幾種照片能促
使收信人打開募款信封。他們測試了四十九種不同信封的回覆
率，信封都印上不同年齡的黑人、白人、亞洲人和棕色人種
男生和女生的照片，而且他們臉上各有不同表情 —— 有的微
笑、有的皺眉、有的凝視、有的哭泣。結果發現，臉孔有強烈
的吸引力，而且有幾種臉孔格外能吸引到較多的捐款。

　　2008 年 12 月，微笑列車測試了另外一種直接郵寄信函，
他們在信封上分別印了二十一種不同的照片。最後勝出的照片

吸引到的捐款人數超越最不吸引人的照片62%之多。微笑列車
發現，面容哀傷的白種小孩（其實是阿富汗兒童）的照片能吸
引到最多回應。為什麼呢？布萊恩猜測，可能是因為捐款人絕
大多數是白人，而他們寧可幫助和他們比較相像的人。[2]

僅此一次，下不為例？

我們認識布萊恩的時候，他已經不斷透過現場實驗，找到
幾種獨特的募款方式。他會寄信給可能的捐款者，邀請他們捐
款或「挽救孩子的人生」。信中的訊息反映出他們多年來從直
接郵件的實驗中學到的心得，結果微笑列車基金會每年獲得的
捐款金額上升至一億美元左右。

布萊恩聽到我們對行為經濟學與慈善事業的想法，覺得很
有興趣。他很好奇，我們能否協助微笑列車提升募款績效，甚
至超越他自己花費數年時間開發琢磨的最佳信函募款績效。我
們決定從微笑列車的最佳績效信函著手，先設法改善這封信。
雖然我們當時完全不曉得，這次經驗會成為我們做過的實驗中
最有趣的大型現場實驗之一。[3]

2008年4月，我們先進行測試，寄信給十五萬戶人家。對
照組會收到標準的微笑列車募款信，邀請他們捐款。信封上沒
有任何特殊文案或標語。實驗組接到的信函就不同了，封套上
會印著下列文句：「現在就捐款，我們以後絕不會再要求您捐
款。」我們在裡面附的信中告訴潛在的捐款人，他們可以在回

函卡上勾選：「我只捐款一次，請將捐款收據寄給我，下次不
要再向我募捐。」捐款人在此得到一個選擇：他們可以選擇接
到「有限的募款信」（結果證明這個選項為微笑列車省下大筆
郵資）。

　　這種募款機制看起來有一點瘋狂。許多募款專家或募款手
冊／指南對這樣的做法一定不以為然，因為募款界最重要的原
則就是要發展出所謂的「捐款人金字塔」。

　　捐款人金字塔中包含一群忠心耿耿的捐款者，他們會一而
再、再而三的捐款。當你找到這樣的捐款人時，何必還要告訴
他們：「多謝您這次捐助！我們絕對不會再和您連繫」呢？

　　在第一次實驗的郵件寄出後幾個月，捐款開始陸續進來。
所有的跡象都指向一件事：我們的實驗成功得不得了。我們四
月寄出的募款信得到的回應是：標準信函從 193 位捐款人手中

典型慈善機構的捐款者型態和人數多寡

募到13,234美元，而「僅此一次」組則從362位捐款人手中募到22,728美元。整體而言，實驗組募到的錢比標準信函組多，也吸引到更多捐款者參與。有趣的是，只有39%的捐款人勾選退出的選項。

由於「僅此一次」活動大大成功，我們決定把這個方法用在其他現場實驗中。我們從2008年4月到2009年9月之間，總共分五波，將募款信寄給八十多萬人。

我們再度發現「僅此一次」的宣傳大幅提升了湧入的捐款金額，而且這類募款信函的回覆率幾乎是標準信函的兩倍，每筆捐款的金額也比較高（前者平均每筆$56，後者為$50）。結果，「僅此一次」的宣傳方式募到的第一波捐款是標準信函的兩倍多（$152,928 vs. $71,566），等於寄出去的每封信平均回收$0.37。

當然，如果「僅此一次」組後續的捐款金額下降了，就表示傳統智慧仍然是對的；也就是說，我們不應該鼓勵他們「走開」。有趣的是，我們發現無論「僅此一次」組或標準信函組，後續幾波信函攻勢募到的金額幾乎相同。

如果將第一波捐款和後續捐款相加，「僅此一次」信函募到的捐款總數為$260,783，相較於對照的標準信函組只募到$178,609——增加幅度高達46%。此外，由於我們根據捐款人的勾選來限制後續郵寄信函的數量，微笑列車也省下大筆郵資，因為他們不會再繼續寄信給完全沒有興趣捐款的人。

募款活動成功固然重要，但我們還想進一步探討「僅此一次」為什麼會有這麼好的效果。這是怎麼回事啊？

互惠：提升顧客滿意度的關鍵

分析了不同的現場實驗中數十萬份觀察後，我們發現扭轉局面的關鍵在於，我們把決定權從慈善機構手中轉移到捐款人手中。由於我們讓捐款人有機會選擇退出，微笑列車基本上等於送捐款人一份禮物，紓解他們未來拒絕捐款的壓力。慈善機構不是只一味要求對方捐款，而是告訴他們：「你幫我們抓背，我們也會幫你抓背。」

傳統經濟學假定許多人看到募款信時，為了維護自己的最大利益，會一笑置之。然而並非每個人都自私自利。當別人對他們好的時候，有的人（甚至某些經濟學家）也會真心想對別人好。了解這點之後，互惠的訴求就能發揮效用了。[4] 非營利組織就特別喜歡寄出印好的地址標籤、世界地圖、或月曆等小東西，希望收信人能以捐款回報。

我們的結果突顯了誘因帶來的潛在報酬，這些在標準經濟模式中往往受到忽視。比方說，我們的詮釋也意味著誘因傳達的心理訊息（無論被視為友善或敵意），會對行為產生重要影響。意圖很重要：如果貴公司很關心顧客，就應該知道，顧客通常很感謝你們願意徵詢他們的意見，如果他們想選擇退出，他們很希望會被徵詢意願。

我們對慈善事業的探索具有重要涵義。決策圈的人想解答以下問題：如果取消慈善捐獻的稅額抵減，那麼對於素來具有凝聚社會功能的慈善機構會產生什麼影響？對政府補助款又會有何影響？在詳細檢視這類改變產生的效應之前，我們需要先了解人們捐款給慈善機構的原因。

慈善事業也要經營品牌

關於企業經營，從廣告人改當慈善家的布萊恩還可以教我們一件事，就是規模大小十分重要。微笑列車目前每年進行約十萬次手術，而且數字一直在下降，不是因為微笑列車沒辦法幫助更多兒童，而是因為他們的服務已經逐漸滿足世界各地的需求了。唇顎裂兒童不再需要苦苦等待，才能獲得幫助。布萊恩不希望自己只停留在矯正唇顎裂的缺陷，他想解決更大的問題。掌握了有效的慈善募款方式之後，布萊恩與微笑列車分道揚鑣，創立了名為「神奇工程」的新組織。

新組織試圖解決世界各地的貧窮兒童常碰到的五個問題：失明、畸形足、燒傷、腦積水、心臟破洞。動手術就可以解決這些問題，而且費用並不昂貴。就以失明為例。全世界有四千萬個盲人，布萊恩指出：「只需花一百美元，花十分鐘動個門診手術，其中一半的人就可以恢復視力。」

美國《時代》雜誌2011年將神奇工程列為「十個改變世界的創意」之一，[5]他們的組織結構非常獨特，是其他慈善機

構從未嘗試過的做法。「我們要打造出擁有各種慈善品牌（每個品牌追求不同目標）和慈善訴求的通用汽車集團。」布萊恩表示：「就像通用汽車擁有雪佛蘭（Chevrolet）和凱迪拉克（Cadillac），我們也會有失明品牌、畸形足品牌、燒傷品牌、腦積水品牌以及心臟破洞品牌。由於我們在同一個組織中管理五個不同的目標，管銷費用和行政成本降低 80%，帶來很大的好處。既然我們能成功打造出五個新的微笑列車，我們就有能力打造出一百個微笑列車。」

微笑列車和神奇工程都好好利用了「僅此一次」活動，而且神奇工程的「品牌」之一「燒傷救援」（Burn Rescue）也善用這種做法，充分發揮效益。

神奇工程在 2012 年利用「僅此一次」宣傳活動，寄出四百萬封郵件，進行大規模測試，希望在 2013 年能吸引到 35 萬名捐款人，募到一千五百萬美元的捐款。

布萊恩還進一步希望帶動每位捐款人的捐款金額加倍成長，因為現在有不止一個捐款目標可供他們選擇。在新的結構下，捐款人比較不會流失，因為他們現在採取的是「交叉銷售」的方式 —— 這在非營利組織界，是前所未見的做法。「慈善機構很痛恨『銷售』這個詞，但是我很愛。」布萊恩說。

顯然，像布萊恩這樣的人在慈善界十分少見。他是個創業家，但非營利世界的大頭們仍然害怕改變習以為常的做事方式 —— 我們倒不是指控他們怠忽職守，只不過他們的確偏好

Visit our web site at www.BurnRescue.org to make a secure donation online.
Enclosed is my check payable to BurnRescue. If you prefer, we accept:

( )MasterCard ( )VISA ( )American Express ( )Discover

Card#_____ CVV#_____ Exp. Date ____/____

Signature _____

BurnRescue sometimes allows other worthy organizations to mail to our donors.
If you do not wish to receive these mailings or if you'd like to change the
frequency of mailings from us, let us know. We are happy to respect your
wishes. BurnRescue is a WonderWork charity program. WonderWork is a 501 (c)(3)
nonprofit, charitable organization recognized by the IRS. All donations are tax
deductible in accordance with the law.

BURN RESCUE
Life-changing surgeries for
severely burned children.

P.O. Box 96054
Washington, DC 20090-6054

To regain the use of her fingers and arms.

To make friends and go to school.

To her parents who worry how their daughter will survive when they are gone.

In the developing world, where billions still heat, light and cook with open fires,
burns are a massive problem. Bigger than tuberculosis and HIV combined. Bigger than
breast cancer. Burns afflict an estimated 15,000,000 children. Millions of children
die because of lack of acute care facilties. The "lucky" ones who live are often so
deformed and disfigured, they face a lifetime of pain and suffering.

A burn injury not only disfigures, it can destroy
movement and function. It can prevent a child from
walking. It can turn a hand into a closed fist. It
can fuse a chin to a chest forever.

The good news is that the vast majority of these
kids could be saved by a miracle surgery that
costs just $500.

That's why we started BurnRescue.

To help 15 million children who are suffering
with burns.

To provide a miracle surgery that can give
desperate children their future back - and a
second chance at life that they never thought
they'd get.

To help children no one else will help.

But we can't do anything without your help.

We receive no support from the government. Or
large corporations. 99% of our funding comes
from generous donors like you.

YOU can make a miracle happen for a child that
desperately needs it.

YOU can save a child from a lifetime of heartache and suffering.

YOU can change a child's life with one donation, one gift, one time.

Please. Send us a donation of any amount and we will use it to change a child's
life. To thank you, I will also send you a photo of a child we've helped.

Something you can put on your fridge - that will also put a smile on your face.

Thank you for helping us.

Thanks For Helping Us!

Brian Mullaney
Co-Founder
BurnRescue

P.S. It only takes one gift to help save a child from a lifetime of suffering.
If you'd like this to be your only donation, check the box on the enclosed reply
form and we'll honor your request.

P.P.S. A donation of $250 or more will make you a Founding Donor of BurnRescue.

維持現狀。他們心地善良。許多人之所以投入非營利組織，或許是因為他們深深相信應該盡最大的努力，多做善事。所以，他們會覺得，如果承認捐款人或許不見得和他們抱持相同的信念，或不一定是出於利他的動機，不啻承認自己失敗。

不過，目前愈來愈顯著的現象是，慈善機構站在第一線，提供許多重要的公共服務。隨著美國聯邦政府和州政府刪減預算，扶助老人、兒童、窮人，以及環境保護和補助藝術的經費和資源都日益減少。像塞拉俱樂部、國際特赦組織、紅十字會等卓越的非營利組織，實際上已經肩負起各種責任，從提供食物、住屋和教育資源給需要的人，到促進藝術和娛樂的發展，他們也需要有人為他們的目標努力。科學推論於此或許能提供一些幫助。

長期成功的基礎

深入挖掘慈善的經濟學之後，我們找到可以量化的扎實證據，顯示誘因如何吸引捐款者和顧客；更重要的是，這些證據能為長期的成功奠定基礎。我們現在知道種子基金、適當比例的相對捐款、彩券、眼神哀傷的白人唇顎裂兒童，以及漂亮的女性募款人，都有助於募到更多捐款。我們的證據顯示，社會壓力是影響人們捐款的重要動機。我們也相信，唐提式機制或許有助於促使人們掏出腰包。我們還發現，給人們選擇退出的機會，不但能增加目前的捐款，也能為未來有效募款奠定良好

基礎。

最後，我們猜測，雖然一般捐款人很重視捐獻後的溫馨感覺，但每年捐出數百萬美元龐大捐款的有錢人其實更在意可以省下多少稅金。仔細思考一下，其實很合理。報稅季節來臨時，納稅人只要能逐項列出減稅項目，就可以合法節稅。所以，依照這樣的節稅獎勵，如果你原本的所得稅率為35%，等於你每捐出一元，實際只需付出65分錢的代價，這是鼓勵捐款很不錯的誘因。[6]

我們都假定人們之所以捐款，是為了幫助別人。但事實上，我們一再從現場實驗中觀察到，許多人之所以捐錢，多半是為了自我利益。悲哀的是，慈善機構還不了解這點。他們為了吸引人們掏出腰包，採用了一些業界慣用的手法 —— 包括宣布已經募到33%的種子基金、提撥3:1的相對捐款、直接郵寄募款信提出訴求等等 —— 過於仰賴傳統募款公式，卻對唾手可得的捐款視而不見。

但是，從微笑列車到塞拉俱樂部的募款活動，從中佛羅里達大學到美國各地的社區鄰里，我們發現，某些關於慈善捐獻的傳統假設其實沒什麼根據，也經不起考驗。老實說，我們並不訝異男性碰到漂亮女生募款時，捐的錢會比較多。我們比較訝異的是，微笑列車的捐款人看到募款信封上印的兒童面孔和

他們比較相像時，打開信封的機率會比較高。套用卡莉・賽門（Carly Simon）的歌詞，我們是「如此虛榮」。在參與慈善活動時，我們終究需要感覺到這件事和我們有所關聯。

我們的結論很簡單：慈善機構必須停止仰賴傳統公式，採取更多實驗性的做法，否則的話，將會落後競爭對手。

我們希望這幾章描述的現場實驗能提供新觀念、新處方和新教訓，協助非營利組織踏出改變的第一步。慈善機構可以將現場實驗當做改革的工具。未來，現場實驗將成為非營利界的原則，而不是例外。

在下一章，我們將探討另外一群管理者的需求：營利企業的領導人。

第 11 章

誰還在憑想像做企業決策？

善用實驗擬定策略

這是個風和日麗的九月天，地點是紐約市，時間是1965年。計程車司機在第一大道和第64街交口處讓一名男子下車。他走進一家新藝術風格的新餐廳，在入口處對鏡子整理一下儀容。男子身穿布克兄弟西裝，漿過的白襯衫上面打著黑領結，看起來一副精明幹練的模樣。脖子上隱約可聞到Old Spice香水的味道。

他向三個西屋公司的行銷人員像老友般熱絡地打招呼，穿著細跟高跟鞋和窄裙的女領班對他點頭微笑，然後領著他們走到色彩繽紛的蒂凡尼玻璃天花板下一張華麗的桌子，他和客人坐下來瀏覽菜單，服務生則幫他們點飲料。

「嗨，羅傑！」他熱絡地打招呼。「我和平常一樣，乾馬丁尼加上三顆橄欖。你們今天有什麼湯？」

「現做的緬因龍蝦奶油濃湯，非常美味！」

「喔，那就算了。」他說：「我昨天剛吃過龍蝦。那麼我先來個法式餡餅，然後是野豬肉，最後是檸檬卡士達派加上咖啡。」

這只是麥迪遜大道上某個生意人一生中某一天的中餐場景，只不過這已是將近五十年前的事了。那麼，其他的上班時間，他又是怎麼過的呢？多虧了這些杯觥交錯、持續數小時的午餐，上班時間過得很快。很多時候，他和客戶都約在紐約市最高級的餐廳或夜總會碰面，或在辦公室邊喝著波本威士忌，邊談事情。當然，還有那些胡搞瞎搞的事。

　　這是美國電視影集「廣告狂人」描繪的詭異世界（而且就當時的實際狀況而言，這樣的描繪並不誇張）。這樣的畫面是絕佳的戲劇題材，因此為這部影集贏得十三座艾美獎（還在持續增加中）。但是在難搞的經濟學家看來，這齣影集觸動了我們的疑問：這些異想天開、德雷普式（Don Draper，「廣告狂人」的主角）廣告人的老闆，究竟在想什麼呀？他們當然很有創意，但是你怎麼知道他們的提案一定行得通呢？

Netflix 的慘痛教訓

　　今天，企業最高主管或許不見得總是在杯觥交錯間，做出有關產品、價格和廣告的重要決策，但是他們往往仍仰賴直覺來做決定。我們認為，不做實驗的企業無法在採取行動前，透過實際資料，證明他們的想法的確行得通，因此完全是在浪費錢。不只如此，這些主管顯然已陷於瀕危物種的處境。

　　提供影片出租服務的Netflix公司正是最佳範例。只不過由於Netflix具備強大的產品和客戶基礎，在業界無人能敵，所以在2011年發生一連串完全可以避免的驚險錯誤後，還不至於破產。

　　Netflix在1997年基於一個偉大的問題而誕生：人們是否願意付月租費，讓Netflix把DVD郵寄到府（沒有逾期還片的罰金），而不必特地跑去出租店租還片？（出租店往往靠逾期還片的罰款而大賺一筆）結果市場反應熱烈，顧客紛紛表示：

「願意。」於是，這家活躍的矽谷小公司不但提供人們想看的電影，很快把影碟送到人們手上，而且基本上在面對百視達之類的影碟連鎖出租龍頭時，還成功扮演對抗巨人的大衛。

後來，Netflix也開始在線上提供影音串流服務，雖然顧客可以選擇觀賞的影片內容依然有限，但他們從此可以採用兩種不同的方式看電影。於是，Netflix有效破壞了實體影片出租店的市場，包括業界巨人百視達都受到嚴重打擊，被迫關掉多家分店。Netflix累積了兩千五百萬名快樂的訂戶之後，成為美國股市的寵兒，2011年7月，Netflix股價高達300美元。

但這時候，Netflix做了一件奇怪的事情：他們發出一封令人困惑的長信，告訴顧客，Netflix決定將郵寄DVD到府和影音串流服務分拆為兩個不同的服務。原本顧客只要每個月付$9.99、$12.99或$14.99，就可以租一部、兩部或三部DVD，或在線上觀賞一定數量的影片。但現在Netflix說，顧客每個月付費$7.99，就可以收到一部DVD，如需要影音串流服務，則需每月另外再付$7.99，等於將原本的月租費提高了60%。

顧客紛紛高聲反對Netflix的新方案，認為管理階層真是「沒腦子」，才會這麼做。有個叫葛瑞格的傢伙（他自稱是Netflix的「前顧客」），在Netflix網站上留言表示：

親愛的Netflix：

你們最近的行為讓我膽戰心驚，這還是最保守的說法。我

們昨天似乎還是最好的朋友，你們犀利的紀錄片讓我增廣見聞，B級恐怖片也總是逗得我哈哈大笑。四年來，我乖乖奉上辛辛苦苦賺來的錢，但是，唉！你們目前的動作迫使我重新評估我們的關係。雖然沒料到你們會漲價，但我原本依舊會是你們的忠誠顧客。不過你們的喉舌傑西・貝克對漲價的說明 —— 都是為我們好，可以提供我們新選擇 —— 卻大大侮辱我的智商，並且透露出你們傲慢自大的心態。假如你們把我當成年人看待，對我坦誠說明為何要改變，或許還可能重新點燃友誼的火花。不幸的是，現在已經不可能走回頭路了；你們傲慢的態度和操弄的方式徹底破壞我們的關係到無法修補的地步。[1]

顧客怨聲載道，Netflix不得不額外雇用客服人員來處理顧客的抱怨，股價也直線下滑51%。接著，Netflix執行長瑞德・哈斯汀（Reed Hastings）在2011年9月出面向顧客道歉，宣布Netflix會想辦法彌補錯誤。怎麼做呢？他打算將公司分割成兩家不同的公司：一家是叫Qwikster的郵寄服務公司，由新的執行長掌舵；另一家則是叫Netflix的線上影音串流服務。

Netflix的宣布令顧客更加憤怒。現在，不管DVD郵遞服務或線上內容的訂戶都會在信用卡帳單上看到兩筆不同的帳款，而且與Netflix往來時必須登入兩個不同的網站。Netflix股價又跌了7.4%。

Netflix團隊發現情況變得更糟以後，在2011年10月發出下列電子郵件給顧客：

親愛的（顧客名字）：
顯然對我們的許多會員而言，要登入兩個網站讓事情變得更麻煩，所以我們決定仍然維持由Netflix網站提供DVD和影音串流服務的方式。換句話說，一切維持原狀：一個網站、一個帳戶、一組密碼……換句話說，沒有Qwikster。

Netflix已預料有些顧客會離他們而去；但當他們發現流失的顧客數目居然高達百萬時，感到非常震驚。這時候，Netflix已經廣受抨擊，被視為管理糟糕的公司。連電視喜劇節目「週六夜現場」（Saturday Night Live）都拿它來開玩笑。[2]

不妨看看Netflix在2011年搞砸前和搞砸後的股價，就知道不預先做實驗，讓他們付出多大的代價。（請參見右圖）

我們之所以講這個故事，是因為假使Netflix公司預先做個簡單的現場實驗的話，或許根本不必損失數十億美元，品牌形象也不會受損。Netflix與其把設計好的全國性措施一下就硬塞給所有顧客，或仰賴粗略的構想來行事（只根據董事會裡幾個聰明人、或許還加上少數焦點團體或某些昂貴顧問公司的直覺），他們其實只需要在美國某個地方（例如聖地牙哥），先實驗一下他們的鴻圖大略就好了，然後再好好研究顧客的反

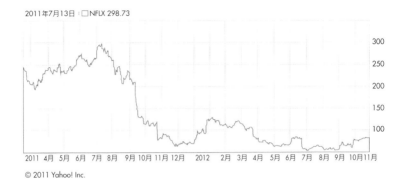

2011年7月13日：□NFLX 298.73

© 2011 Yahoo! Inc.

應。小型實驗可以為Netflix公司省下一大筆錢，公司價值也不至於快速縮水。Netflix或許會因此在聖地牙哥流失一些顧客，但也有機會修正（甚至打消）原本的計畫，繼續在業界當龍頭老大。即使實驗引發某些負面報導，Netflix主管仍然可以解釋，這只是地方性的問題，如此造成的傷害一定小得多。實驗能發揮寶貴的價值。如今Netflix已恢復元氣，我們預期，由於Netflix的強大產品基礎和顧客組合，公司仍然會持續表現優異，尤其如果能藉現場實驗改善經營績效的話。

不做實驗更花錢

我們和企業領導人談到實驗的時候，他們總是回答：「做實驗很花錢。」我們會指出，其實不必花什麼錢，並用Netflix的故事為例，告訴他們不實驗的代價是多麼昂貴。我們會客氣地向他們解釋，他們每天訂出不太理想的價格，刊登沒什麼效

果的廣告，或採取無效的誘因來激勵員工，其實都是把大筆錢丟到水裡。

當然，許多企業會做實驗，而且常做實驗。企業總是不斷搞搞弄弄，試圖創新。舉例來說，蘋果公司的賈伯斯就不斷試驗新的設計或不同的產品銷售方式。問題是，企業在做實驗時，很少進行對照組和實驗組的比較分析。賈伯斯推出 iPod 和 iTunes 音樂商店，顛覆了原本的產業模式。但多年來，賈伯斯一直堅持：音樂產業的藝術家和唱片公司只能就 iTunes 播放的每首歌收取美元 99 分錢的費用。蘋果提不出什麼正當理由來為這個政策辯護，因為他們從來不曾比較 iTunes 的訂價對於歌曲銷售和 iPod 的影響。由於缺乏扎實的證據，蘋果高階主管只能憑直覺來判斷。他們的策略很成功，但透過實驗，他們是否有可能如《從 A 到 A+》的作者詹姆‧柯林斯（Jim Collins）所說的，「從優秀邁向卓越」呢？

換個說法，假如你生了重病，你去看醫生時，醫生要你嘗試一種新的療法。你問他基於什麼證據，這麼信任這種療法，假使他回答：「根據我的直覺。」你很可能掉頭就走，不再找他看病。因為你寧可把性命託付給根據科學證據來做醫療判斷的醫生。

那麼做正確的經營決策和選擇正確的療法又有什麼不同呢？你或許會說，前者不必冒生命危險。但企業花數百萬美元年薪聘請高階主管所做的決策可能讓許多人丟掉飯碗，並造成

數十億美元的經濟損失。透過研究調查的實驗方式，企業能即時獲得準確資料，做為重要決策參考。藉由操控環境中不同因素，企業更可進一步了解改變策略會對消費者、競爭者、員工或其他利害關係人的行為產生什麼影響，引起什麼反應。

實地做現場實驗也和企業界其他研究方式（例如焦點團體測試）大不相同，因為實驗對象在現實生活中做真實的決定時，甚至不曉得自己正在參與一項研究。如果設計得法，企業的現場實驗往往可以提供寶貴的洞見，並展現令人訝異的結果，公司再據以大規模推行新的策略或做法。我們將在本章描述兩位卓越的企業主管如何利用現場實驗，引領公司走向未來。我們在敘述他們的故事時，也會夾敘我們為其他公司進行的實驗。

以設計思考，解決報稅問題

因為QuickBooks和TurboTax軟體而聞名的矽谷公司Intuit，多年來一直努力將實驗融入核心文化之中。「我們過去習慣經由管理階層的分析和意見，由上而下制定決策。」Intuit創辦人兼董事長史考特・庫克（Scott Cook）表示。「我們現在會讓小型快速的實驗為我們做決策。」

過去，Intuit的經營方式和大多數大型組織沒什麼兩樣。產品開發人員提出構想，事業單位經理人經由焦點團體訪談和其他研究獲得資訊後，整合資訊進行分析，再把具體發現整理

為簡報資料，發布到公司內部各單位，然後高層主管自然會決定要不要撥款支持這項計畫。但庫克逐漸體認到，這種做事方式有如穿上水泥製的鞋子走路。「我開始相信，實驗可以解決兩個問題。」庫克說：「第一個問題是，如何讓一家成功的大公司保持靈活和創新，因為公司規模愈大和愈成功時，創新力和創業精神往往開始消退。第二個問題是依照老方法制定的決策往往是錯誤的決策。」

Intuit開始訓練員工「設計思考」。「設計思考」是一套探究問題（尤其模糊不清的問題）、蒐集資訊、想出創意解決方案的方法。設計思考者會採取全觀的角度，把創意注入工作中，以創新的方式解決問題。先由一小群創新思考者和主管帶頭，訓練100名組織中的領導者進行實驗，檢驗各種假設；蒐集資訊，並提出各種解決方案。這些領導者又以同樣的方式教導部屬。除此之外，還有150個散布於各部門的「創新觸媒」，負責在組織內推動實驗的文化。今天，Intuit鼓勵員工運用伽利略式的科學實驗方法來把玩檢驗各種新創意。

過去Turbotax.com事業部的員工一年會進行七個實驗。今天，他們會在報稅季節進行141個低成本的快速實驗，從星期四開始，以每星期為一個週期，測試構想，展開實驗，解讀資料，修正實驗，然後下個星期四再度進行測試。這種快速的實驗週期「釋放出員工的創新和創業精神」，庫克表示。

Intuit容許員工把10%的工作時間投入自己的發明。今

天，Intuit隨時都在進行低成本的小型實驗，這是Intuit公司探
索與創新過程的核心。提出創新構想的員工必須追蹤真實顧
客的反應，以證明自己的概念行得通；最有潛力的新構想會
自然浮現。Intuit以這種方式開發出SnapTax報稅程式（可以
利用智慧型手機內建相機準備稅表，並直接用手機報稅）；
SnapPayroll（讓雇主透過手機支付員工薪水）；還有Intuit
Health Debit Card為無力負擔員工健保的小公司提供醫療保險
等等。

這類實驗往往會帶來新的產品特色。舉例來說，研發團隊
設計了關於報稅情況的特殊實驗問題，之後軟體可根據答案，
建議使用者採取標準扣除額或列舉扣除額。實驗結果顯示，這
個新功能可以將填稅表的時間縮短75%，所以後來的TurboTax
軟體免費版本都增加了這個名為「捷徑」的新功能。

Intuit開發團隊也設計了Audit Support Center軟體，能夠
引導所有顧客如收到國稅局稽核信函般，經歷整個稽核過程。
測試結果證明，當他們把這項功能放上網站後，更多顧客開
始利用TurboTax軟體來報稅。「我們的顧客轉換率 —— 在網
路上四處逛過之後實際購買產品的人數 —— 在六年內上升了
50%。」庫克表示。

協助印度農民脫貧

他們也鼓勵員工針對嚴重的社會問題，提出解決方案。

舉例來說，有個印度團隊為印度農民開發出一種叫「FASAL」（在北印度語中的意思是「收穫」）的服務。團隊成員觀察到印度農家普遍非常貧窮，連最基本的生活必需品都十分匱乏（而他們在印度社會中占了一半的人口）。這群工程師很想知道應該如何改善農民的生活？

於是，Intuit團隊自行展開研究，觀察貧窮的農民在田裡工作和在市場上的行為。大多數農民平常只會接觸到一、兩個市場，市場之間通常相隔一段距離，農民在每個市場上，都需要透過中間人取得農產品的價格。中間人坐在棚子下，透過手勢比出價錢。市場上沒有透明的訂價機制，而且訂價往往不利於農民。但是農民掌握了一項優勢：他們有手機。

所以，這群工程師的構想是：利用手機簡訊應用程式，讓農民得知不同市場的中間人各自開出什麼價錢。工程師花了幾個星期做了快速簡單的實驗，來測試他們的概念。他們以手鍵訊息的方式，發簡訊給120個農民，告訴他們，他們的農作物在哪個市場可以拿到比較好的價錢。實驗很成功，農民開始採用這個應用程式。今天，FASAL服務正幫助120萬印度農民脫離貧窮。

「FASAL不是慈善事業，我們把它當一門生意來經營，所以可以迎頭痛擊開發中國家最惡性的問題之一——鄉村貧窮。」庫克說。「我們走出去尋找我們有能力解決的最大問題，而其中有許多是社會問題。我們藉著粗略的快速實驗，設

法解決這些問題。」

我們正在和Intuit合作，進行幾十種現場實驗，希望了解
哪些方法奏效，以及為何有效。我們猜想許多實驗成果可能有
助於改善Intuit的財務績效。Intuit是一家卓越的公司，現場實
驗的基因深植於Intuit的DNA中。

節省醫療成本的關鍵

另外一家喜歡進行現場實驗的公司是Humana，從連鎖療
養院和醫院起家的醫療保險巨擘。「我喜歡知道怎麼樣把事情
做得有聲有色。」和藹可親、留著一把大鬍子的Humana董事
長麥克・麥考李斯特（Mike McCallister）表示。的確，麥考
李斯特總是不斷思考怎麼樣才能把事情做得更好。事實上，他
的思考模式比較像創業家 —— 或甚至田野經濟學家 —— 而不
是執行長。無論其他人多麼相信自己的直覺，麥考李斯特只相
信自己的反直覺。「我試圖找出可行的方法。」他說：「人們
假定這些事行不通，但誰知道是不是真的行不通呢？不妨實際
找出答案！」

比方說，Humana在成為醫療保險公司之前，曾經擁有醫
院和醫療大樓，當時麥考李斯特掌管醫療部門。醫療部門虧
錢，但醫院藥局卻賺錢。麥考李斯特的聰明點子是：把某些
藥局附設於醫療部門，看看與沒有藥局的醫療部門相較之下，
財務績效如何。結果證明，附設藥局的醫療部門比較賺錢。找

到證據之後，Humana在醫療部門普設藥局，後來果然賺錢。不管Humana或其他醫療保健業者，過去從來沒有人嘗試這樣做。我們主張，打破傳統模式需要膽識，從實地做實驗得到的證據能帶給你信心，相信自己的想法是正確的。

Humana轉型為醫療保險公司，麥考李斯特也當上執行長之後，開始試驗其他政策。Humana發現公司的醫療成本失控，部分原因是員工不好好照顧自己的健康。麥考李斯特相信每個人都要為自己負責，所以他告訴員工，公司不會告訴他們該怎麼做，大家必須一起解決問題。其中一個方法是進行提供了誘因的小實驗。Humana推出員工減重計畫，參與的員工在計畫開始和結束時都必須測量BMI值（身體質量指數）。身材變得比較苗條的人可以參加抽獎，獎品是一張一萬美元的支票。不出所料，這個誘因在公司內引發一陣騷動 —— 而沒錯，有些人的確成功減重。

減重實驗是個很小的實驗；但Humana今天正在進行一項大規模實驗。雖然麥考李斯特認為，所有的人都應該享有他們負擔得起的醫療保健措施，他也知道美國聯邦醫療保險制度缺乏投資於預防保健的誘因。麥考李斯特指出，這種情形造成「對服務的詐騙、濫用和過度使用」。面對快速老化的龐大嬰兒潮世代，以及高漲的醫療保健成本，他認為應該有更好的醫療照護方式 —— 聚焦於病患的健康，並因此節省金錢，挽救生命。

　　為了達到這個目的，Humana 公司近來的口號是：幫助人們獲得終身福祉。但是要怎麼做呢？為了找到答案，他聘請茱蒂・伊斯瑞爾（Judi Israel）當顧問，打造「行為經濟學聯盟」。身為聯盟的一份子，我們協助設計現場實驗和行為介入措施。我們的共同目標是檢視哪一種介入方式最能幫助病患改善健康或穩定健康狀況，同時還能有效管理成本。

　　比方說，假定美國有個享有聯邦醫療險的老人家心臟病發。她熬過來了，在接受適當的治療後，出院回家。但是不到一個月，她又因為一些小問題而回院，例如沒有照醫生開的處方吃藥之類的。每家醫院的再入院病患平均會產生一萬美元的成本，還不包括像開處方、復健服務等額外成本。由於享有聯邦醫療保險的病患每五個人就有一人在第一次住院後一個月內再度入院，[3] 可能帶來巨大成本，而且對病人而言，再入院一點都不好玩。由於 Humana 的保險會涵蓋聯邦醫療保險未涵蓋的成本，如何因應這個問題牽涉到 Humana 的既得利益。

　　所以，Humana 公司分析一下資料，發現享有聯邦醫療保險的兩百萬保戶中許多人都再度入院。於是 Humana 指派分析團隊來因應這個問題，結果發現罹患慢性疾病（糖尿病、肥胖、心臟病、肺炎、鬱血性心衰竭等）的保戶再入院率最高。Humana 因此在病人出院後，還繼續追蹤他們的狀況。所有病人都會接到自動設定的電話，提供協助或免付費電話諮詢服務，但慢性病患者則會接到護士親自打來的電話，向他們一步

步說明如何自我復健照護，確定病患沒有偏離正軌。此外，護士還會探訪有數種慢性疾病纏身的病人，持續監督和輔導病患。超過十萬名罹患多種慢性病、享有聯邦醫療險的Humana保戶正接受這類協助。

透過對照實驗，Humana公司發現，派護士去探訪病人這類低成本而簡單的預防性介入措施，在幫助病患的同時，也能省下一大筆錢。我們繼續和Humana合作，我們相信，運用這些簡單的行為介入方式，將能大幅提升公司獲利。

從企業和醫療保健業的角度來看，這些措施都很有道理。「我們這一行一直都不是很創新。」麥考李斯特堅持：「技術是國家生產力的後盾，然而保險業或醫療保健業除了產品之外鮮有創新。我們試圖解決大問題，一方面控制醫療保健支出，同時因應惡化的健康狀況。或許我們的實驗心得可以散播出去。」

美酒何價？

聚焦於產品、服務和價格的現場實驗不是Intuit或Humana等大公司的專利，事實上，這種做法對小公司來說，可能更加重要，許多小公司每天都搖搖欲墜，在破產邊緣掙扎。

2009年夏天，葛尼奇夫婦接到一通電話，打電話的人姑且叫他「喬治」好了。喬治在加州德美古拉（Temecula）經營一家酒莊，德美古拉位於聖地牙哥東北方，是個步調慵懶的可

愛小鎮。喬治希望葛尼奇夫婦能協助他訂出酒的價格 —— 顯然，在他需要做的經營決策中，訂價是最重要的決策之一。葛尼奇夫婦欣然接受邀約，他們很高興有機會造訪喬治的酒莊，品嚐美酒，或許還能幫上一點忙。[4]

葛尼奇夫婦問喬治過去都怎麼決定價錢，聽到的不外乎：喬治會看看其他酒莊怎麼為類似的酒訂價，還有憑直覺，參考去年同類酒的價格等等。他以為企管教授來到酒莊以後，四處逛一逛，很快做些計算，就可以提出一些神奇數字，讓他發財。結果葛尼奇夫婦花了一些時間和他聊一聊之後告訴他，他們完全不曉得什麼才是正確的價格，神奇數字根本不存在，你可以想見喬治是多麼失望。他幾乎想沒收已經倒入他們杯中的美酒。

葛尼奇夫婦為了保住手中的美酒，提出協助方式 —— 沒有任何神奇方程式或高人一等的知識，只是簡單的實驗設計。替美酒訂價從來都不容易，因為酒的品質沒有客觀標準。我們自然而然會假設價格和品質之間的關聯性，在其他條件都相同的情況下，如果某部筆電因為重量較輕，而價錢較貴，大家會認為這是比較好的筆電。實際情況就是如此 —— 很難找到違反基本直覺的證據。

那麼，酒類市場也是一樣的情況嗎？通常我們都會這樣假定，由於酒類的價差幅度非常大，有幾塊錢美元一瓶的劣質威士忌酒，也有要價一萬美元一瓶的頂級酒莊羅曼尼康帝

（Domaine de la Romanée-Conti）1959年份的名酒。研究顯示，即使對產品品質的評價很主觀（例如品酒時，人們有截然不同的品味偏好），提高價格仍然會增加產品對消費者的吸引力。

遊客參觀喬治的酒莊時，和參觀這個地區其他酒莊一樣，他們可以品嚐不同種類的酒，並且從中選擇自己想買的酒。消費者通常會參加德美古拉品酒之旅，參觀一個接一個的酒莊，品嚐不同的樣品酒，然後購買自己喜歡的酒。葛尼奇夫婦拿來做實驗的是2005年份的卡本內蘇維濃（cabernet sauvignon），「混合了藍莓、黑醋栗甜露酒的複雜口味，還稍稍帶點柑橘味。」喬治過去都以10美元的價格銷售，也賣得很好。

我們在實驗中操控卡本內酒的價格，在進行實驗的幾個星期內，酒莊在不同的時間，分別以$10、$20、$40等不同價格出售這種卡本內酒。每逢實驗日，喬治會親自出面歡迎訪客，和他們說明品酒的過程。然後訪客走到吧檯前，負責品酒服務的人員會遞給他們一張單子，上面列出九種樣品酒的名稱和價格，價格從$8到$60不等，訪客可以從中挑選六種酒來品嚐。大多數酒莊都採取「從淡酒到烈酒」的順序列出可選擇的樣品酒，先從白酒開始，然後是紅酒，最後是甜酒。訪客通常也順著單子上的次序品酒，卡本內蘇維濃通常都排在第七。訪客可以花十五到三十分鐘品酒，然後決定要不要買酒。

實驗結果令喬治大吃一驚。當卡本內酒標價$20時，訪客購買的可能性比標價$10時高出50％！換句話說，當我們提高

價格時，卡本內酒反而變得更受顧客歡迎。

　　喬治採用這種零成本的實驗方式，並據以制定價格後，酒莊的獲利提升了11%。喬治欣然接受實驗結果，將卡本內酒的價格調高到$20。由於酒莊的客戶絕大多數都是只來一次的遊客（酒莊裡大部分的酒都在自己店裡賣出），只有極少數人會注意到價格的變動。

愛付多少，就付多少

　　找到「對」的價格固然重要，但有時候還不夠。因為這不僅僅是價格問題，還關乎顧客付錢的方式。

　　幾年前，加州大學聖地牙哥校區的研究生安柏・布朗（Amber Brown）進入迪士尼研究中心（Disney Research）工作，對年輕心理學家而言，這是夢寐以求的工作。迪士尼內部聘用了一群跨領域的研究人員，試圖運用科學方法來改善公司績效，並探索新技術、新市場和經濟問題。就如同Humana的例子，這群研究人員充分了解採用行為科學的研究，改善顧客經驗和公司財務績效的重要性。

　　差不多就在這時候，我們對於新興的行為訂價機制 ——「愛付多少就付多少」—— 愈來愈感興趣。採取這種訂價機制的著名例子是英國熱門樂團電台司令（Radiohead）。2007年，電台司令以數位下載方式，發行了一張新專輯，鼓勵歌迷登入電台司令的網站，然後依照自己選擇的價格，下載整張專輯。

歌迷可以免費下載專輯，或付出美元65分錢以上的代價（65分錢為信用卡公司的處理成本）。那麼，既然可以免費取得專輯，歌迷還願意付費嗎？結果他們有沒有付費呢？有趣的是，有數十萬名歌迷從網站下載這張專輯，其中大約半數付了一些錢。〔順帶一提，我們的朋友、最近獲得諾貝爾獎的艾爾·羅斯（Al Roth）總是喜歡說：「哥倫布不是發現美洲的第一人，而是最後一人。」在哥倫布之後，人人都知道有個「新」大陸。同理，這種訂價策略並非電台司令樂團首先發現的，但是由於他們太出名了，足以成為「最後」的發現者——再也沒有人需要「重新發現」新大陸。〕

這個例子告訴我們，即使在市場上，人們也並非完全自私自利。但從電台司令的模式和其他採取類似做法的公司得到的資料中，仍然有許多問題尚待解答。顯然人們願意付出的費用有時候會超出他們必須付的數目，但究竟這種訂價策略會為樂團帶來正面或負面的結果，仍然不明朗。和標準訂價機制相較之下，究竟電台司令因此賺更多，還是虧多呢？

我們決定透過現場實驗的方式，來研究「愛付多少就付多少」機制。[5]我們認為，如果把愛付多少就付多少的訂價策略與慈善活動相結合，可能會十分有趣。我們稱這樣的組合為「共同分擔社會責任」，因為如此一來，究竟要捐多少錢給慈善事業，不再單方面由企業決定，顧客也可以扮演部分角色。如果顧客購買產品時，可以愛付多少就付多少，那麼如果我們

訴諸「他們天性中的善良天使」，是否他們願意付更多錢呢？

　　所以，我們和迪士尼研究中心合作，設計了一個大型現場實驗，針對十萬名對象，測試愛付多少就付多少的訂價機制結合慈善捐款之後的效果。我們的實驗地點是迪士尼樂園中類似雲霄飛車的遊戲設施，遊客搭乘遊戲設施後，通常會買一張有他們尖叫大笑畫面的相片。

　　我們以兩種方式提供相片：遊客可依定價$12.95購買相片，也可以愛付多少，就付多少。我們還增加新的實驗組：將相片銷售利潤的一半捐給大家喜愛的知名慈善機構。實驗設計產生了四個實驗組，我們在一個月的期間內，在不同天進行不同組的實驗。

　　下頁的圖顯示每名搭乘遊戲設施的遊客帶來的利潤：

　　我們發現，採取標準定價$12.95時，加入慈善元素只稍微提高了相片需求量 —— 每位搭乘者創造的利潤只增加了幾分錢。但是，當參與者可以自由選擇價格時，發生什麼情況呢？需求量一飛沖天，買相片的人數是原本的十六倍（有8%的人購買，相較於原本的0.5%）。但由於他們每人平均只付一美元，迪士尼並沒有賺到錢。（別忘了：我們有興趣的實驗是能在企業和顧客之間創造雙贏的解決方案。要延續改革效益，這是最好的辦法。）

　　實驗結果中，我們最感興趣的是哪個部分呢？當我們結合愛付多少就付多少機制和慈善捐款後，有4%的人購買相片，

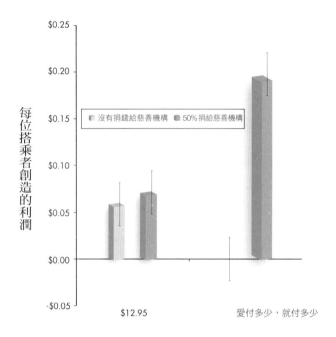

但他們付更多錢來買相片（大約每人平均5美元）。加入慈善捐款的選項之後，這項服務變得有利可圖。事實上，迪士尼樂園單靠在這個遊戲設施提供「愛付多少就付多少加上慈善捐款」的機制，每年就多賺60萬美元。大體而言，這項新的訂價策略也嘉惠慈善機構——而且應該也對顧客有好處，因為他們會覺得自己做了一件善事。

我們從這個實驗學到的重要一課是，如果你想讓客戶展現無私的行為，你必須先證明自己也會這樣做。當迪士尼同意實驗新的訂價機制時，公司對顧客發出的訊息是，迪士尼關心公

益，更重要的是，迪士尼願意分擔慈善行動的風險。我們學到的是，採取有創意的訂價策略將可兼顧賺錢與行善。（正如我們在第九章和第十章中的討論）

如何有效回收問卷？

我們在前一章曾經提到，大家都經常接到一堆垃圾信件，推銷一些聽起來好得令人難以置信的東西（或許正因為東西不是那麼好，或不那麼真實）。很多人從來不會開啟這類郵件，甚至連看都不看，就把它丟進垃圾桶。有的人即使打開信件來閱讀，通常也不理會裡面的內容或要求。這時，企業要如何透過直接信函或社交媒體來吸引你的注意呢？

假設你打開一封直接郵寄信函，從裡面掉出一張二十美元的鈔票。不管寄信人是誰，他很可能已成功吸引你的注意。出於好奇，你讀了放在信封裡的信函，這家公司要求你填寫問卷，並把它寄回。你會照做嗎？假如裡面附的是十美元的鈔票？或只有一美元呢？

我們在前面幾章說明了Smile Train或Wonder Work.org之類的慈善機構如何成功運用互惠的原則，也就是說，假如別人對你好，你也應該對他好的基本原則。但是，假如你們不是慈善機構呢？

在直接郵寄信函的例子裡，公司很貼心地寄現金給你，要求你做某件事來回報他們。假定你是一家大型連鎖商店的行銷

長，你問自己：要求人們回應DM廣告詞時，訴諸互惠的原則會是明智的做法嗎？你們公司在作問卷調查方面，累積了豐富的經驗，但並不是十分清楚郵寄信函時，哪種誘因最有效。

我們和任教於巴塞隆納自治大學（University Autonoma）的培德羅・雷比爾（Pedro Rey-Biel）合作，分析大型現場實驗的結果，這個計畫包含了29個實驗組和7,250個「俱樂部會員」，他們都是一家大型連鎖商店的顧客。[6]公司寄信請俱樂部會員花十五分鐘填寫問卷。他們感興趣的問題是：怎麼做比較好 —— 在直接郵寄信函中，預先付錢給顧客好呢？還是承諾在他們寄回問卷後再付款，效果更佳？

這麼說好了：如果公司從互惠的角度出發，同時寄出鈔票和問卷，希望收信者會填寫問卷，會不會爭取到更多回應？研究會不會更具成本效益？還是一切依照傳統模式，才是明智之舉？換句話說，是否應該以對待員工的方式對待收信者，必須完成工作才能得到獎勵？還是，公司根本不要理會什麼誘因這一套，直接把信寄出去就得了，毋須有任何獎勵？

在其中一個實驗組，這家公司寄出的信函中有半數附上現金，金額從$1到$30不等（我們稱之為「社會」實驗組，因為互惠是一種社會現象）。在另外一個實驗組，公司答應3,500個收信者，只要他們填寫問卷，就會寄支票給他們（金額和另外一個實驗組相同，我們稱之為「條件」實驗組）。在對照組中，公司單單把問卷寄給250人，請他們回答問卷。右頁圖表

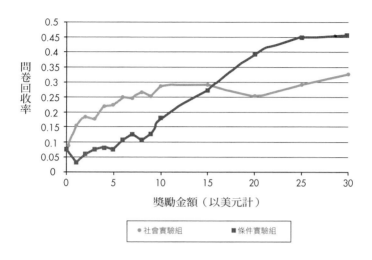

顯示會員的回應。

　　這張圖表顯示「突破點」大約在15美元左右。我們發現，獎勵金額低於15美元時，直接寄錢給會員，會員會覺得應該依照互惠原則，有所回報，因此比較可能寄回問卷，即使獎勵金額少到只有1美元也一樣。事實上，獎勵金額只有1美元時，採取「填寫並寄回問卷，留下1美元」的方式，回覆問卷的人遠高於另一組。但金額提高到$15之後，則有更多人回應條件式的「先填寫問卷然後我們再付錢給你」信函。

　　重要的是，條件式的做法比直接付錢的方式更省錢。這很合理：畢竟只寄錢給回覆問卷的人，一定比寄錢給每個人（不管他們有沒有回答問卷）便宜得多。社會組回收問卷的平均成本為$45.40，是條件組平均成本$20.97的兩倍多。結果，社會

組的總成本幾乎是條件組的三倍（\$38,820 vs. \$13,212）。

會直接郵寄信函的公司可以從這個練習學到什麼呢？如果由於預算限制，針對每一封寄回的問卷，你們只付得起一美元的獎勵，那麼不如一開始就把現金放在信封內，人們（至少好心人）會欣然接受，並有所回報。但如果你可以花多一點錢提供個人獎勵，那麼最好只付獎金給寄回問卷的人。當然，兩組可能會抽到不同的樣本。我們猜當你有條件地提供獎金時，會有更多回答問卷的人採取經濟學家的思維；而當你預先付款時，他們就會比較接近非經濟學領域的思考方式了。

中國之旅

我們在第四章曾經談過，以「有所得」或「有所失」的不同框架設定方式發獎金，會影響老師和學生的表現。企業可以把得失框架當成重要工具。假定你是行銷經理，負責的產品是「Sunny Sunscreen SPF 50 Lotion」防曬乳液，你必須決定在促銷訊息中要怎麼樣加油添醋、博取好感。你可能會採用這樣的「獲得框架」或正面訊息：「使用Sunny Sunscreen可以減少罹患皮膚癌的風險」或「使用Sunny Sunstation能幫助你保持皮膚健康」。反之，「損失框架」或負面訊息可能是「假如沒有Sunny Sunstation，你罹患皮膚癌的風險將會大增」或「不使用Sunny Sunstation，就無法確保皮膚健康」。

同樣的，經理人可以告訴員工：「如果我們今年能提高

10％的產量，大家都可以分紅！」或「如果我們不能提高10％的產量，就沒有人能夠領到獎金。」你認為哪一種框架是比較好的激勵誘因呢？

為了找出答案，我們和多倫多大學教授譚金・霍塞恩（Tanjim Hossain）一起，飛到生氣勃勃的現代城市廈門，廈門位於中國南方的沿海省份福建，離香港不遠。[7]

廈門有許多大型工廠，例如戴爾和柯達都在廈門設廠。我們在一家有兩萬名員工、製造銷售電腦電子產品的中國高科技公司，進行為期六個月的實驗。這家叫萬利達（Wanlida）的公司生產和銷售手機、數位影音產品、GPS導航裝置、小家電之類的產品，並將產品出口到五十多個國家。

想像一下，你是個二十來歲的年輕女子（姑且叫你「林莉」），你在萬利達上班，負責檢查個人電腦電路板。你每個星期一早上走進工廠，在自己的座位坐下來，打開放大工作燈（就好像牙醫或外科醫生用的那種燈）。你套上輕量手套，拿起一塊電路板，開始檢查每一個晶片、凹處和裂縫，尋找可能的瑕疵。你每天都重覆相同的工作九小時，每星期工作六天，當然辛苦工作後也會領到薪水。

有一天，你接到管理階層的來信：「親愛的林莉：」信裡寫著：「只要貴小組每週平均產量超過每小時400件，你們每週就會領到80人民幣的獎金。」人民幣80元相當於12美元，對中國的藍領工人而言，是很不錯的獎金。因為中國勞工平均

薪資大約在人民幣290元到375元之間，80元已經超過薪水最高的工人週薪的20%。收到信的165位工人都不曉得他們正參與一場實驗。

林莉感到精神振奮，帶著笑容回去工作。另外一個年輕員工（姑且叫他「紀彭」），收到的信內容不太一樣：「親愛的紀彭：你將領到一筆人民幣320元的獎金。不過只要貴小組每週平均產量低於每小時400件，每週將會減薪80元人民幣。」紀彭不太確定自己對這項安排的感覺如何，不過他仍然滿懷熱情地回去工作。

這類框架設定方式是否令你想起我們在第四章中對學校師生做的實驗，我們告訴他們，假如他們表現不好，就會失去獎金。你或許也注意到，這類框架結合了紅蘿蔔（「你會得到一筆獎金」）和棍子（「如果你們生產的數量不足，我們就會拿走獎金」），而且故意發出混雜的訊息，因為我們希望在實際的工廠情境下，看到社會科學家所說的「規避損失」效應。

當我們覺得我們「擁有」某個東西 —— 例如上社交網站的特權（假如你還未滿十三歲的話）、收藏1960年代老唱片、我們的車子、房子、工作，還有沒錯，我們的獎金 —— 可能失去這些東西，都會令我們很不開心。

回到工廠的情境。那麼哪些人或哪些小組表現最佳呢？像林莉一樣，收到紅蘿蔔的員工嗎？還是像紀彭一樣，收到棍子的人呢？在你大膽猜測之前，先問問自己，哪一種方式比較能

有效激勵你：「獲得框架」，還是「損失框架」？如果你在團隊中和其他人一起工作，當你知道每個成員的表現都會影響整個團隊的獎金時，究竟是獎勵框架，還是懲罰框架，會令你更加努力工作？

以下是我們的發現：只要有獎金誘因，就能提升生產力。產生的效應對團隊成員而言，大約在4%到9%之間，對個別員工，則在5%到12%之間。考量獎金的幅度，這是相當大的效應。但更有趣的是，雖然個別員工沒有受損失框架太大的影響，團隊成員的生產力卻提升了16%到25%，超越在獎勵框架下的員工。而且你知道嗎，錯誤和瑕疵並沒有增加。

整體而言，我們發現萬利達可以利用簡單的框架設定來提升團隊生產力。但是，這些效應會不會隨時間而消退呢？員工會不會逐漸降低生產力，或對懲罰性誘因不再有反應？答案是：「不會。」在實驗的六個月期間，週復一週，懲罰框架一直能有效提升生產力。

顯然，害怕損失比期望獲得更能有效激勵員工。換句話說，如果紅蘿蔔長得更像棍子一點，也許效果會更好。但是，如果公司採取這種恩威並施的兩手策略來對待員工，誰想為這樣的公司工作呢？這麼說好了，損失是人生必須面對的現實，總是有人需要忍受損失。我們相信損失是極具威力的激勵要素。企業曾經以裁員或解僱的威脅，來刺激生產力提升，但除了這類大規模的威脅，企業很少運用損失框架。

當然，如果你是企業經理人，你不需要像本書的研究一樣，運用這些處心積慮設計出來的誘因。只要讓員工知道產量高低和他們有利害關係，然後聚焦於產量不足可能帶來的損失，應該就能達到前面所說的效果，而不需要藉由操弄各種誘因來威嚇員工。

點破「國王沒有穿新衣」？

那麼，企業為什麼不多做實驗呢？因為企業進行實驗時，往往會碰到許多障礙。庫克告訴我們，其中一個障礙是掌權者喜歡緊緊抓住他們的PowerPoint，不希望被無名小卒點破國王其實沒有穿新衣，或告訴他可以用不同的方式來治理王國。

另外一個困難純粹是官僚制度的惰性。舉例來說，2009年夏天，我們招募一批學生來幫忙，在一家大公司做關於誘因的現場實驗。公司代表到聖地牙哥和我們見面，說明他們面臨的簡單問題，並同意在兩個月內展開實驗。但過了四年，這項研究計畫仍然埋藏在龐大組織的某處，默默等待管理階層批准。

有些時候，經理人會因為變動和未知中隱含的不確定因素而感受威脅。不要推出新方法，而沿用傳統方式，做起事來會順手許多，只要行得通，這樣做似乎比較安全（「只要東西還沒壞，就別去修理它」）。經理人也認為，公司付他們薪水，是要他們提出解決方案，做困難的決定，以提升公司經營績效。換句話說，公司預期他們面對種種挑戰時，早已胸有成

竹。如果選擇做實驗，似乎在暗示其實他們也不知道答案，可能會傷害專業形象，顯示他們似乎沒辦法做好自己的工作。

有兩個方法可以克服這些困難：由上而下或由下而上。首先，公司管理階層需要克服典型的「短期利潤優先」心態，應該像庫克及麥考李斯特那樣，鼓勵（甚至獎勵）能改善公司績效的實驗。如此一來，他們必須雇用並訓練員工設計和執行實驗，分析數據，並據以推論。由下而上的方式則是，低階經理人可以實地進行小規模現場研究，然後向管理階層簡報結果，提供他們關於這項研究的成本效益分析。

要改變歷經考驗（即使不見得真實可信）的思維模式，從來都不是容易的事情。最後仍然要結合領導人的膽識、教育訓練和實做經驗，才能塑造注重實驗的文化。如果公司能在這方面卓然有成，就可以共同努力，重新塑造產業的面貌。

我們看過太多高階主管由於太愛自己想出的點子，以至於貿然付諸實施，結果引起強烈反彈，Netflix（以及在它之前之後的許多公司）就是如此。我們曾看過許多企業領導人採取恩威並施的策略，希望提升生產力，結果徒勞無功。我們也看過許多公司試圖為產品找到對的價格，卻完全不清楚產品在消費者心目中的價值。人們不斷犯下這些代價高昂的錯誤，但其實這些錯誤完全可以預先防範。

　　相反的，能實地進行實驗的大大小小企業都賺更多錢，也吸引到更多顧客。Intuit透過先測試小構想，然後再把其中的好構想擴大推行，而成功擴張市場。Humana發現，如果能透過有效的處方和自我照護來協助年長者，老人家就不必常常進出醫院，公司也會省下幾百萬美元。像萬利達這樣的科技大公司學到的是，提供員工獎金，同時又威脅著要把獎金拿走，能大幅提高生產力。北加州的小酒莊為酒的訂價做實驗，結果發現顧客其實願意付兩倍的價錢來買酒。迪士尼學到的是，遊客搭乘遊樂設施後購買快相時，讓他們愛付多少就付多少，是很好的方法，尤其當遊客知道付的錢有半數會捐給慈善機構時，效果更是奇佳。

　　對企業而言，最重要的是：你們究竟想不想賺更多的錢？如果答案是肯定的，那麼就應該推行現場實驗。你們想躋身卓越企業之列嗎？如果想的話，那麼請做現場實驗。

人生好比實驗室

近四百年前，伽利略做了史上第一個有紀錄的實驗室實驗。他讓沉重的圓球從木板斜面滾下來，以檢驗重力加速度的理論。從此以後，在實驗室做的實驗成為科學研究的基石。著名的理論物理學家理查・費曼（Richard Feynman）曾指出，實驗是科學研究的原則，也是所有知識的最佳檢驗。他說：「實驗是評斷科學『真理』的唯一裁判。」今天，經濟學家愈來愈常運用物理學的實驗方式，來了解人類行為。[1]

目前這類實驗多半在實驗室進行。實驗室的種種實驗改變了經濟學家看待世界的方式，諾貝爾獎評選委員會在2002年頒獎給康納曼和臥龍・史密斯（Vernon Smith）時就指出這點。但經濟學家只在實驗室中檢驗人類行為的情況正在改變。

我們也投入這個新興的經濟學領域，試圖運用現場實驗來了解世界。雖然我們還在等待經濟學界的朋友及其他領域的學者共襄盛舉，但各位可以自行展開行動，把我們提供的工具應用在日常生活中，從訓練家中幼兒大小便到經營跨國公司，看看哪些方法能真正奏效。

那麼應該從何著手呢？

實驗設計的思維

先思考一下你想改變的結果是什麼。也許你的目標是增加公司獲利；也許你希望說服孩子更用心於課業。你可能想協助美國畸形兒基金會（March of Dimes）在健走活動中募到更多

捐款，或設法削減能源成本。制定明確的目標，知道自己想改變什麼，也知道該如何衡量成果，都非常重要。先聚焦，再衡量，對企業而言也同樣重要。舉例來說，成績和測驗分數，能源的瓦特數和生產力，都是可以衡量的指標。

下一步是想出幾種達成可衡量目標的方法。一般而言，我們會先從一個前提開始：誘因很重要。簡單的財務誘因固然有效，但非財務誘因有時會帶來更大衝擊。比方說，假設你讀小學三年級的孩子迷上電玩，說不定你可以利用他的新嗜好。告訴他，只要課業成績有進步，就可以換取額外的電玩時間，在這個年紀的孩子眼中，這可能是最珍貴的獎品。（不過這個方法並非對所有孩子都能奏效。我們發現，等到孩子年紀漸長時，非財務誘因的威力就會減弱。但不妨自己做實驗，看看哪些法子最適合你的個別處境。）

有時候，去除不好的誘因也能帶來截然不同的結果。舉例來說，假設在你們這棟公寓大廈裡，所有居民都共用一個電表，大家平均分攤電費，這就是不好的誘因。我們在第一章提過，分攤費用可能誘使人們比平常消費更多。如果能以較合理的制度取而代之（例如每個人分別裝設電表），應該能降低不必要的花費。

擬好計畫之後，你只需要擲銅板或做一點隨機抽樣。你希望比較「實驗」情境和「對照」情境會產生什麼不同結果。舉例來說，假設你想買一部二手車，為了和車商討價還價，拿

到較低的價錢，你設計了兩種策略。你車商碰面之前，可以先
擲銅板決定要用哪一種策略來對付哪個經銷商。假如擲銅板的
結果是「正面朝上」，那麼你就先跟車商出價。假如「反面朝
上」，就等車商出價。怎麼樣才能拿到比較划算的價錢呢？如
果你還想深入了解，不妨拜訪第三名車商，並且先出價。或試
試下面這個方法：告訴某些車商：「我今天會拜訪五家汽車經
銷商。」讓他們知道，「我並不是只造訪一家汽車經銷店。」
然後看看會發生什麼事。

實驗機會俯拾皆是

或者你很喜歡買古董，逛了幾家容許議價的古董店。例
如，在其中一家店裡，你可以告訴店家，你今天沒有時間和他
們慢慢討價還價，希望他們直接告訴你，這個 1790 年代的小
巧梳妝台，他們可以給的最低價是多少。到了另一家店，你們
照常討價還價。在哪一種情況下，你可以拿到較低的價格？

或是你在一個非營利組織當義工，你希望幫組織募到更
多捐款，因此協助他們進行郵寄募款信的宣傳活動。你們可以
試試看在寄給潛在捐款者的信函中，隨機挑出半數收信者，在
信中附上相對捐款的說明。[2] 在上述例子中，隨機抽樣都是關
鍵，目的是排除可能影響實驗結果的競爭性假說。

進行經濟學實驗的好處是，你不需要擁有博士學位，也
能設身處地思考實驗對象的處境。假定你正在外地出差，你在

抵達後的次日，離開旅館房間外出，讓服務生收拾房間。第一天，不要留下任何小費，然後回房間的時候，很快檢查一下服務生把房間收拾得多乾淨。第二天，留下幾塊錢小費，回到房間時，比較一下房間有沒有變得比較乾淨。第三天，留下更多小費，以此類推。你可能發現，第三天回房間時，枕頭底下多了幾塊巧克力。這個實驗或許能幫你決定以後出差時，應該給多少小費。

或當你主持晚宴時，可以試試下面的實驗。上酒的時候，服務生不是從酒瓶中倒酒，而是把價格不同的酒類裝在餐桌用的玻璃瓶中，然後請賓客選擇他們覺得最好的酒。這不失為一個好方法，幫助你了解下次請客時該選哪種酒，你很可能發現，你和賓客最喜歡的反而不是那些最昂貴的酒。

我們相信，經濟學工具可以發揮很大的效果，以實用的方式，解決重要問題。當研究人員配備著我們介紹的各種方法，不再藏身於電腦鍵盤後面，而走上街頭時，發現的事實將促使他們以新眼光看待過去的種種理論和假設。

實踐熱情的科學

經濟學家發現，他們在實踐的是熱情的科學，而非沉悶可悲的科學 —— 是受個人興趣驅使，探索人類情感的科學，而且產生的成果可能讓世界變得更美好。但改變的機會不只限於經濟學的領域。我們相信社會學、人類學、企管、教育和其他

領域的研究人員都有很多機會運用經濟學現場實驗的工具，實際去改善世界各地數百萬人的生活。

我們在本書中一再指出，我們的社會在因應教育、歧視、貧窮、健康、性別平等和環境等重大而頑強的問題時，之所以成效不彰，是因為我們沒有齊心協力，拋開假設，努力找出可行的做法，以及了解背後的原因。我們不斷錯失機會，沒有好好利用科學研究工具來了解我們最迫切的問題。如果不了解人生其實好比實驗室，每個人都必須從各種發現中學習，我們就不可能在重要領域中有所斬獲。

但借用約翰·藍儂（John Lenon）的話，我們希望各位能想像一下不同的選擇。想像一下，如果全世界數以千計的科學家都能應用我們描述的科學方法，解決重大問題，將會是何情景。想像一下，一連串實驗在世界各地持續進行，所有的實驗都致力於穿透表象，深入探究我們所面對的重大問題。想像一下，如果在蒐集了大量回饋之後，我們可以測試、測試、再測試，找出真正有效的方案，並了解背後原因，將會帶來什麼改變。想像一下，如果世界各國政府可以運用這些知識，根據扎實的實證資料，進行廣泛的政策改革，又會出現什麼情況。

所以，你已經掌握基本概念了，不妨開始實驗吧！你毋須身披白袍，只要大膽走出去，弄清楚現實世界實際發生的事情，然後讓我們曉得你有什麼發現，或開始萌生什麼不同的想法。

謝辭

進行現場實驗需要花很多時間,很多時候都離家在外。本書的內容乃是多年來在世界各個不同角落蒐集累積的成果。如果沒有我倆的另一半Ayelet和Jennifer的支持及鼓勵,本書不可能問世。我們對她們的感激之情非筆墨所能形容。

我們也需要提出理論,解讀資料,撰寫長篇學術論文。感謝我們的孩子容許我們長時間埋首電腦桌,沒有來打擾我們。

一本書的出版,確實需要集合眾人的力量。雖然他們人數太多,很難在此一一唱名,我們仍衷心感謝許多共同作者、研究助理和同僚,讓我們得以追求自己的夢想。如果沒有你們的協助,本書根本不可能完成。還要謝謝我們的指導教授Eric van Damme和Shelby Gerking引領我們進入學術界。

Bronwyn Fryer在書稿寫作上扮演關鍵角色,也不斷為我們的研究注入新生命。我們每天都從她出色的文筆中學到很多,她把我們的學術文章變成街坊鄰居都看得懂的內容。還有

我們的經紀人Levine Greenberg Literary Agency的James Levine
所提供的專業支持和卓越指引，引領我們順利走過本書出版
過程中的曲曲折折。如果不是Bronwyn和James卓越的工作成
效，這一切都不可能實現。

　　我們的編輯John Mahaney在潤飾書稿時，提供了許多專業
的建議和協助，他敏銳的洞見將我們的思維磨練得更加鋒利。
我們的美術設計師所設計的書皮封面有效表達了我們想要傳達
的訊息。也要謝謝出版公司PublicAffairs相信我們，容許我們
依照自己的方式來寫作，以傳達我們認為重要的訊息，同時賦
予我們很大的彈性。

　　最後要感謝許多人士批評指教協助我們形成書稿內
容， 包 括：Jennifer List、Ayelet Gneezy、Augie List、Alec
Brandon、Molly Wright Buck、Joseph Buck、Winnie Pitcock、
David "Lenny" Haas、Michael Price、Anya Samak、Edie
Dobrez、Katie Baca-Motes、Sally Sadoff、Jeff Livingston、
Steven Levitt、Stephen Dubner、Dave Novgorodsky、David
Herberich、Annika List、Sandi Einerson、Jeff Einerson、Ron
Huberman、Scott Cook、Freddie Chaney、Michael Goldberg、
Pete Williams、Joe Gonzalez、Ryan "Mamba" Pitcock、Eric
Faoro、Pete Bartolomei、John Friel、Michael McCallister、
Brian Mullaney、Min Lee、Katie Spring，以 及 我 們 在Intuit和
Humana的朋友和合作夥伴。謝謝各位一直以來的協助和支持。

附註

前言

1. Syed Z. Ahmed, "What Do Men Want?" *New York Times*, February 15, 1994, A21.
2. David Brooks, "What You'll Do Next," *New York Times*, April 15, 2013.
3. 書中用到「我們」一詞時，表示作者其中一人或兩人都參與文中所敘述的實驗，此外，有時候我們會在書中用化名，以保護不希望曝光的人。
4. *All in the Family*, Season 2. Accessed on YouTube, March 25, 2013, http://www.youtube.com/watch?v=O_UBgkFHm8o.
5. Thomas Carlyle, "Occasional Discourse on The Negro Question," *Fraser's Magazine* (December 1849). Reprinted as a separate pamphlet (1853), reproduced in *The Collected Works of Thomas Carlyle* vol. 13 (1864).

第 1 章

1. Uri Gneezy, Steven Meier, and Pedro Rey-Biel, "When and Why Incentives (Don't) Work to Modify Behavior," *Journal of Economic Perspectives* 25 (2011): 191–210, http://rady.ucsd.edu/faculty/directory/gneezy/pub/docs/jep_published.pdf.
2. Uri Gneezy and Aldo Rustichini, "A Fine Is a Price," *Journal of Legal Studies* 29 (January 2000): 1–17.
3. Uri Gneezy and Aldo Rustichini, "Pay Enough or Don't Pay At All," *Quarterly Journal of Economics* (August 2000): 791–810, http://rady.ucsd.edu/faculty/directory/gneezy/pub/docs/pay-enough.pdf.
4. 一如我們的好友艾瑞利（Dan Ariely）已指出的，支付的貨幣類別有重要性。金錢尤其有別於大部分的支付形式。艾瑞利和研究伙伴海曼（James Heyman）的研究一開始顯示，相較於得到一小筆酬金的學生，無給工作的學生（幫助其他學生把沙發搬上車）比較認真幫忙。還有一組是得到糖果。一如他們預期的，實驗結果發現，得到糖果為報酬的人比拿到一小筆酬金的人努力幫忙，但努力程度和沒有任何酬禮的人相當。但有趣的是：在另一組實驗裡，他們把價格標籤留在糖果上。他們預測一旦學生知道糖果的零售價，他們的努力程度會和得到酬金的組別相同。實驗結果也確實如此。參閱："Effort for Payment," *Psychological Science* 15, no. 11 (2004).
5. Uri Gneezy, Ernan Haruvy, and Hadas Yafe, "The Inefficiency of Splitting the Bill,"

Economic Journal 114, no. 495 (April 2004): 265–280.

6. Our friends Stefano DellaVigna and Ulrike Malmandier demonstrated this in "Paying Not to Go to the Gym," *American Economic Review* 96 (2006): 694–719, http://emlab.berkeley.edu/~ulrike/Papers/gym.pdf.

7. Steven A. Burd, "How Safeway Is Cutting Health-Care Costs," *Wall Street Journal*, June 12, 2009.

8. See David S. Hilzenrath, "Misleading Claims About Safeway Wellness Incentives Shape Health-Care Bill," *Washington Post*, January 17, 2010.

9. Gary Charness and Uri Gneezy, "Incentives to Exercise," *Econometrica* 77 (2009): 909–931.

第 2 章

1. *Archive of Remarks at NBER Conference on Diversifying the Science & Engineering Workforce*, January 14, 2005. See also "Lawrence Summers," Wikipedia, http://en.wikipedia.org/wiki/Lawrence_Summers#cite_note-harvard2005%E2%80%9336 (last accessed March 26, 2013).

2. Daniel J. Hemel, "Summers' Comments on Women and Science Draw Ire," *The Harvard Crimson*, January 14, 2005, http://www.thecrimson.com/article/2005/1/14/summers-comments-on-women-and-science/.

3. "Fast Facts: Degrees Conferred by Sex and Race," National Center for Education Statistics, http://nces.ed.gov/fastfacts/display.asp?id=72 (last accessed March 26, 2013); "Women in Management in the United States, 1960–Present," Catalyst, http://www.catalyst.org/publication/207/women-in-management-in-the-united-states-1960-present (last accessed March 26, 2013); and Patricia Sellers, "New Yahoo CEO Mayer Is Pregnant," *CNN Money*, July 16, 2012, http://postcards.blogs.fortune.cnn.com/2012/07/16/mayer-yahoo-ceo-pregnant/ (last accessed March 26, 2013).

4. "Working Women: Still Struggling," *The Economist*, November 25, 2011, http://www.economist.com/blogs/dailychart/2011/11/working-women.

5. See Jeffrey A. Flory, Andreas Leibbrandt, and John A. List, "Do Competitive Work Places Deter Female Workers? A Large-Scale Natural Field Experiment on Gender Differences in Job-Entry Decisions," NBER Working Paper w16546, November 2010.

6. 最後我們提供工作給一些應徵者。

7. It is not appropriate—and in some cases it's illegal—to ask the job applicant about their gender. So we resorted to a tried and true method to determine whether each applicant was male or female—the applicant's first name. Based on probabilities

derived from the Social Security Administration (SSA) database on name popularity by gender and birth year in the various cities, we assigned gender. For any names not included in the SSA database, we used an additional database created by baby-name collector Geoff Peters, which calculates gender ratios by first name, using the Internet to analyze patterns of name usage for over 100,000 first names. Finally, for gender-neutral names, where neither database yielded a large enough gender ratio to make a confident assignment, we searched the Internet for gender identifiers of the actual subjects themselves on their social-networking websites. In the end, we are pretty confident that we had the genders correct.

8. For a laboratory test of this, see Muriel Niederle and Lise Vesterlund, "Do Women Shy Away from Competition? Do Men Compete Too Much?" *Quarterly Journal of Economics* 122, no. 3 (2007): 1067–1101.

9. Uri Gneezy, Muriel Niederle, and Aldo Rustichini, "Performance in Competitive Environments: Gender Differences," *Quarterly Journal of Economics* 118, no. 3 (2003): 1049–1074, http://rady.ucsd.edu/faculty/directory/gneezy/pub/docs/gender-differences.pdf

10. 關於為何女生對數學、工程和科學領域裏足不前，而且在科學、科技和數學領域的從業人數遠少於男性，討論的文獻繁多。See Valerie Strauss, "Decoding Why Few Girls Choose Science, Math," *Washington Post*, February 1, 2005, http://www.washingtonpost.com/wp-dyn/articles/A52344?2005Jan31.html; and Jeanna Bryner, "Why Men Dominate Math and Science Fields," *LiveScience*, October 10, 2007, http://www.livescience.com/1927-men-dominate -math-science-fields.html (last accessed March 26, 2013).

11. Uri Gneezy and Aldo Rustichini, "Gender and Competition at a Young Age," *American Economic Review Papers and Proceedings* 94, no. 2 (2004): 377–381, http://rady.ucsd.edu/faculty/directory/gneezy/pub/docs/gender.pdf.

12. 與我們大部分的大型實驗不同（例如我們目前在芝加哥公共學院進行的），在偏遠地點的調查工作，規模相對小，也會運用到一些實驗室設定條件的技巧。我們稱這類研究為「人為現場實驗」或「田野實驗室」研究。Uri Gneezy, Kenneth L. Leonard, and John A. List, "Gender Differences in Competition: Evidence from a Matrilineal and a Patriarchal Society," *Econometrica* 77, no. 5 (2009): 1637?1664, http://rady.ucsd.edu/faculty/directory/gneezy/pub/docs/gender-differences-competition.pdf.

13. Dorothy L. Hodgson, "Gender, Culture and the Myth of the Patriarchal Pastoralist," in *Rethinking Pastoralism in Africa*, ed. D.L. Hodgson (London: James Currey, 1639, 1641, 2000).

14. "Male Boards Holding Back Female Recruitment, Report Says," *BBC News*, May 28, 2012, http://www.bbc.co.uk/news/business-18235815.

15. Aileen Lee, "Why Your Next Board Member Should Be a Woman," TechCrunch, February 19, 2012, http://techcrunch.com/2012/02/19/why-your-next-board-member-should-be-a-woman-why-your-next-board-member-should-be-a-woman/ (last accessed March 26, 2013).

16. Barbara Black, "Stalled: Gender Diversity on Corporate Boards," University of Dayton Public Law Research Paper no. 11–06, http://www.udayton.edu/law/_resources/documents/law_review/stalled_gender_diversity_on_corporate_boards.pdf.

第3章

1. Garrett Hardin, "The Tragedy of the Commons," *Science* 162 (1968): 1243–1248.

2. 這項框架操作借用自我們的朋友安德烈歐尼（James Andreoni），他最廣為人知的是將有趣的變項納入公共財賽局。

3. Linda Babcock and Sara Laschever, *Women Don't Ask: The High Cost of Avoiding Negotiation—and Positive Strategies for Change* (New York: Bantam, 2007).

4. See Andreas Grandt and John A. List, "Do Women Avoid Salary Negotiations? Evidence from a Large-Scale Natural Field Experiment," NBER, working paper, 2012.

5. "Best Companies for Women's Enhancement," Working Mother, http://www.workingmother.com/best-companies/deloitte-3 (last accessed March 26, 2013).

6. See Richard A. Lippa, Gender, *Nature and Nurture* (Mahwah, NJ: Laurence Erlbaum Associates, 2005).

7. Steffen Andersen, Seda Ertac, Uri Gneezy, John A. List, and Sandra Maximiano, "Gender, Competitiveness and Socialization at a Young Age: Evidence from a Matrilineal and a Patriarchal Society," forthcoming in *The Review of Economics and Statistics*.

第4章

1. Thomas D. Snyder and Sally A. Dillow, *Digest of Education Statistics* 2010 (Washington, DC: US Department of Education, National Center for Education Statistics, Institute of Education *Science*s, 2011).

2. See Richard Knox, "The Teen Brain: It's Just Not Grown Up Yet," National Public Radio, March 1, 2010, http://www.npr.org/templates/story/story.php?storyId=124119468. For a fascinating insight into teenage brains, see Frontline's program, "Inside the Teenage Brain," http://www.pbs.org/wgbh/pages/frontline/

shows/teenbrain/.

3. 我們的朋友、同事、許多本書討論的研究的參與者佛瑞爾，是全美學校實行財務誘因的重要推手。

4. 莎莉現任加州大學聖地牙哥校區助教授。

5. 關於他們的故事，以及實驗的更多詳情，請參閱：the fourth episode in the 2010 documentary "Freakonomics"("Can You Bribe a Ninth Grader to Succeed?").在 紀錄裡，優瑞爾贏得樂透，得到搭乘禮車的機會，但這是能否稱得上是夢幻的一幕，我們不得而知。雖然優瑞爾不是選定的實驗對象，但他的成績確實進步，得到抽獎資格。For the academic paper on which this episode is based, see Steven D. Levitt, John A. List, and Sally Sadoff, "The Effect of Performance-Based Incentives on Educational Achievement: Evidence from a Randomized Experiment," unpublished, 2011.

6. Levitt, List, and Sadoff, "The Effect of Performance-Based Incentives."

7. Steven D. Levitt, John A. List, Susanne Neckermann, and Sally Sadoff, "The Behavioralist Goes to School: Leveraging Behavioral Economics to Improve Educational Performance," NBER Working Paper 18165 (June 2012).

8. This idea comes from Victoria H. Medvec, Scott F. Madey, and Thomas Gilovitch, "When Less Is More: Counterfactual Thinking and Satisfaction Among Olympic Medalists," *Journal of Personality and Social Psychology* 69 (1995): 603–610, http://www.psych.cornell.edu/sec/pubPeople/tdg1/Medvec.Madey.Gilo.pdf.

9. Uri Gneezy, Stephen Meier, and Pedro Rey-Biel, "When and Why Incentives (Don't) Work to Modify Behavior," *Journal of Economic Perspectives* 25, no. 4 (2011): 191–210.

10. See Roland G. Fryer Jr., Steven D. Levitt, John A. List, and Sally Sadoff, "Enhancing the Efficacy of Teacher Incentives Through Loss Aversion: A Field Experiment," NBER Working Paper 18237 (July 2012).

11. See "Teacher Salary in Chicago Heights, IL", Indeed, http://www.indeed.com/salary/q-Teacher-l-Chicago-Heights,-IL.html (last accessed March 28, 2013).

12. See John A. List, Jeffrey A. Livingston, and Susanne Neckermann, "Harnessing Complimentarities in the Education Production Function," University of Chicago mimeo.

第 5 章

1. See Steven Levitt and Stephen Dubner, *Freakonomics: A Rogue Economist Explores the Hidden Side of Everything* (New York: William Morrow, 2005), Chapter 5: What Makes a Perfect Parent?

2. Joe Klein, "Time to Ax Public Programs That Don't Yield Results," Time, July 7, 2011, http://www.time.com/time/nation/article/0,8599,2081778,00. html#ixzz1caSTom00.

3. For a more complete description of the GECC project, see Oliver Staley, "Chicago Economist's 'Crazy Idea' wins Ken Griffin's Backing," *Bloomberg Markets* (April 2011): 85–92.

4. The academic manuscripts are currently in process, with the first prepared study as: Roland Fryer, Steve Levitt, and John A. List, "Toward an Understanding of the Pre-K Education Production Function."

第6章

1. 在美國，問這些問題有違法之虞。當然，這不表示美國雇主在做雇用決策時不會參考這些資訊。

2. See "General Orders #11," Jewish-American History Foundation, http://www.jewish-history.com/civilwar/go11.htm (last accessed March 28, 2013). Abraham Lincoln rescinded the order.

3. "History of Antisemitism in the United States: Early Twentieth Century," Wikipedia, http://en.wikipedia.org/wiki/History_of_antisemitism_in_the_United_States#Early_Twentieth_Century (last accessed March 28, 2013).

4. Press Release, NobelPrize.org, October 13, 1992, http://www.nobelprize.org/nobel_prizes/economics/laureates/1992/press.html.

5. 年滿25歲的成年人中，有1,060萬名美國女性擁有碩士或更高的學位，相較之下，男性為1,050萬人。

6. See Kerwin K. Charles and Jonathan Guryan, "Prejudice and Wages: An Empirical Assessment of Becker's *The Economics of Discrimination,*" *Journal of Political Economy* 116 (2008): 773–809.

7. Jeffrey M. Jones, "Record-High 86% Approve Black-White Marriages," Gallup, September 12, 2011, http://www.gallup.com/poll/149390/Record-High-Approve-Black-White-Marriages.aspx (last accessed March 28, 2013).

8. 經濟學文獻稱這種歧視為「統計歧視」（statistical discrimination）。See Kenneth Arrow, "The Theory of Discrimination," in Orley Ashenfelter and Albert Rees, eds., *Discrimination in Labor Markets* (Princeton, NJ: Princeton University Press, 1973), 3-33.

9. Aisha Sultan, "Data Mining Spurs Users to Protect Privacy Online," The Bulletin (Oregon), September 29, 2012, http://www.bendbulletin.com/article/20120929/NEWS0107/209290322/.

10. See "Web Sites Change Prices Based on Customers' Habits," CNN.com, June 25, 2005, http://edition.cnn.com/2005/LAW/06/24/ramasastry.website.prices/ (last accessed March 28, 2013).

11. This work and the following builds on John's earlier research published in the 2000s. See John A. List, "The Nature and Extent of Discrimination in the Marketplace, Evidence from the Field," *Quarterly Journal of Economics*, 2004, 119 (1), 49–49.

12. Read more at M. J. Lee, "Geraldo Rivera Apologizes for 'Hoodie' Comment," Politico, March 27, 2012, http://www.politico.com/news/stories/0312/74529. html#ixzz1qus Qkm6A (last accessed March 28, 2013).

第7章

1. 員工超過2萬名的公司，24%的保費會因員工是否抽菸而異。員工超過5百名的公司，有此現象的比例是12%。See "Smokers, Forced to Pay More for Health Insurance, Can Get Help with Quitting," *Washington Post*, January 2, 2012. See also, "Firms to Charge Smokers, Obese More For Healthcare," Reuters, October 31, 2011.

2. "Kenlie Tiggeman, Southwest's 'Too Fat To Fly' Passenger, Sues Airline," *Huffington Post*, May 4, 2012, http://www.huffingtonpost.com/2012/05/04/kenlie-tiggeman-southwests_n_1476907.html.

3. See Andrew Dainty and Helen Lingard, "Indirect Discrimination in Construction Organizations and the Impact on Women's Careers," *Journal of Management in Engineering* 22 (2006): 108–118.

4. "Nazi Persecution of Homosexuals, 1933–1945," United States Holocaust Memorial Museum, http://www.ushmm.org/museum/exhibit/online/hsx/ (last accessed April 27, 2013).

5. "The Black Church," BlackDemographics.com, http://www.blackdemographics.com/religion.html (last accessed March 28, 2013).

6. *All in the Family*, Season 2. Accessed on YouTube, March 25, 2013, http://www.youtube.com/watch?v=O_UBgkFHm8o.

7. See Uri Gneezy, John A. List, and Michael K. Price, "Toward an Understanding of Why People Discriminate: Evidence from a Series of Natural Field Experiments," NBER Working Paper 17855 (February 2012).

8. Richard H. Thaler, "Show Us the Data. (It's Ours After All.)," *New York Times*, April 23, 2011, http://www.nytimes.com/2011/04/24/business/24view.html.

第8章

1. 如果你急切想知道後續發展，在YouTube找得到影片。或許你早就看過了，畢

竟這是全國新聞。但我們不建議你去看。

2. RAND健保實驗計畫下，6千人隨機分派至不同的負擔比例。這項實驗的影響力仍然驚人，2010年的健保辯論裡經常引用。奧瑞崗最近完成一項在Medicare隨機分派受試者的研究，或許是這項實驗又重回舞台的最佳表徵。For a discussion of the results from the first year of that experiment, see Amy Finkelstein, Sarah Taubman, Bill Wright, Mira Bernstein, Jonathan Gruber, Joseph P. Newhouse, Heidi Allen, Katherine Baicker, and the Oregon Health Study Group, "The Oregon Health Insurance Experiment: Evidence from the First Year," *Quarterly Journal of Economics* 127, no. 3 (2012): 1057-1106.

3. For more information, see "Kanye West," Wikipedia, http://en.wikipedia.org/wiki/Kanye_West (last accessed April 2, 2013).

4. See Dana Chandler, Steven D. Levitt, and John A. List, "Predicting and Preventing Shootings Among At-Risk Youth," *American Economic Review Papers and Proceedings* 101, no. 3 (2011): 288–292.

5. "Jaime Oliver Misses a Few Ingredients," School Nutrition Association Press Releases, March 22, 2010, http://www.schoolnutrition.org/Blog.aspx?id=13742&blogid=564.

6. John A. List and Anya C. Savikhin, "The Behavioralist as Dietician: Leveraging Behavioral Economics to Improve Child Food Choice and Consumption," 2013, University of Chicago working paper.

7. Paul Rozin, Sydney Scott, Megan Dingley, Joanna K. Urbanek, Hong Jiang, and Mark Kaltenbach, "Nudge to Nobesity I: Minor Changes in Accessibility Decrease Food Intake," *Judgment and Decision Making* 6, no. 4 (2011): 323–332.

8. 史丹佛經濟學家羅斯（Al Roth）開創性的研究對於增加這類器官捐贈有重要貢獻，他是2012年的諾貝爾經濟學獎得主。他得獎的部分原因是設計了活體捐贈者與需接受移植者的配對演算法。羅斯和他的同事證明，只要簡單調整器官分配程序，就能讓結果大不同。

9. Eric J. Johnson and Daniel Goldstein, "Do Defaults Save Lives?" *Science* 302 (2003): 1338–1339, http://www.dangoldstein.com/papers/DefaultsScience.pdf.

10. See Dean Karlan and John A. List, "Nudges or Nuisances for Organ Donation," 2012, University of Chicago working paper.

11. See "Federal Advisory Committee Draft Climate Assessment Report Released for Public Review," US Global Change Research Program, http://ncadac.globalchange.gov/ (last accessed April 2, 2013).

12. http://www.energystar.gov/ia/partners/univ/download/CFL_Fact_Sheet.pdf?9ed9-3f06 (last accessed July 24, 2013).

13. See Robert Cialdini, "Don't Throw in the Towel: Use Social Influence Research," APS *Observer*, April 2005.
14. See David Herberich, John A. List, and Michael K. Price, "How Many Economists Does It Take to Change a Light Bulb? A Natural Field Experiment on Technology Adoption," 2012 University of Chicago working paper.

第9章

1. "American Giving Knowledge Base," Grant Space, http://www.grantspace.org/Tools/Knowledge-Base/Funding-Resources/Individual-Donors/American-giving (last accessed April 27, 2013).
2. 我們因為這項研究而在芝加哥大學開始了「慈善的科學」計畫（Science of Philanthropy Initiative，SPI），採取一套科際整合方法，包括尋找募款團體做為策略伙伴，以探討慈善行為背後的動機。SPI得到坦普頓基金會五百萬美元的贊助，詳情請參考：http://www.spihub.org for more information。
3. 因為李斯特沒有執行這些實驗的資源，動用他從小蒐集的運動卡，酬謝實驗參與者，也是不無小補。
4. 對於一個準行政主管人來說，這聽起來是個很好的構想，但它也有一些缺點。其中一個就是系上每個人都會覺得自己的領域應該雀屏中選。貿易經濟學的人覺得這才是特色領域；研究勞動經濟學的人認為勞工才是最佳選擇；以此類推。
5. 在此之前，李斯特唯一擔任過的領導職務是男女滑水隊教練。
6. The paper was published as John A. List and David Lucking-Reiley, "The Effects of Seed Money and Refunds on Charitable Giving: Experimental Evidence from a University Capital Campaign," Journal of Political Economy 110 (2002): 215–233.
7. John A. List and Daniel Rondeau, "Matching and Challenge Gifts to Charity: Evidence from Laboratory and Natural Field Experiments," *Experimental Economics* 11 (2008): 253–267.
8. 還有其他經濟學家也在實驗室實驗裡提出類似的見解，其中最有名的是我們的朋友Jan Potters、Martin Sefton 和 Lise Vesterlund。
9. Kent E. Dove, *Conducting a Successful Capital Campaign*, 2nd edition (San Francisco: Jossey-Bass, 2000), 510.
10. Dean Karlan and John A. List, "Does Price Matter in Charitable Giving? Evidence from a Large-Scale Natural Field Experiment," *American Economic Review* 97, no. 5 (2007): 1774–1793.
11. 根據實驗條款，我們同意保密組織名稱，因此無法告訴你是哪個組織。
12. These brackets denote a shorthand (to avoid having to type out the full letter three

times for your sake and ours).

13. 基本上，我們逐一為五千個受測戶擲一個四面骰子，出現「1」，就分配到第一組，提供1：1的相對捐款；出現「2」，即是第二組，2：1的相對捐款；出現「3」，第三組，3：1的相對捐款。至於「4」，則成為我們的控制組。

14. 這項結果符合我們的直覺。

15. Harry Bruinius, "Why the Rich Give Money to Charity," Christian *Science Monitor*, November 20, 2010, http://www.csmonitor.com/Business/Guide-to-Giving/2010/1120/Why-the-rich-give-money-to-charity.

16. See the excellent research by economists Rachel Croson, Catherine Eckel, Phil Grossman, Stephan Meier, and Jen Shang showing such insights.

17. See Craig E. Landry, Andreas Lange, John A. List, Michael K. Price, and Nicholas G. Rupp, "Toward an Understanding of the Economics of Charity: Evidence from a Field Experiment," *Quarterly Journal of Economics* 121 (May 2006): 747–782.

18. 所有的募款者都簽署了同意書，以准允這項評估。有興趣的讀者請參閱：Jeff E. Biddle & Daniel S. Hamermesh, 1998. "Beauty, Productivity and Discrimination: Lawyers' Looks and Lucre," NBER Working Paper 5636 in the area of measuring the value of physical attractiveness.

19. See Craig E. Landry, Andreas Lange, John A. List, Michael K. Price, and Nicholas G. Rupp, "Is a Donor in Hand Better Than Two in the Bush? Evidence from a Natural Field Experiment," *American Economic Review* 100 (2010): 958–983.

20. *The Daily Show with John Stewart*, February 16, 2011, http://www.thedailyshow.com/watch/wed-february-16–2011/you-re-welcome—-balancing-the-budget.

21. Much of this is taken directly from Andreas Lange, John A. List, and Michael K. Price, "A Fundraising Mechanism Inspired by Historical Tontines: Theory and Experimental Evidence," *Journal of Public Economics* 91 (June 2007): 1750–1782.

22. See David Leonhardt, "What Makes People Give?" *New York Times Magazine*, March 9, 2008.

第10章

1. See "Pinki Sonkar: From School Outcast to an Oscar-Winning Film," *People Magazine*, February 23, 2009, http://www.peoplestylewatch.com/people/stylewatch/redcarpet/2009/article/0,,20249180_20260685,00.html?xid=rss-fullcontent. By the way, Smile Train commissioned the film, and it was the biggest, most effective ad campaign the charity ever ran!

2. 有相當多的文獻支持這個觀點，其中包括我們自己的研究。See John A. List and Michael K. Price, "The Role of Social Connections in Charitable Fundraising:

Evidence from a Natural Field Experiment," *Journal of Economic Behavior and Organization* 69, no. 2 (2009): 160-169.

3. See Amee Kamdar, Steven D. Levitt, John A. List, Brian Mullaney, and Chad Syverson, "Once and Done: Leveraging Behavioral Economics to Increase Charitable Contributions," NBER working paper to be published in 2013.

4. The interested reader should see the psychology and economics literatures, which are full of models and experiments showing that people tend to be nice to those who are nice to them. See, for example: Akerlof, George. 1982. "Labor Contracts as Partial Gift Exchange." Q.J.E. 97 (November): 543–69; Rabin, Matthew. 1993. "Incorporating Fairness into Game Theory and Economics"; A.E.R. 83 (December): 1281–1302; Fehr, Ernst, and Simon G.chter. 2000. "Fairness and Retaliation: The Economics of Reciprocity." *J. Econ. Perspectives* 14 (Summer): 159–81; Dufwenberg, Martin, and Georg Kirchsteiger. 2004. "A Theory of Sequential Reciprocity." Games and Econ. Behavior 47 (May): 269–98; Charness, Gary. 2004. "Attribution and Reciprocity in an Experimental Labor Market." Manuscript, Univ. California, Santa Barbara; Sobel, Joel. 2005. "Social Preferences and Reciprocity." Manuscript, Univ. California, San Diego; Falk, Armin. 2007. "Charitable Giving as a Gift Exchange: Evidence from a Field Experiment." IZA Working Paper no. 1148, Inst. Study Labor, Bonn.

5. Belinda Luscombe, "Using Business Savvy to Help Good Causes," *Time Magazine*, March 17, 2011.

6. 慈善捐款的所得扣抵是辯論激烈的政策。許多業界人士表示,取消稅賦減免會重創非營利部門。這項主張仍有待研究驗證,尚未有定論。但實質衝擊取決於人們捐款的真正動機為何。

第11章

1. "Netfilx Introduces New Plans and Announces Price Changes," Netflix US & Canada Blog, Tuesday, July 12, 2011, http://blog.netflix.com/2011/07/netflix-introduces -new-plans-and.html?commentPage=25.

2. "Netflix Apology," Saturday Night Live video, http://www.nbc.com/saturday-night-live/video/netflix-apology/1359563/.

3. Stephen F. Jencks, Mark V. Williams, and Eric A. Coleman, "Rehospitalizations Among Patients in the Medicare Fee-for-Service Program," *New England Journal of Medicine* 360 (2009): 1418–1428.

4. In the following, we describe our experience in the winery with more details: "Intuition Can't Beat Experimentation," Rady School of Management, UC San Diego, http://

rady.ucsd.edu/mba/student/clubs/rbj/rady-business-journal/2011/intuition/ (last accessed April 29, 2013). For a description of the experiment, see Ayelet Gneezy and Uri Gneezy, "Pricing Experimentation in Firms: Testing the Price Equal Quality Heuristics," Rady School of Management, UC San Diego, http://econ.as.nyu.edu/docs/IO/11975/Gneezy_CESS.pdf.

5. Ayelet Gneezy, Uri Gneezy, Leif D. Nelson, and Amber Brown, "Shared Social Responsibility: A Field Experiment in Pay-What-You-Want Pricing and Charitable Giving," *Science* 329 (2010): 325–327.

6. Uri Gneezy and Pedro Rey-Biel, "On the Relative Efficiency of Performance Pay and Social Incentives," Barcelona Graduate School of Economics working paper no. 585, October 2011.

7. Tanjim Hossain and John A. List, "The Behavioralist Visits the Factory: Increasing Productivity Using Simple Framing Manipulations," Management *Science* 58 (2012): 2151–2167.

結語

1. This passage comes from Steven D. Levitt and John A. List, "What Do Laboratory Experiments Measuring Social Preferences Reveal About the Real World," *Journal of Economic Perspectives* 21, no. 2 (2007): 153–174. For an early paper by a pioneer in the field of experimental economics, see Vernon L. Smith, "Microeconomic Systems as an Experimental *Science*," *American Economic Review* 72, no. 5 (1982): 923–955.

2. 不用說，我們勸你不要欺騙客戶。以此處為例，如果實際上並沒有對等捐款，你就不能做不實廣告。

國家圖書館出版品預行編目(CIP)資料

一切都是誘因的問題！！：找對人、用對方法、
做對事的關鍵思考 / 葛尼奇(Uri Gneezy), 李斯特
(John A. List)合著 ; 齊若蘭譯. --第一版. -- 臺北市 :
遠見天下文化, 2015.01
　面 ;　公分. -- (財經企管 ; 541)
譯自 : The why axis : hidden motives and the
undiscovered economics of everyday life
ISBN 978-986-320-660-6(精裝)

1.經濟學 2.行為心理學

550.14　　　　　　　　　　　　　　103027908

財經企管 BCB541A

一切都是誘因的問題！
找對人、用對方法、做對事的關鍵思考
The Why Axis: Hidden Motives and the Undiscovered
Economics of Everyday Life

作者 —— 葛尼奇（Uri GNEEZY）、李斯特（John A. LIST）
譯者 —— 齊若蘭
總編輯 —— 吳佩穎
責任編輯 —— 周宜芳
封面及書名頁設計 —— 張議文

出版者 —— 遠見天下文化出版股份有限公司
創辦人 —— 高希均、王力行
遠見‧天下文化‧事業群 董事長 —— 高希均
事業群發行人／CEO —— 王力行
天下文化社長 —— 林天來
天下文化總經理 —— 林芳燕
國際事務開發部兼版權中心總監 —— 潘欣
法律顧問 —— 理律法律事務所陳長文律師
著作權顧問 —— 魏啟翔律師
社址 —— 台北市 104 松江路 93 巷 1 號 2 樓
讀者服務專線 ——（02）2662-0012
傳　真 ——（02）2662-0007；2662-0009
電子信箱 —— cwpc@cwgv.com.tw
直接郵撥帳號 —— 1326703-6 號　遠見天下文化出版股份有限公司

電腦排版 —— 立全電腦印前排版有限公司
製版廠 —— 東豪印刷事業有限公司
印刷廠 —— 祥峰印刷事業有限公司
裝訂廠 —— 聿成裝訂股份有限公司
登記證 —— 局版台業字第 2517 號
總經銷 —— 大和書報圖書股份有限公司　電話／(02)8990-2588
出版日期 —— 2021 年 6 月 4 日第二版第 2 次印行

定價 —— 450 元
4713510942611
書號 —— BCB541A
天下文化官網 —— bookzone.cwgv.com.tw
本書如有缺頁、破損、裝訂錯誤，請寄回本公司調換。
本書僅代表作者言論，不代表本社立場。

天下文化
BELIEVE IN READING